„Nico Rose schreibt, wie er coacht: positiv, knackig, kraftvoll, zielgerichtet, ergebnisorientiert, unterhaltsam. Seine Kenntnis der menschlichen Psyche ist seinem Lebensalter weit voraus, und er gibt diese leicht und humorvoll in seinem Buch weiter." – Michael Wilhelm, Vorsitzender des Vorstands, N. M. F. AG

„Ein hochinteressantes Buch, auch, aber nicht nur für Unternehmer. Was mich besonders gefreut hat: Unternehmer haben laut der zugrunde liegenden Studie unter allen Berufsgruppen die Nase vorn in puncto Lebenszufriedenheit." – Marie-Christine Ostermann, Bundesvorsitzende, Die Jungen Unternehmer – BJU

„Wie erreichen wir Zufriedenheit im Leben? Nico Rose zeigt Ihnen einen Weg – originell, unaufgeregt und mit viel Humor. Sehr empfehlenswert!" – Markus Väth, Psychologe und Autor von „Feierabend hab' ich, wenn ich tot bin. Warum wir im Burnout versinken"

„Das 1001. Buch zum Thema Glück!? Nein, sondern etwas wirklich Neues! Ohne innere Erlaubnis zu Glück, Erfolg und Zufriedenheit wird das nämlich nichts! Selbst für alte Persönlichkeitsentwicklungs-Hasen sind viele neue spannende Denkanstöße in diesem Buch. Dr. Nico Rose ist Großartiges gelungen: eine brillante Mischung aus fundiert wissenschaftlicher Basis, leicht lesbarer Sprache, plastischen Beispielen, viel Humor, sehr persönlichen Einblicken und jeder Menge praktischer Übungen." – Bettina Stackelberg, die Frau fürs Selbstbewusstsein®, Coach, Speaker und Autorin

„Als Grundlagenforscher habe ich eine Abneigung gegen zu seichte ‚Psycho-Literatur'. Insofern hat mir dieses Buch Freude bereitet: eingängig geschrieben und gleichzeitig wissenschaftlich fundiert. Bitte auf keinen Fall die Anmerkungen überblättern." – Dr. Marc Zirnsak, Postdoctoral Researcher, Stanford University

„Ein wertvolles Buch. Nico Rose gelingt es, anschaulich und faktenbasiert aufzuzeigen, welche Fähigkeiten und Einstellungen zu einem gelungenen, sinnerfüllten und zufriedenen Leben beitragen." – Oliver Bussmann, Global CIO, SAP AG

„Erprobte Übungen, verständliche Erklärungen sowie detaillierte Hintergrundinformationen auf wissenschaftlicher Basis – ein spannendes und lehrreiches Buch zur Steigerung der Lebenszufriedenheit." – Dr. Markus Plate, Diplom-Psychologe, Kommunikationstrainer, Wissenschaftlicher Mitarbeiter am Wittener Institut für Familienunternehmen (WIFU), Universität Witten/Herdecke

„Ein interessantes Buch für mich persönlich und in meiner Rolle als Organisationsberaterin und HRler. Persönlich sucht jeder für sich sein Glück, muss sich seinen inneren Glaubenssätzen stellen und diese ggf. irgendwann auflösen. Nico Rose bietet hierfür viele Methoden und anschauliches Material zum Selbststudium. Sind Menschen mit höherer Lebenszufriedenheit vielleicht die besseren und authentischeren Führungspersönlichkeiten? Für mich als Organisationsberaterin bietet VIGOR einen neuen interessanten Rahmen für die Arbeit mit Führungskräften." – Claudia Crummenerl, Managing Consultant, Capgemini Consulting, Change Management and HR Transformation

Ausführliche Informationen zu jedem unserer lieferbaren und geplanten Bücher finden Sie im Internet unter ↗ http://www.junfermann.de. Dort können Sie unseren Newsletter abonnieren und sicherstellen, dass Sie alles Wissenswerte über das Junfermann-Programm regelmäßig und aktuell erfahren. – Und wenn Sie an Geschichten aus dem Verlagsalltag und rund um unser Buch-Programm interessiert sind, besuchen Sie auch unseren Blog: ↗ http://blogweise.junfermann.de.

NICO ROSE

LIZENZ ZUR ZUFRIEDENHEIT

LEBENSZIELE VERWIRKLICHEN

POSITIVE PSYCHOLOGIE IN DER PRAXIS

Junfermann Verlag
Paderborn
2013

Copyright	© Junfermann Verlag, Paderborn 2013
Coverfoto	© Michael Krinke – iStockphoto.com
Covergestaltung / Reihenentwurf	Christian Tschepp
Satz	JUNFERMANN Druck & Service, Paderborn

Alle Rechte vorbehalten.

Das Werk einschließlich aller seiner Teile ist urheberrechtlich geschützt.
Jede Verwendung außerhalb der engen Grenzen des Urheberrechtsgesetzes ist ohne Zustimmung des Verlages unzulässig und strafbar. Dies gilt insbesondere für Vervielfältigungen, Übersetzungen, Mikroverfilmungen und die Einspeicherung und Verarbeitung in elektronischen Systemen.

Bibliografische Information der Deutschen Bibliothek	Die Deutsche Bibliothek verzeichnet diese Publikation in der Deutschen Nationalbibliografie; detaillierte bibliografische Daten sind im Internet über http://dnb.ddb.de abrufbar.

ISBN 978-3-87387-896-9

Dieses Buch erscheint parallel als E-Book (ISBN 978-3-87387-897-6).

An sich

Sei dennoch unverzagt! Gib dennoch unverloren!
Weich keinem Glücke nicht, steh höher als der Neid,
Vergnüge dich an dir, und acht es für kein Leid,
Hat sich gleich wider dich Glück, Ort und Zeit verschworen.

Was dich betrübt und labt, halt alles für erkoren,
Nimm dein Verhängnis an, lass alles unbereut.
Tu, was getan sein muss, und eh man dirs gebeut.
Was du noch hoffen kannst das wird noch stets geboren.

Was klagt, was lobt man doch? Sein Unglück und sein Glücke
Ist sich ein jeder selbst. Schau alle Sachen an:
Dies alles ist in dir. Lass deinen eitlen Wahn,

Und eh du fürder gehst, so geh in dich zurücke.
Wer sein selbst Meister ist, und sich beherrschen kann,
Dem ist die weite Welt und alles untertan.
(Paul Fleming)

Der Mensch ist gerade so glücklich, wie er sich zu sein entschließt.
(Abraham Lincoln)

Inhalt

Vorwort 11

Einklang 13
Die Struktur des Buches und Empfehlungen zur Bearbeitung 22
Der VIGOR-Selbsttest 24
Können Sie Ihre Lebenszufriedenheit überhaupt nachhaltig steigern? 25

1. VISION 31
1.1 Einführung 32
   Was sagt die VIGOR-Studie zum Faktor VISION? 37
1.2 VISION – die Praxis 39
   Fallstudie 1 – Dennis: „Zahnarzt ist doch ein toller Beruf" 39
   Zufriedenheitswerkzeug: Die drei ??? 40
   Fallstudie 2 – Peter: „Die Kohle stimmt doch" 41
   Zufriedenheitswerkzeug: Die Rede(n) am Grab 43
   Fallstudie 3 – Rita: „Ach, das klappt schon irgendwie" 44
   Zufriedenheitswerkzeug: Ziele S.P.E.Z.I.fizieren 45
1.3 VISION: Zusammenfassung 48
   Weitere Tipps und Tricks 48
   Buchtipps zur weiteren Vertiefung 49

2. INTEGRATION 51
2.1 Einführung 52
   Was sagt die VIGOR-Studie zum Faktor INTEGRATION? 58
2.2 INTEGRATION – die Praxis 59
   Fallstudie 4 – Sarah: „Eine gute Mutter macht so was nicht" 59
   Zufriedenheitswerkzeug: Bewusste innere Mediation 60
   Fallstudie 5 – Monika: „Zwei elterliche Seelen wohnen,
      ach! in meiner Brust" 62
   Zufriedenheitswerkzeug: Vorbewusste innere Mediation 63
   Fallstudie 6 – Christian: „Du weißt doch gar nicht, ob du das schaffst" ... 66
   Zufriedenheitswerkzeug: Den inneren Kritiker einfangen 67

2.3	INTEGRATION: Zusammenfassung	69
	Weitere Tipps und Tricks	69
	Buchtipps zur weiteren Vertiefung	70
	Exkurs: Partnerschaft, Netzwerk, Einkommen, Spiritualität	70
3.	**GENERALKONSENS**	**73**
3.1	Einführung	75
	Was sagt die VIGOR-Studie zum Faktor GENERALKONSENS?	89
3.2	GENERALKONSENS – die Praxis	90
	Fallstudie 7 – Michael: „Wir sind doch arme Leute"	90
	Zufriedenheitswerkzeug: Den Bedeutungshorizont ergründen	91
	Fallstudie 8 – Thorben: „Meine Mutter hat mich verlassen"	94
	Zufriedenheitswerkzeug: Disput mit dem Ich (ABCDE-Übung)	95
	Fallstudie 9 – Sylvia: „Darf ich wirklich glücklich sein?"	97
	Zufriedenheitswerkzeug: Den Optimismus-Muskel trainieren	98
3.3	GENERALKONSENS: Zusammenfassung	99
	Weitere Tipps und Tricks	100
	Buchtipps zur weiteren Vertiefung	101
4.	**ORGANISATION**	**103**
4.1	Einführung	104
	Was sagt die VIGOR-Studie zum Faktor ORGANISATION?	108
4.2	ORGANISATION – die Praxis	109
	Fallstudie 10 – Brigitte: „Ich komme immer zu nichts"	109
	Zufriedenheitswerkzeug: Die 4-D-Matrix	110
	Fallstudie 11 – Stefan: „Nur perfekt ist gut genug"	113
	Zufriedenheitswerkzeug: 80/20-Denken im Selbstmanagement	114
	Fallstudie 12 – Sigmar: „Aber für mich ist alles wichtig"	116
	Zufriedenheitswerkzeug: Schwarz-weiße Werte-Malerei	117
4.3	ORGANISATION: Zusammenfassung	120
	Weitere Tipps und Tricks	120
	Buchtipps zur weiteren Vertiefung	121
	Exkurs: Nützliche Angewohnheiten zur Steigerung der Lebenszufriedenheit	122

5.	**RIGOROSITÄT**	127
5.1	Einführung	128
	Was sagt die VIGOR-Studie zum Faktor RIGOROSITÄT?	134
5.2	RIGOROSITÄT – die Praxis	136
	Fallstudie 13 – Lena: „Ich lasse mich immer so leicht ablenken"	136
	Zufriedenheitswerkzeug: Mach kaputt, was dich kaputt macht	136
	Fallstudie 14 – Sophie: „Manchmal bin ich nicht Herr der Lage"	138
	Zufriedenheitswerkzeug: Die Denk-Zettel	139
	Fallstudie 15 – Hendrik: „Ich kann mich einfach nicht mehr motivieren"	140
	Zufriedenheitswerkzeug: Die Motivleiter hochsteigen	141
5.3	RIGOROSITÄT: Zusammenfassung	143
	Weitere Tipps und Tricks	144
	Buchtipps zur weiteren Vertiefung	145
6.	**Die Günther-Jauch-Theorie der Persönlichkeitsentwicklung**	147

Ausklang ... 153

Anhang A: Bericht zur VIGOR-Studie ... 157

Anhang B: Der VIGOR-Test ... 175

Anmerkungen ... 181
Literatur ... 205
Danksagung ... 219

Vorwort

Ich habe Dr. Nico Rose 2010 zum ersten Mal persönlich kennengelernt, als wir gemeinsam den deutschen „Coaching Award" in der Kategorie „unter 35 Jahre" in Hamburg gewonnen haben. Obwohl wir als Coaches an entgegengesetzten Enden der Welt arbeiten (Nico in Deutschland, ich hauptsächlich in Australien), wurde in unseren Gesprächen schnell klar, dass das Thema (Lebens-)Zufriedenheit sich wie ein roter Faden durch viele Coaching-Sessions mit unseren Klienten zieht. Schon damals berichtete Nico Rose von seinem VIGOR-Konzept, das er auf der Basis einer Studie mit über 1000 Teilnehmern entwickelt hatte und in dem er fünf zentrale Einflussfaktoren für unsere Lebenszufriedenheit in einem Modell zusammenführt: VIGOR steht für VISION, INTEGRATION, GENERALKONSENS, ORGANISATION und RIGOROSITÄT.

> VISION: stimmige, übergreifende persönliche und/oder berufliche Ziele entwickeln
> INTEGRATION: weitgehend eins mit sich selbst sein
> GENERALKONSENS: sich die innere Erlaubnis zum Erreichen der eigenen Ziele geben
> ORGANISATION: effektives Selbstmanagement betreiben
> RIGOROSITÄT: die „Extrameile" gehen

Nico Rose lehnt sich in seinem Buch an die Positive Psychologie an, deren Schwerpunkt auf der Erforschung von Zufriedenheit liegt und die u.a. der Frage nachgeht, wie wir unser Wohlbefinden steigern können.* Wir wissen heute durch wissenschaftliche Studien, dass unsere Gene und die konkreten Lebensumstände nur einen Teil unseres Wohlbefindens bestimmen. Demzufolge können wir unsere Lebenszufriedenheit zu einem gewissen Grad selbst beeinflussen.** Genau hier setzt Nico Roses VIGOR-Konzept an: Er erläutert zu jedem Element des VIGOR kurz den Stand der Forschung, bevor er die Elemente mittels Fallstudien anschaulich erklärt. Die zugehörigen Übungen ermöglichen es Ihnen sodann, relevante Elemente unmittelbar für sich selbst umzusetzen.

Geben Sie sich selbst Ihre „Lizenz zur Zufriedenheit"!

Dr. Julia Milner, Business Coach

---

* Vgl. Biswas-Diener, R. & Dean, B. (2007): Positive Psychology Coaching. Putting the Science of Happiness to Work for your Clients. Hoboken: Wiley.

** Vgl. Seligman, M.E.P. (2002): Authentic Happiness: Using the New Positive Psychology to Realize your Potential for Lasting Fulfillment. New York: Free Press; Sheldon, K.M. & Lyubomirsky, S. (2004): Achieving Sustainable New Happiness: Prospects, Practices and Prescriptions. In: P. Linley & S. Joseph (Eds.): Positive Psychology in Practice (127–145). Hoboken: Wiley.

EINKLANG

Stellen Sie sich bitte vor, Sie würden einen Marathon laufen wollen. Sie haben sich über Wochen und Monate akribisch vorbereitet: Einen strengen Trainingsplan befolgt. Auf all die leckeren Schweinereien verzichtet, die Sie sonst so gerne essen. Und Sie haben sich eine super Ausrüstung besorgt. Jetzt stehen Sie an der Startlinie. Die Luft ist angenehm kühl auf Ihrer Haut. Sie hören die Zuschauer jubeln. Sie sehen die konzentrierten Gesichter der Menschen, die sich ebenso wie Sie auf den langen Weg machen wollen. Positiv-angespannte Energie liegt in der Luft – und Sie sind heiß wie Frittenfett, endlich loszulaufen ...

Nun stellen Sie sich bitte nacheinander die folgenden fünf Fragen:
- Würden Sie loslaufen, auch wenn Ihnen auf einmal bewusst würde, dass Sie gar nicht wirklich wissen, wo genau das Ziel ist?
- Würden Sie weiterlaufen, wenn kurz nach dem Start Ihr Kardiologe am Straßenrand auftauchte und Ihnen zuriefe, dass Sie mit großer Wahrscheinlichkeit einen Herzfehler haben und der Marathon Sie potenziell das Leben kosten könnte?
- Würden Sie immer noch weiterlaufen, wenn Ihnen jemand bei Kilometer 13 einen sehr, sehr schweren Rucksack auf den Rücken schnallte?
- Würden Sie bei Kilometer 28 kurz in den Supermarkt am Wegesrand springen, weil Ihnen gerade siedend heiß einfällt, dass Sie eigentlich noch ein Graubrot und ein halbes Pfund Geflügelmortadella brauchen?
- Und schließlich: Würden Sie den Lauf abbrechen, wenn bei Kilometer 40 die Schmerzen in Ihren Muskeln schier unerträglich wären?

Wenn Sie nun fünfmal mit „Nein" geantwortet haben, möchte ich Sie zunächst beglückwünschen, denn aus meiner Sicht wären das fünf weise Entscheidungen. Jedoch ist Ihnen wahrscheinlich genauso klar wie mir, dass es in diesem Buch mitnichten um Ausdauersport geht. Stattdessen dient der Marathonlauf als Allegorie für das Leben an sich, insbesondere für das Thema „langfristige Ziele verwirklichen". Und während hier im hypothetischen Beispiel die meisten Leute mit ein wenig gesundem Menschenverstand lauter gute Entscheidungen treffen, so zeigt sich, dass sie – übertragen auf ihre allgemeine Entwicklung im Leben, auf berufliche Ziele oder solche der persönlichen Entfaltung – obige Fragen zumindest zum Teil mit einem „Ja" beantworten müssten. Die Frage ist nun: Wie komme ich zu dieser infamen Behauptung?

„Ich will" ist nicht so einfach

Die Antwort: Ich bin Psychologe und arbeite seit einigen Jahren als Coach. Zu mir kommen Menschen, die Schwierigkeiten haben, für sie wichtige, weitreichende Entscheidungen zu treffen und/oder bestimmte Ziele zu verwirklichen. Dabei geht es regelmäßig um berufliche Themen, genauso häufig aber um Aspekte aus dem Privaten und um Persönlichkeitsentwicklung an sich. Typische Themenstellungen lauten z. B.:

- Ich will meinen sicheren und gut dotierten, aber langweiligen Job kündigen, um mich selbstständig zu machen. Wie sieht mein Schlachtplan aus?
- Ich will mich auf den Geschäftsführerposten der Firma XY bewerben, obwohl mir klar ist, dass ich dann viel weniger Zeit für Frau und Kind haben werde. Wie bringe ich beides unter einen Hut, ohne mich und andere unglücklich zu machen?
- Ich will überzeugend und einprägsam vor Publikum sprechen können, weil das zu meinem neuen Jobprofil gehört, bin jedoch chronisch schüchtern. Wie kann ich meine Ängste überwinden, mein Publikum für mich gewinnen und dabei authentisch bleiben?
- Ich will mich nach Jahren der Funkstille wieder bei meinen Eltern melden, obwohl ich befürchte, dabei (erneut) verletzt zu werden. Wie stelle ich sicher, dass meine Bedürfnisse erfüllt werden und dabei meine Integrität gewahrt bleibt?
- Ich will mehr Selbstwert entwickeln. Wie kann ich mein Selbstbewusstsein und meine Selbstachtung steigern, ohne mich und meine Persönlichkeit komplett zu verbiegen?

Die Formel „Ich will" zu Beginn dieser Beispiele verdeutlicht, dass Coaching ein zielorientierter Prozess ist. In jedem (guten) Coaching-Prozess es gibt ein Ziel, auf das der Klient hinarbeiten möchte. Es steht im Fokus der gemeinsamen Arbeit und muss meist zu Anfang eines Coaching-Prozesses erst herausgearbeitet werden. Tatsächlich ist das genaue Herausarbeiten des Zieles häufig schon mehr als die halbe Miete. Weiterhin liegt der Fokus im Coaching auf den sogenannten Ressourcen des Menschen, also auf allem, was der Klient bereits mitbringt, um sein Ziel eigenständig erreichen zu können. Diese Fokussierung auf die Zukunft und auf das bereits vorhandene Potenzial stellt einen wesentlichen Unterschied zu (älteren) Spielarten der Psychotherapie dar, die eher vergangenheits- und problemorientiert arbeiten. Im Vergleich zur Psychotherapie stellen Coaches auch keine Diagnosen: Man bekommt als Klient keinen (virtuellen) Stempel auf die Stirn mit Aufschriften wie „Depression" oder „Sozialphobie" – ein Umstand, den ich persönlich begrüße, bringt es Klienten doch auf eine andere Augenhöhe als die Paarung „Arzt – Patient".[1]

Und täglich grüßt das Murmeltier: wiederkehrende Muster

Die Nichtnotwendigkeit einer Diagnose bedeutet jedoch nicht, dass Coaches keine Theorien oder Überzeugungen im Hinterkopf hätten, wenn sie mit ihren Klienten arbeiten. Die meisten meiner Kollegen gehen mit ihren Klienten explizit auf die Suche nach wiederkehrenden Mustern, die diese in ihrer Entfaltung behindern. Dabei geht es um hinderliche, also die Entwicklung einschränkende Verhaltens-, Denk- oder Gefühlsmuster. In der Coaching- und Selbsthilfeliteratur finden sich diese unter vielen Namen wieder: schädliche Konditionierung, Fixierung, Wachstumsbremse, innere Blockade, einschränkender Glaubenssatz, Lebensfalle, Mindfuck ... Letztendlich bedeuten all diese Begriffe ungefähr das Gleiche. Im Laufe der Jahre als Veränderungsbegleiter wurde auch mir bewusst, dass sich – bei allem Respekt vor der Verschiedenartigkeit der Menschen – vielen Themen meiner Klienten auf eine überschaubare Anzahl von unterliegenden Entwicklungsblockaden[2] zurückführen lassen. Von jenen Faktoren handelt dieses Buch. Genauer gesagt geht es um die Fragen:

- Welche verschiedenen Entwicklungsblockaden gibt es?
- Wie wirken diese sich typischerweise in unserem Leben aus?
- Was können wir im Fall des Falles gegen diese Blockaden tun?

Im Folgenden gebe ich Ihnen einen ersten Überblick über mein Modell der Entwicklungsblockaden[3].

Darf ich vorstellen: VIGOR

In diesem Modell gibt es fünf verschiedene Elemente. Präzisiert ausgedrückt handelt es sich bei diesen fünf Faktoren um förderliche Ressourcen – ergo: Die Blockade drückt sich in *einem Mangel der jeweiligen Ressource* aus. Ich nenne diese Faktoren:

- **VISION**
- **INTEGRATION**
- **GENERALKONSENS**
- **ORGANISATION**
- **RIGOROSITÄT**

Fügt man die Anfangsbuchstaben dieser Begriffe zu einem Akronym zusammen, so ergibt sich das Wort **VIGOR**. Dieses entstammt dem Lateinischen und bedeutet so viel wie Lebenskraft. Einen Menschen, der über VIGOR[4] verfügt, erkennt man daran, dass er[5] „in seiner Kraft steht", dass er energetisiert seine Ziele verfolgt, dass er an sich und seine Fähigkeiten glaubt und daher (überwiegend) positiv auf das Leben blickt."[6] Was verbirgt sich hinter den einzelnen Elementen?

VISION

Weiß ein Mensch überhaupt, welche übergreifenden persönlichen und/oder beruflichen Ziele für ihn erstrebenswert und stimmig sind? Hat er (zumindest ungefähr) eine Ahnung, wo die eigene Lebensreise hingehen soll? Oder geht es ihm wie dem Gast im Taxi, der auf die Frage des Fahrers nach dem Ziel antwortet: „Hmm ... Ich möchte *nicht* zum Bahnhof. Auch *nicht* in die Goethe-Straße. Und am Willy-Brandt-Platz? Ach ne, da ist es auch *nicht* so toll. Wissen Sie was: Fahren Sie einfach mal los ..."

INTEGRATION

Ist der Mensch mit all seinen Facetten und Persönlichkeitsanteilen auf seine Ziele hin ausgerichtet, ist er also weitgehend *eins mit sich selbst*? Oder neigt er zu innerer Zerrissenheit? Heißt es häufig, in Goethes Worten: „Zwei Seelen wohnen, ach! in meiner Brust" und daher gerne auch: „Heute hü! Und morgen hott!"?

GENERALKONSENS

Hat der Mensch die *innere Erlaubnis* zum Erreichen seiner Anliegen? Hat er das Gefühl, dass er es *verdient* hat, seine Ziele verwirklicht zu sehen? Oder glaubt er, dass es irgendwie *nicht erlaubt* sein könnte, dass seine Wünsche Realität werden? Z. B., weil er sich selbst als *wertlos* empfindet? Oder weil wichtige andere Personen den eigenen Zielen (vermeintlich) nicht wohlwollend gegenüberstehen?

ORGANISATION

Verfügt der Mensch über eine ausreichende Fähigkeit zum *Selbstmanagement*? D. h., ist er willens, die ihm zur Verfügung stehenden Ressourcen in ausreichender Menge zur Verwirklichung der übergreifenden Ziele aufzuwenden? Im Kern geht es dabei häufig um die Frage: Kann der Mensch die *dringenden* Dinge (meist: das Leben an sich) von den wirklich wichtigen (= zielführenden) Themen und Aufgaben unterscheiden?

RIGOROSITÄT

Ist der Mensch bereit, für seine Ziele die sprichwörtliche *Extrameile* zu gehen? Kann er die notwendigen *Energiereserven* mobilisieren, um potenzielle Umwege und *Bergauf-Strecken* zu bewältigen? Übersteht er längere Durststrecken und mögliche Misserfolge? Ist er bereit, seine Ziele auch gegen *potenzielle Widerstände* durchzusetzen?

Worum es geht: Reise, Reise ...

Fügen wir die Einzelteile wieder zusammen und werden ein wenig schnulzig-poetisch: Ich spreche davon, dass Menschen vollumfänglich die Verantwortung auf dem Schiff ihres Lebens übernehmen. Stellen wir uns den wagemutigen Kapitän eines Segelschiffs vor, der vor 300 Jahren auf eine Entdeckungsreise in noch unbekanntes Territorium aufbrechen möchte. Was macht so ein Kapitän, wenn er auf eine lange und möglicherweise beschwerliche Reise geht? Zunächst wird zumindest grob das

Ziel der Reise festgelegt – auch wenn der Weg dorthin vielleicht noch nicht genau absehbar ist (V). Dann wird er die richtige Mannschaft rekrutieren und diese auf die Reise und die zugehörigen Anstrengungen einschwören (I). Bevor es wirklich losgeht, sorgt er dafür, dass alles Wichtige mit auf die lange Reise geht – vor allem aber, dass ungewollter Ballast gerade nicht mit an Bord kommt (G). Einmal auf Kurs, wird er diesen laufend korrigieren, sprich, die aktuelle Position bestimmen und gegebenenfalls gegensteuern (O). Und schließlich, kurz vor dem Ziel, muss er, vielleicht im Angesicht schwindender Vorräte und sinkendes Mutes, das Letzte aus seiner Mannschaft herauskitzeln, ihr Mut zusprechen und gleichzeitig dafür sorgen, dass ihre Leistung nicht einbricht (R). Bis sie schließlich erreicht ist – die neue Welt ...

Die Entstehungsgeschichte hinter VIGOR

Bevor Sie sich nun völlig zu Recht fragen, wie dieses Modell entstanden ist, möchte ich Ihnen mit einer Antwort zuvorkommen. Zunächst aber werde ich kurz beschreiben, wie es gerade *nicht* entstanden ist:

- Ich habe es mir nicht einfach ausgedacht, weil es sich irgendwie gut anhört.
- Es beruht auch nicht auf der Weisheit eines elfdimensionalen Wesens, welches durch mich gechannelt wurde.
- Die Erkenntnisse standen auch nicht auf einer unter mysteriösen Umständen wiederentdeckten vorbabylonischen Steintafel.[7]

Stattdessen beruht das VIGOR-Modell auf einer Synthese der folgenden Einflüsse:

- Zigtausend Stunden an Fortbildungen in Veränderungsmethoden wie systemischem Coaching, Transaktionsanalyse, provokativem Coaching, NLP, Hypnotherapie u.v.m. Trotz der teilweise erheblichen Unterschiede in Theorie und Praxis finden sich naturgemäß viele Gemeinsamkeiten zwischen diesen verschiedenen Modellen und Methoden. Auf diese habe ich mich konzentriert.
- Das Studium unzähliger praxisbezogener Bücher aus den Bereichen Coaching, Therapie, Selbstmanagement und Persönlichkeitsentwicklung – ergänzt durch akademisch-psychologische Literatur. Auch hierbei habe ich darauf vertraut, dass das Nützliche und Hilfreiche in den Schnittmengen zu finden ist, dort, wo verschiedene Ansätze und Methoden zu ähnlichen Ergebnissen kommen bzw. in die gleichen Empfehlungen münden.
- Das Wissen und die Weisheit meiner Ausbilder, die sich naturgemäß teilweise widersprochen haben, aber eben auch vielfach Übereinstimmendes zu berichten hatten.
- Last, but not least: Die Themen und Geschichten meiner Coaching-Klienten selbst – und die von mir wahrgenommenen gemeinsamen Muster hinter ihren Anliegen.

Das Wissen meiner Mentoren, die Regale voller Praxisliteratur und Forschungspapiere sowie meine Erfahrungswerte genügten mir jedoch nicht. Deswegen beschloss ich, auf das methodische Wissen aus meinem schon etwas zurückliegenden Psychologiestudium zurückzugreifen, um mittels einer empirischen Studie Folgendes zu überprüfen:
- Lässt sich die individuelle Ausprägung der fünf Elemente des VIGOR bei Menschen objektiv *messen*?
- Welchen Zusammenhang gibt es zwischen der unterschiedlichen Ausprägung der verschiedenen VIGOR-Elemente und der übergreifenden *Lebenszufriedenheit* eines Menschen?

Zu diesem Zweck habe ich auf Basis wissenschaftlicher Standards einen Fragebogen entwickelt und über das Internet Teilnehmer rekrutiert: Mehr als 1200 Menschen haben an dieser Studie teilgenommen – und es ergaben sich viele interessante Erkenntnisse. Dazu gleich mehr. Vorher soll die folgende Frage beantwortet werden:

Warum der Fokus auf Lebenszufriedenheit?

Eine wichtige Frage bei Studien dieser Art ist die nach einer sinnvollen *abhängigen Variablen*. Die abhängige Variable in einer psychologischen Studie ist jene Ergebnisgröße, welche durch die *unabhängigen Variablen* (= beeinflussende Größen) vorhergesagt werden soll. Konkret wollte ich wissen, inwiefern Unterschiede in den Ausprägungen der VIGOR-Elemente Unterschiede in der Lebenszufriedenheit der Teilnehmer erklären können. Doch warum Zufriedenheit? Warum sich nicht auf Resultanten wie beruflichen Erfolg, z. B. gemessen am Einkommen, konzentrieren? Zum einen: Auch solche Messgrößen habe ich als sogenannte Kontrollvariablen aufgenommen. Zum anderen hat Lebenszufriedenheit einige hervorragende Eigenschaften als Forschungsobjekt, die ich im Folgenden kurz skizzieren werde:
- Es ist leicht ersichtlich, dass die Ziele, die Menschen erreichen wollen, sehr verschieden sein können. Mögen die einen Erfolg im Beruf und finanziellen Wohlstand als besonders erstrebenswert erachten, so ist es für andere vielleicht das private Glück, für wieder andere die persönlichkeitsbezogene oder spirituelle Entwicklung. Was uns jedoch alle eint, ist das Streben nach Glück und Wohlbefinden an sich, wie auch immer dies konkret erlebt wird.[8] In diesem Sinne ist Zufriedenheit, gemessen anhand der „Satisfaction With Life Scale" (SWLS) von Ed Diener[9], eine hilfreiche Messgröße, denn sie gibt explizit nicht vor, woran jemand seinen Zufriedenheitslevel bemessen soll. Jeder Mensch schätzt sein Zufriedenheitsniveau auf Basis intuitiv gewählter Kriterien ein. Somit lassen sich auch Menschen miteinander vergleichen, die potenziell nach völlig unterschiedlichen Dingen streben.

- **Lebenszufriedenheit** ist vermutlich die bisher am meisten untersuchte Messgröße in der Positiven Psychologie[10] – auch deshalb, weil sich in vielen Studien gezeigt hat, dass sie eng mit vielen weiteren positiven Konsequenzen (z. B. mehr Selbstwertgefühl, Kreativität, physische Gesundheit, eine funktionierende Partnerschaft u. v. m.) einhergeht. D. h., Zufriedenheit ist nicht nur ein Ziel, sondern durchaus auch ein Mittel; sie kann Weg und Ziel zugleich sein.[11]
- Außerdem – so lese ich gerade in der neuen Ausgabe des Männermagazins „GQ" – sehen 86 % der deutschen Männer *Zufriedenheit als den Sinn ihres Lebens* an. Sie belegt damit laut einer Forsa-Umfrage den ersten Platz unter allen erfassten Kriterien.[12] Und ich bin auch ohne konkrete Daten recht zuversichtlich, dass die Damenwelt ähnliche Prioritäten setzt.

Schließlich halte ich es für angemessen, an dieser Stelle einige Worte über das Thema Burnout zu verlieren. Ich maße mir nicht an zu entscheiden, ob es sich bei der gegenwärtigen „Epidemie" um ein vollkommen reales und damit besorgniserregendes Phänomen, eine massenmedial verursachte Hysterie, eine Verschiebung der Wahrnehmung von Diagnosekriterien oder um eine Mischung aller dieser Faktoren handelt (Letzteres halte ich persönlich für am wahrscheinlichsten). Es gibt jedoch schlichte Fakten, die eine ziemlich deutliche Sprache sprechen. In der aktuellen Ausgabe des Wirtschaftsblatts „manager magazin" – dem man nun wahrlich nicht vorwerfen kann, in irgendeiner Form wirtschaftskritisch positioniert zu sein – wird eine Statistik der AOK illustriert, welche besagt, dass die Anzahl an Arbeitsunfähigkeitstagen, welche auf dem Burnout-Syndrom naheliegende Symptome zurückzuführen sind, zwischen 2004 und 2010 um fast 900 % zugenommen hat.[13] Auch wenn Ärzte heutzutage möglicherweise schneller bereit sind, einen Menschen aufgrund entsprechender Symptome krankzuschreiben, so denke ich, dass ein solcher Anstieg nicht ausschließlich durch eine veränderte Aufmerksamkeit der Mediziner zu erklären ist. Die Welt dreht sich tatsächlich schneller, insbesondere für die Angestellten von global agierenden Konzernen. Immer neue Rationalisierungsrunden begünstigen zwar die Wettbewerbsfähigkeit der deutschen Industrie, lassen aber auch vielfach überforderte Führungskräfte (insbesondere im mittleren Management) und deren Mitarbeiter auf der Strecke. Die BlackBerry-Kultur der immerwährenden Erreichbarkeit tut ein Übriges, indem sie notwendige Erholungspausen, das Abschalten in den Abendstunden und am Wochenende für viele engagierte Angestellte zunichtemacht.[14]

Dies ist nicht die Zeit für Erfolgsratgeber. Wir haben in Deutschland kein Erfolgsdefizit. Die Wirtschaft boomt, die Arbeitslosigkeit bewegt sich auf historische Tiefstände zu. Es mangelt stattdessen vielerorts an psychischem Wohlbefinden. Wir haben ein Zufriedenheitsdefizit!

Warum Sie weiterlesen sollten:
Die wichtigsten Ergebnisse der VIGOR-Studie vorab

Um das wichtigste Ergebnis der Studie vorwegzunehmen: Ja, man kann die Entwicklungsblockaden des VIGOR-Modells empirisch messen. Und ja: Menschen, die hohe Werte für diese Entwicklungsblockaden aufweisen, berichten von einer deutlich verminderten Lebenszufriedenheit. Positiv ausgedrückt: Je höher der VIGOR-Wert eines Menschen, desto höher auch seine Lebenszufriedenheit (siehe Abb. 1)![15]

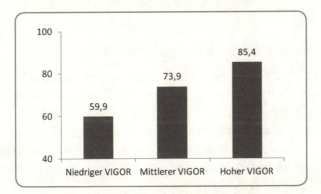

Abbildung 1: Lebenszufriedenheit nach VIGOR-Werten

Darüber hinaus besteht ein klarer Zusammenhang zwischen den VIGOR-Werten und dem Einkommen der Studienteilnehmer (siehe Abb. 2). Teilt man die Stichprobe nach ihren VIGOR-Werten in zwei Hälften auf, so finden sich unter den 92 Studienteilnehmern, die ein Jahreseinkommen von € 100.000 oder mehr angeben, zwei Drittel in der Gruppe mit den hohen Werten und nur ein Drittel in der Gruppe mit den niedrigen VIGOR-Werten. Ich hoffe, dass diese Vorabergebnisse Sie hinreichend dazu motivieren, weiterzulesen. Es lohnt sich in mehrfacher Hinsicht!

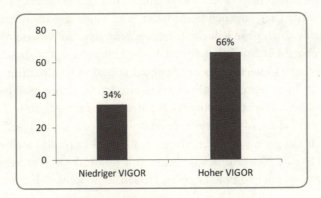

Abbildung 2: Zugehörigkeit zur Gruppe mit > € 100.000 Einkommen nach VIGOR-Werten

Allerdings hängen nicht alle Elemente des VIGOR gleichermaßen stark mit der Lebenszufriedenheit zusammen; es gibt vielmehr Abstufungen, eine Art Hierarchie der Blockaden. All dies werde ich Laufe des Buches eingehend erläutern.[16] Falls Sie sich besonders für die Studienergebnisse und vielleicht sogar für die dahinter liegende Statistik interessieren: Im Anhang finden Sie einen gestrafften Ergebnisbericht zur VIGOR-Studie. Dieser enthält weiterführende Ergebnisse, die im Hauptteil des Buches nur am Rande diskutiert werden (z. B. Vergleiche nach Geschlecht, Berufsgruppen oder Einkommensklassen in Bezug auf die verschiedenen Blockaden).

Vorab einige weitere interessante Ergebnisse der Studie:

- Die Zufriedenheit von Männern und Frauen unterscheidet sich kaum; Männer liegen minimal vorne, aber der Unterschied ist zu vernachlässigen.
- Je höher das Ausbildungsniveau, desto größer die Zufriedenheit.
- Unternehmer sind die zufriedensten Menschen in der Stichprobe.
- Die Höhe des Einkommens, ein intaktes soziales Netzwerk und eine stabile Lebenspartnerschaft tragen – unabhängig von der Ausprägung der VIGOR-Elemente – zu mehr Lebenszufriedenheit bei.
- Gelebte Spiritualität trägt – entgegen meiner Erwartung – kaum zu mehr Lebenszufriedenheit bei.
- Die Daten lassen eine Art Midlife-Crisis (Mitte bis Ende 40) vermuten; hier liegt die Zufriedenheit spürbar unter dem Wert der jüngeren und älteren Jahrgänge.

Die Struktur des Buches und Empfehlungen zur Bearbeitung

Dem Wort „Bearbeitung" können Sie Folgendes entnehmen: Dies ist ein *Arbeitsbuch*. Es nur zu lesen mag Ihnen – sofern ich meinen Autorenjob halbwegs anständig gemacht habe – ein paar angenehme Stunden und einen gewissen Erkenntnisfortschritt verschaffen. Ich gehe jedoch stillschweigend davon aus, dass Menschen, die sich für Studien zum Thema Lebenszufriedenheit interessieren, wahrscheinlich auch ein ganz praktisches Interesse an der Steigerung und/oder Erhaltung der eigenen Zufriedenheit haben. Sollten Sie dieses Werk also (auch) angeschafft haben, um damit Ihre Persönlichkeitsentwicklung voranzutreiben oder bestimmte Ziele in Ihrem Leben zu verwirklichen, so ist es zwingend notwendig, mit diesem Buch zu *arbeiten*! Ergo: Sollte ich Sie, geneigter Leser, einmal mit einem Exemplar meines Buches erwischen, und es sind nicht zahlreiche Seiten mit Kommentaren versehen, mit Textmarker verschönert oder komplett herausgerissen, dann werde ich ernstlich böse mit Ihnen sein![17]

Die Kapitelstruktur

Grundsätzlich folgen alle fünf Hauptkapitel dieses Buches dem gleichen Schema:
- Zunächst werde ich auf einigen Seiten den jeweiligen Aspekt des VIGOR vorstellen und *grundlegende Gesichtspunkte* des Themenfelds erläutern – auch aus wissenschaftlicher Perspektive. So findet sich in jedem Kapitel ein Abschnitt mit dem Titel „Was sagt die VIGOR-Studie zu ...".
- Im Anschluss daran finden Sie jeweils *drei Übungen* bzw. *Methoden*, um Entwicklungsblockaden im entsprechenden Themengebiet abzubauen. Ich nenne sie in diesem Buch „Zufriedenheitswerkzeuge". Dabei handelt es sich um jene Techniken, die sich im Laufe meiner Tätigkeit als Coach als am hilfreichsten herauskristallisiert haben.[18]
- Allen Übungen geht jeweils ein *Fallbeispiel aus der Coaching-Praxis* voran.[19] Diese mögen dazu dienen, den Einsatzbereich der beschriebenen Übungen und Methoden besser zu verstehen und zusammen mit dem VIGOR-Selbsttest (siehe nächster Abschnitt) zu erkennen, welchen Aspekten des Buches Sie am meisten Aufmerksamkeit schenken sollten, um möglichst effektiv und effizient damit arbeiten zu können.
- Jedes Hauptkapitel endet mit einer *Zusammenfassung der wichtigsten Punkte,* einigen *weiterführenden Tipps zur Bearbeitung von Entwicklungsblockaden* aus dem betreffenden Feld sowie mit *ergänzenden Literaturangaben,* falls Sie sich mit einem bestimmten Aspekt des VIGOR noch intensiver auseinandersetzen möchten.

Zum Ende des Buches finden Sie noch ein Kapitel mit einigen grundsätzlichen Überlegungen zum Thema *Persönlichkeitsentwicklung und Veränderung.* Dieses Kapitel soll Ihnen einerseits Mut machen, gewünschte Veränderungen beherzt anzugehen, Sie andererseits aber der Illusion berauben, mit dem Bearbeiten dieses Buches seien all Ihre Probleme ein für alle Mal gelöst. Bei dem vorliegenden Werk handelt es sich nicht um diese Art von Publikation, die solche unrealistischen Versprechen macht. Fakt ist: Ein Buch, das allein alle Probleme löst, gibt es nicht.

Im Anhang A finden Sie eine *modifizierte Version des Studienberichts*[20], den ich nach Auswertung der Ergebnisse an die Studienteilnehmer verschickt habe – und welcher auch als Basis für den Fachartikel[21] diente, der zum VIGOR in der Ausgabe 04 / 2010 der Zeitschrift „Kommunikation & Seminar" erschienen ist. Ich werde im Laufe des Textes immer wieder auf ausgewählte Aspekte dieses Berichts Bezug nehmen. Der interessierte Leser mag dann die entsprechenden Details im Anhang nachschlagen. Weiterhin finden sich in diesem Bericht ergänzende Statistiken, Angaben zur Stichprobe der VIGOR-Studie, einige methodische Aspekte und die statistischen Gütekriterien des VIGOR-Fragebogens. Die letztgenannten Aspekte sind vor allem für Menschen mit einem gewissen Maß an methodischer Vorbildung und entsprechender Interessenlage relevant.

Im Anhang B finden Sie einen *Selbsttest*, mit dem Sie den aktuellen Status Ihres Vigor sowie Ihrer Lebenszufriedenheit einschätzen können. Dazu mehr im folgenden Abschnitt.

Der VIGOR-Selbsttest

Natürlich können Sie dieses Buch von vorne bis hinten durchlesen, die verschiedenen Aspekte des Vigor studieren und auch nach Lust und Laune mit den vorgestellten Übungen und Methoden experimentieren. Ich möchte Ihnen jedoch ein anderes, effizienteres Vorgehen vorschlagen:

Es ist leicht einleuchtend, dass nicht alle Aspekte eines Buches dieser Art gleichermaßen relevant für alle Leser sind. Ich gebe Ihnen daher ein Werkzeug an die Hand, mit dem Sie für sich erarbeiten können, welche Themen besonders wichtig für Sie sind. Der Vigor beruht auf den Angaben von über 1000 Menschen. Es ist somit möglich, sogenannte *normierte Wertebereiche* anzugeben. Man kann also definieren, ob beispielsweise Ihr Wert für den Faktor Vision – verglichen mit der Gesamtstichprobe – überdurchschnittlich *hoch, niedrig oder normal* ausgeprägt ist. Dafür finden Sie im Anhang einen *Vigor-Fragebogen* mit genau jenen Fragen, die auch in der Studie zum Einsatz kamen. Weiterhin finden Sie dort ein *Auswertungsschema für den Fragebogen*, sodass Sie mit Papier, Stift und dem kleinen Einmaleins *Ihren eigenen Vigor-Test durchführen* können. Dies ermöglicht es Ihnen, auf unkomplizierte Art und Weise *Ihre aktuelle Ausprägung der fünf Vigor-Faktoren wie auch Ihrer Lebenszufriedenheit zu ermitteln.* Und mit diesen Ergebnissen können Sie wiederum festlegen, mit welcher Priorität Sie die einzelnen Themengebiete bearbeiten wollen. Weiterhin bietet der Vigor-Test eine *Möglichkeit zur Fortschrittskontrolle*. Sie sollten die Ergebnisse eines Durchgangs auf jeden Fall mit Datum festhalten. Wenn Sie dann in regelmäßigen Abständen Nachtests durchführen (z. B. alle drei Monate oder auch nach Abschluss bestimmter Projekte), können Sie messen, wie sich Ihre Vigor-Werte und auch Ihre Lebenszufriedenheit in der Zwischenzeit entwickelt haben.

First things first

Dazu vorab eine wichtige Anmerkung: Sollte der Selbsttest für GENERALKONSENS bei Ihnen Werte unterhalb des zufriedenstellenden Bereichs ergeben, so bitte ich Sie, sich auf jeden Fall zunächst diesem Aspekt des VIGOR zu widmen, gleich, welche anderen Elemente möglicherweise ebenfalls einer Bearbeitung bedürfen. Ich empfehle dies, da der GENERALKONSENS eine herausgehobene Rolle im VIGOR-Ensemble einnimmt. Konkret: *Der GENERALKONSENS beeinflusst mit hoher Wahrscheinlichkeit die Ausprägung der anderen Elemente.* Er kann im positiven Sinne ein Katalysator für die Entwicklung der anderen Faktoren sein, im negativen Sinne aber auch deren Entfaltung behindern. Noch konkreter: Es besteht die Wahrscheinlichkeit, dass Ihre Bemühungen, Veränderungen bei den anderen Faktoren zu erzielen, nicht fruchten oder zumindest ausgebremst werden, wenn Sie nicht vorher das Element GENERALKONSENS ausreichend bearbeitet haben. Meine Erfahrung als Coach wie auch die statistischen Ergebnisse der Studie lassen vermuten, dass der GENERALKONSENS eine Art übergeordneter Faktor ist: Ein Stück weit ist er Bindeglied zwischen den anderen; aber auch herausgehoben, weil er die Entwicklung der anderen fördern oder hemmen kann. In diesem Sinne ist der GENERALKONSENS auch der Kern der *Lizenz zur Zufriedenheit*. Mehr zur Verschränkung der VIGOR-Elemente erfahren Sie in Kapitel 3 zum GENERALKONSENS bzw. im Studienbericht im Anhang.

Bevor es richtig losgeht, sollte aber unbedingt noch eine grundlegende Frage geklärt werden.

Können Sie Ihre Lebenszufriedenheit überhaupt nachhaltig steigern?

Die wissenschaftliche korrekte Antwort auf diese Frage lautet: Ja, aber ...

Eine Auswertung Hunderter wissenschaftlicher Studien zum Thema „subjektives Wohlbefinden" kommt – vereinfacht gesagt – zu folgender Erkenntnis[22]:
- 50 % unseres subjektiven Wohlbefindens sind genetisch vorbestimmt.
- 10 % unseres Wohlbefindens hängen von externen Faktoren ab, z. B. davon, in welchem Land wir leben, wie es uns gesundheitlich geht, mit wem wir verheiratet sind usw.
- 40 % Einfluss bleiben damit in unserer Hand. 40 % unseres persönlichen Wohlbefindens können wir dadurch beeinflussen, wie wir uns konkret *verhalten* und wie wir über unser Land, unsere Gesundheit, unseren Partner – sowie Gott und die Welt – *denken und fühlen*.

Los-Pech in der Genlotterie

Wie sind diese Daten zu interpretieren? Der liebe Gott[23] hat dafür gesorgt, dass einige Menschen schon per Geburt etwas miesepetriger sind als andere. Messen lässt sich das z. B. anhand der „Big Five", einem aus fünf Dimensionen bestehenden Modell zur Beschreibung unserer Persönlichkeit.[24] Eine dieser Dimensionen wird im Fachjargon „Neurotizismus" genannt und beschreibt eine natürliche Neigung zu Ängstlichkeit, Spannungsgefühlen und Unwohlsein.[25] Menschen mit einer solchen Disposition haben auch ein deutlich höheres Risiko für psychische Störungen wie Depressionen oder Angststörungen.[26] Entsprechend zeigen sie im Durchschnitt auch deutlich niedrigere Werte auf der in meiner Studie verwendeten Zufriedenheitsskala. All das mag subjektiv ein wenig unfair erscheinen, macht aber aus evolutionärer Sicht durchaus Sinn: Eine etwas pessimistischere Weltsicht hat nämlich in bestimmten Kontexten essenzielle Vorteile. So weiß man, dass dieser Schlag Mensch Gefahren realistischer einschätzt und daher im Mittel über Situationen hinweg etwas vorsichtiger agiert. Das ist total hilfreich, wenn man in der Nachbarschaft von Säbelzahntigern wohnt – oder in einem Atomkraftwerk arbeitet.[27]

Notorische Spaßbremsen und geborene Frohnaturen

Woher weiß man aber konkret, dass der Anteil der genetischen Disposition etwa 50 % unseres Wohlbefindens erklärt? Die Antwort darauf geben – wie so häufig in diesem Bereich der Forschung – Zwillings- und Adoptionsstudien. Die Logik dahinter ist bestechend einfach: Wenn man eineiige Zwillinge, die per Definition genetisch identisch sind, bei der Geburt trennt, sie also in komplett unterschiedlichen Familien (und ggfs. Ländern) aufwachsen lässt, dann können spätere Gemeinsamkeiten in Persönlichkeit und Verhalten logischerweise nur aus dem gemeinsamen Genpool resultieren, nicht aus der Sozialisation. Ähnliches, nur mit umgekehrten Vorzeichen, gilt für Adoptivkinder: Hier lässt sich stabil nachweisen, dass diese ihren nicht adoptierten Geschwistern nur unwesentlich ähnlicher in Persönlichkeit und Verhalten sind als jeder beliebige andere Mensch.[28] Ergo: Auch hier setzt sich die Macht der Gene nachhaltig durch. Und im Mittel über viele Studien hinweg zeigt sich eben, dass die Gene für ca. 50 % unseres Glücksgefühls verantwortlich zeichnen; der Rest geht auf das Konto anderer Faktoren.[29] Was bedeutet das nun für die Veränderung der Lebenszufriedenheit?

Die Glücks-Baseline: Warum die Lottofee Sie vielleicht reich, aber nicht glücklich(er) macht

Jeder Mensch hat eine natürliche Baseline, also eine Null-Linie, zu der das subjektive Zufriedenheitsgefühl unter normalen Umständen nach Ausschlägen nach oben oder unten wieder zurückkehrt.[30] So hat man herausgefunden, dass ein millionenschwerer Lottogewinn Menschen für einige Monate einen Glückskick gibt, aber spätestens nach ein bis zwei Jahren sind ihre Zufriedenheitswerte wieder ungefähr auf dem Niveau zur Zeit vor den „Sechs Richtigen".[31] Gott sei Dank funktioniert dies aber auch in umgekehrter Richtung: Menschen, die durch einen Unfall querschnittsgelähmt werden, verlieren temporär deutlich an subjektivem Wohlbefinden. Doch ebenso wie die Lottokönige kehren sie in puncto Befindlichkeit nach Ablauf einer Karenzphase wieder weitestgehend dorthin zurück, wo sie schon vor dem Unfall waren.[32] Zusammen mit den Erkenntnissen aus dem vorigen Abschnitt bedeutet das: Wer qua Genlotterie tendenziell ein Trauerkloß ist, wird sich im Laufe seines Lebens nur mit sehr engagierter Arbeit an und mit sich selbst in eine echte rheinische Frohnatur verwandeln – aber es ist definitiv möglich.

Zum Glück hat sich seit der ersten Beschreibung der Glücks-Baseline (zu Beginn sah man sogar bis zu 80 % Verantwortung beim Erbgut) gezeigt, dass die Gene nicht ganz so streng mit uns sind. Veränderung ist möglich.[33] In einem gewissen Rahmen. Und das ist auch gut so, denn ansonsten könnte ich die Schreiberei jetzt einstellen. Warum ich das nicht tue, verrate ich gleich. Vorher kommt es aber noch ein wenig dicker.

Sisyphos und das hedonische Hamsterrad

Nicht genug, dass unsere Gene zu einem guten Teil vorgeben, wie glücklich wir werden (können): Wenn wir es dann doch einmal schaffen, unser Zufriedenheitsniveau anzuheben (das funktioniert z. B. durch eine Heirat, liebe Männer), so gewöhnen wir uns sehr schnell an diese Änderung unserer Lebensumstände; wir sind also langfristig in der Ehe kaum glücklicher als vor der Hochzeit (.... liebe Damen).[34] Menschen haben Gott sei Dank die Fähigkeit, sich schnell an neue Kontexte anzupassen. Diese hohe Anpassungsfähigkeit ist eines der Merkmale, welche uns als Spezies so erfolgreich machen. Sie hilft uns ungemein, mit widrigen oder komplett neuen Lebensumständen klarzukommen. Auf der anderen Seite ist sie der Feind des gefühlten Fortschritts: Zwar rollt unsere Zufriedenheitskugel nicht auf der anderen Seite des Berges wieder hinunter wie beim armen Sisyphos; eher verdrängen wir mit der Zeit die Tatsache des Aufstiegs und machen uns alsbald auf die Suche nach weiteren Gipfeln.

Konkret besteht also immer die Gefahr, dass ein ehedem erhöhtes Niveau einfach zum neuen Nullpunkt wird. Dies begründet auch, warum unsere Lebensumstände wie eingangs erwähnt nur etwa 10 % unseres Zufriedenheitslevels erklären können.

Warum die Nummer mit der Tretmühle aber zum Glück auch wieder nur die halbe Wahrheit ist[35], wird im Laufe des Buches näher erläutert. Insbesondere das Abschlusskapitel 6, „Die Günther-Jauch-Theorie der Persönlichkeitsentwicklung", geht noch einmal aus einer übergreifenden Perspektive darauf ein.

Warum Pygmäen so selten in die Hall of Fame der NBA kommen

Aber was genau bedeutet das mit der Genetik? Übertragen wir es auf einen etwas greifbareren Bereich: Körpergröße. Diese ist ebenfalls (noch viel stärker als subjektives Wohlbefinden) genetisch determiniert. Wenn Ihre Eltern nun dem Stamme der Pygmäen entsprossen sind und Sie mit 1,60 m (als Mann) auch eher ein Sitzriese sind, dann ist es durchaus möglich, aber doch recht unwahrscheinlich, dass Sie einmal erfolgreich in der NBA Basketball spielen werden. Dass dies dennoch funktioniert, hat von 1987 bis 2001 der Publikumsliebling Muggsy Bogues bewiesen, der bei genau jener Körpergröße viele Jahre sehr erfolgreich für verschiedene NBA-Teams gespielt hat.[36] Wahrscheinlich hat der gute Muggsy einfach deutlich härter trainiert oder war mit einer überdurchschnittlichen Spielintelligenz gesegnet. Jedenfalls ist er bis heute der kleinste Spieler, der erfolgreich in der NBA agieren konnte – während es viele weitaus weniger talentierte, aber überdurchschnittlich große Spieler gibt, die ebenso bedeutende Karrieren haben. Rückübertragen auf das Thema dieses Buches bedeutet das: Wenn Sie mit einer „genetischen Hypothek", also z.B. mit einem hohen Level an Neurotizimus, das Licht dieser Welt erblickt haben, ist es sehr gut möglich, dass Sie ein langes und glückliches Leben führen werden – Sie müssen jedoch mehr dafür tun als alle Sonntagskinder dieser Erde.

Der göttliche Kaffeeklatsch

Nehmen wir einmal an, Sie seien der Schöpfer der Welt.[37] Und weil heute so schönes Wetter ist, laden Sie 100000 vollkommen zufällig ausgewählte Menschen zu einem gigantischen Kaffeeklatsch ein. Gemäß des Zufalls wird diese illustre Runde mit großer Wahrscheinlichkeit das vollständige Kontinuum der Zufriedenheit abbilden: Von himmelhoch jauchzend bis zu Tode betrübt, wobei das Gros der Menschen sich entsprechend der Gauß'schen Normalverteilung irgendwo in der Mitte ansiedelt. D.h., die meisten Menschen sind weder auffallend glücklich noch depressiv.

Warum dies? In der Menge gibt es Menschen mit Glücks-Baselines jeglicher Höhe, unterschiedlichen Lebensumständen und ebenso ungleichen Denk- und Verhaltensweisen. All diese Einflüsse vermischen sich zu einem großen „Kausalitätsbrei" mit entsprechend hoher Variabilität bei den Ergebnissen.

Da Sie aber der liebe Gott sind, wird Ihnen dieses große Durcheinander dann doch schnell langweilig. Also starten Sie ein kleines Experiment: Sie backen noch viele, viele Kuchen und laden weitere 200000 Erdbewohner zu Ihrem kosmischen Kaffeeklatsch ein. Jeweils 100000 dieser Menschen sind a) eineiige Zwillinge (Klone) mit einer sehr hohen Glücks-Baseline (z. B. 8,5 auf einer Skala bis 10); und die anderen 100000 sind ebenfalls Klone, aber b) mit einem sehr niedrigen Nullpunkt (2,5 von 10). Auch die 200000 Personen in diesen beiden Völkchen haben ganz unterschiedliche Lebensumstände bzw. Denk- und Verhaltensmuster. Wo Platz nehmen?, fragt man sich da. Da Emotionen hochgradig ansteckend sein können[38], würde ich – wenn ich Sie wäre – lieber an dem Riesentisch mit den Leuten der Gruppe A sitzen. Es könnte sonst trotz des schönen Wetters ein recht trübsinniger Nachmittag werden, denn in Gruppe B befinden sich unglaubliche viele übellaunige Gesellen, viele von ihnen so depressiv, dass sie wahrscheinlich nur gekommen sind, um sich am göttlichen Kuchen zu Tode zu mampfen. Sie müssten also recht lange suchen, bis Sie zu dem Teil des Tisches gelangen, an dem sich die (durchaus vorhandenen) Strahlemänner dieser Population zusammengerottet haben. Am Tisch der Gruppe A hingegen wäre es genau umgekehrt: Auch hier gäbe es eine Menge Trauerklöße, aber wirklich, wirklich glückliche Leute sind eindeutig in der Überzahl. Das ist die Macht der Baseline.

40 % für ein Halleluja

Bleiben also – endlich, endlich – jene 40 % unseres subjektiven Wohlbefindens, die wir selbst in der Hand (bzw. im Kopf haben).[39] Ist das viel oder wenig? Hmm, lassen Sie uns mal kurz überlegen: Wann haben Sie das letzte Mal eine vierzigprozentige Gehaltserhöhung bekommen …? O.k., das hätten wir geklärt.

40 % ist verdammt viel! Außerdem ist es der Spielraum, den uns Mutter Natur gegeben hat.[40] Die Frage nach dem „Warum so wenig?" ist also nicht besonders lohnenswert. Als außerordentlich lohnenswert erachte ich es stattdessen, um jeden Punkt dieser 40 % Zufriedenheit zu kämpfen! Selbst wenn Ihre genetische Glücks-Baseline eher im unterdurchschnittlichen Bereich angesiedelt ist, so können Sie sich doch am eigenen Schopfe derart weit aus dem Sumpf ziehen, dass es Ihnen völlig egal sein kann, dass Mutter Natur Sie bis Oberkante Unterlippe in die Jauche gritten hat.

Versprochen! Der Schlüssel zu diesen 40 % befindet sich *in Ihnen*! Konkret liegt er in der Klärung der folgenden Fragen:

- Wie können Sie herausfinden, welche Ziele letztendlich stimmig für Sie sind?
- Wie können Sie stärker eins mit sich selbst werden, sodass Sie mit voller Kraft voranschreiten können?
- Wie können Sie mentalen Ballast hinter sich lassen, um optimistisch in die Zukunft zu schauen?
- Wie können Sie auf Ihrem Weg Wichtiges von Dringendem trennen und entsprechend priorisieren?
- Wie können Sie Ihre zielgerichtete Motivation auch über weite Strecken erhalten?

Antworten auf diese Fragen (und viele weitere nützliche Dinge) liefert Ihnen VIGOR, Ihre ganz persönliche Lizenz zur Zufriedenheit!

Gereifter Wein in einem schönen neuen Schlauch

Bevor es nun wirklich, wirklich losgeht, noch ein letztes Wort der Warnung: Weniges in diesem Buch ist grundlegend neu. Ich werde einen Teufel tun und mich in die Reihe jener Protagonisten einreihen, die vorgeben, „bahnbrechende" neue Erkenntnisse und / oder Methoden zu präsentieren, während sie in Wahrheit nur hinlänglich Bekanntes etwas anders aufbereitet haben. Die Aufmerksamkeitsökonomie unserer Tage verlangt offenbar, dass alles immer „brandneu", „einzigartig" oder „das Beste aller Zeiten" sein muss, um sich noch zu verkaufen. Nicht wenige Menschen setzen daher leider den Begriff „alt" automatisch mit „veraltet" gleich. Das ist ein schwerer Irrtum. Vieles, was nicht neu ist, hat sich „bewährt", ist also wert, bewahrt zu werden.[41] Niemand braucht das Rad neu zu erfinden, weil das Rad bereits bestens funktioniert. In diesem Sinne wird auch im vorliegenden Buch das Rad nicht neu erfunden. Vielmehr möchte ich Ihnen näherbringen, was sich bewährt hat. Dieses Werk gleicht also eher einem kollektiven Best-of-Album als einer Neuerscheinung.[42]

Und damit genug der Vorbemerkungen. Ich hoffe, Sie sind nun hinreichend neugierig, die einzelnen Faktoren des VIGOR näher kennenzulernen. Im ersten Hauptkapitel dreht sich alles um das Element VISION.

1. VISION

Wer den Hafen nicht kennt, in den er segeln will, für den ist kein Wind der richtige.
(Seneca)

Ich werde Feuerwehrmann! Ich werde Feuerwehrmann!!!
(Grisu, der kleine Drache)

Drei Steinmetze arbeiten auf einer Baustelle. Ein Mann kommt des Weges und fragt sie der Reihe nach, was sie tun. Der erste Steinmetz räumt etwas missvergnügt Steine zusammen und antwortet: „Ich verdiene meinen Lebensunterhalt." Der zweite klopft mit geschäftiger Miene seinen Stein und erwidert: „Ich verrichte die beste Steinmetzarbeit in diesem Teil des Landes." Der dritte Steinmetz schließlich scheint einen Augenblick in die Ferne zu schauen, wendet sich dann aber mit glänzenden Augen dem Fragenden zu und sagt: „Ich baue eine Kathedrale!"

1.1 Einführung

Was haben die Inhaberin einer Kinderkochschule, ein Schulpfarrer, ein Produzent von Bio-Backmischungen, eine Fotografin und der Inhaber eines Hummerspezialitäten-Restaurants gemeinsam? Nur falls Sie sich gerade fragen: Das ist nicht der Anfang irgendeines lahmen Witzes, sondern eine ernst gemeinte Frage. Die Antwort lautet: Sie alle sind ehemalige Investment-Banker. Sie besitzen Abschlüsse von Eliteuniversitäten, haben bis zu 18 Stunden pro Tag geschuftet und dabei Unmengen von Geld verdient. Und: Sie haben zu unterschiedlichen Zeitpunkten ihren hochdotierten Job gekündigt oder wurden Opfer der großen Entlassungswelle rund um die Finanzkrise 2008/2009. Ansonsten: Sie sind außergewöhnlich zufriedene Menschen. Interviewt wurden sie alle für ein Feature im „FOCUS"[43] mit dem Titel: „Unglücklich? Keine Zeit!" Dort sprechen sie davon, nun endlich ihrer Berufung nachgehen zu können, ihre Träume zu leben und dass ihr neues Leben „so viel mehr Spaß" mache und „Erfüllung" biete. Einige von ihnen stehen noch ganz am Anfang und leben derzeit noch von einer satten Abfindung. Andere sind mittlerweile erfolgreiche Unternehmer und denken schon ans Expandieren.

Wenn man die Geschichten dieser Menschen liest, fällt als Erstes auf: Ihre Darstellungen haben nichts Schwurbeliges an sich, niemand hat sich für Jahre in eine tibetanische Erdhöhle zurückgezogen und auf die Eingebung des großen Geistes gewartet. Eher sprechen die Protagonisten davon, nun etwas zu leben, was sowieso immer schon *in ihnen* war, etwas, das man „eigentlich schon nach der High-School" machen wollte – oder das sogar einem Kindheitstraum nahekommt. Es wirkt, als hätten all diese Menschen zu sich gefunden, als hätten sie sich daran erinnert, wer sie eigentlich sind – während sie vorher ein Leben führten, das nicht wirklich ihnen entsprach. Erfolgreich, durchaus mit vielen Vorzügen – aber nicht der „wahre Jacob".

VISION oder: Was macht einen Sinn?

Im Deutschen sprechen wir mittlerweile davon, dass etwas „Sinn macht". Mittlerweile sage ich, weil dieser Ausdruck eigentlich eine Eindeutschung des amerikanischen Ausdrucks „to make sense" darstellt. Ursprünglich gab es hierzulande nur die Wendung „einen Sinn haben": Etwas hat Sinn – oder eben nicht. Trotzdem nutze ich den Ausdruck des „Sinn-Machens" gerne, weil er für mein Verständnis näher an der Wirklichkeit liegt: dass Sinnerleben eine Konstruktion ist. Sinn ist immer eine individuelle[44] bzw. soziale Konstruktion[45] – und was für den oder die einen Sinn macht, mag für andere Individuen oder Gruppen vollkommen un-sinnig sein. Doch ganz gleich, ob der Sinn gemacht oder einfach nur da ist: Wir kommen aus dieser „Sinn-Nummer" nicht raus. Der französische Philosoph Maurice Merleau-Ponty sieht uns gar „zum Sinn verdammt" aufgrund der Unmöglichkeit, aus unserem individuellen Sinnhorizont auszusteigen.[46] D. h., uns mag etwas völlig unsinnig erscheinen, aber trotzdem ist diese Aussage wieder Teil einer individuellen Sinn-Konstruktion.

... trotzdem Ja zum Leben sagen[47]

Viktor Frankl sprach hingegen von „Willen zum Sinn".[48] Er hatte als jüdischer Arzt Aufenthalte in verschiedenen Konzentrationslagern überlebt und dabei festgestellt, dass jene Häftlinge eine besonders hohe Überlebenschance hatten, die ihren widrigen Lebensbedingungen trotzdem einen Sinn abgewinnen konnten, z. B. weil sie wussten, dass jenseits der KZ-Mauern ein geliebter Mensch auf sie wartete. Diese Erkenntnis bildete auch die Grundlage einer von ihm entwickelten Spielart der Psychotherapie, der Existenzanalyse bzw. Logotherapie.

Die später folgende psychologische Forschung sollte Frankl mehr als recht geben: Die Wahrnehmung, dass das eigene Leben einen Sinn, also eine über den Moment hinausgehende tiefere Bedeutung[49] hat, ist für Menschen mit vielen positiven Konsequenzen verbunden. Sinnerleben ist eng mit Lebenszufriedenheit und positiven Emotionen[50] sowie einer Reihe von gesundheitlichen Vorzügen verknüpft.[51] Einige Forscher gehen sogar so weit, das Erleben von Sinn und das Führen eines authentischen, erfüllten Lebens komplett gleichzusetzen. Dabei gehe es vor allem darum, als sinnvoll erlebte Ziele zu verfolgen – sodass das eigene Leben eine kongruente Geschichte ergibt, in der man das Erlebte in einen größeren, kohärenten Kontext setzen kann.[52] Insbesondere wer es schafft, auch aus negativen Lebensereignissen einen Sinn zu ziehen (Beispiele: Verlust eines Angehörigen[53] oder Krebs[54]), scheint anschließend von einer als tiefer empfundenen Bedeutung des (eigenen) Lebens zu profitieren. Auf der anderen Seite lässt sich nachweisen, dass das Fehlen eines Lebenssinnes eine typische Begleiterscheinung, eventuell sogar *die* (zumindest eine wichtige) Ursache von psychischen Störungen ist[55] bzw. die Prognose nach der Behandlung von psychischen Störungen deutlich verschlechtert[56]. Dementsprechend gehört (gefühlte) Sinnlosigkeit, also die Abwesenheit von Bedeutung im eigenen Leben, zu den typischen Merkmalen der schwereren Formen von depressiven Störungen.[57]

Zusammen genommen lassen diese Ausführungen erahnen, dass es Sinn macht, sich auf die Suche nach dem Sinn des Lebens zu machen – sofern Sie ihn bisher nicht oder nur unzureichend wahrnehmen können.

Beruf oder Berufung?

Eng mit dem Konzept des Sinns verknüpft ist auch das der „Berufung". Das moderne Wort „Beruf" lässt sich noch deutlich aus diesem Begriff ableiten. Eine Berufung zu haben ist äquivalent zu einem tiefen Erleben von Sinn im Rahmen der eigenen Arbeit.[58] Ursprünglich wurde damit in erster Linie der Ruf Gottes zu einem christlichen Leben bezeichnet. Man fühlte sich also z. B. zum Priesteramt oder einem Leben als Nonne berufen und entsagte folglich dem weltlichen Leben.[59] Erst in jüngster Zeit wird der Begriff der Berufung auch auf säkulare Arbeitsfelder angewendet.[60]

Ob die eigene Arbeit als Berufung gesehen wird, scheint eine Einstellungssache[61] zu sein. Wenn Sie an die Steinmetze aus der Eingangsgeschichte dieses Kapitels denken: Amerikanische Forscher haben tatsächlich herausgefunden, dass es drei recht stabile Wege gibt, seine aktuelle Beschäftigung zu betrachten: als a) Job, b) Karriere und c) Berufung.

- Menschen, die einem „Job" nachgehen, tun dies ausschließlich zur Finanzierung ihres Lebensunterhaltes. Wenn sie nicht für Geld arbeiten müssten, würden sie sofort mit dieser Beschäftigung aufhören. Sie wünschen sich häufig, die Zeit auf der Arbeit würde schneller voranschreiten, damit das Wochenende näher rückt.
- Menschen, die eine „Karriere" verfolgen, haben durchaus Spaß an ihrer Arbeit, sehen sie aber nur als eine Durchgangsstation auf dem Weg zu Höherem. Sie sind stark fokussiert auf die extrinsischen Aspekte ihrer Stelle, d. h., sie streben vor allem nach (mehr) Geld und den Beförderungen, die dafür notwendig sein werden.
- Menschen, die einer „Berufung" nachgehen, sehen die Arbeit als integralen Bestandteil ihres Lebens an. Solche Menschen lieben ihre Arbeit und verbringen deshalb auch freiwillig mehr Zeit als nötig damit. Sie glauben in der Regel, dass sie mit ihrer Arbeit die Welt ein Stück besser machen. Im Gegensatz zu vielen anderen Menschen fürchten sie sich eher vor dem Ruhestand, als dass sie sich danach sehnen.

Haben Sie sich in einer der Beschreibungen wiedererkannt?

Auch das Leben der eigenen Berufung geht mit einer Reihe von positiven psychologischen Konsequenzen einher.[62] Dazu gehören größere Zufriedenheit auf und mit der Arbeit, eine allgemein höhere Lebenszufriedenheit und ein besserer Gesundheitszustand. Hinzu kommen Effekte wie ein gesteigertes Selbstwertgefühl und die Vorzüge eines starken subjektiven Gefühls für den Erfolg und Wert der eigenen Arbeit.[63] Denn: Man kann eine Arbeit objektiv sehr erfolgreich verrichten, sich aber subjektiv erfolglos fühlen, einfach weil dieser Beschäftigung das Sinnerleben abgeht. Andererseits ist man für eine Arbeitsstelle, die man als Berufung empfindet, typischerweise hochengagiert und setzt sich hohe, aber erreichbare Ziele, sodass man auch objektiv meist erfolgreich ist.[64]

Was nicht passt, wird passend gemacht

Was passiert aber, wenn man den Ruf hört, sich jedoch aus Angst oder rationalen Gründen nicht dafür entscheiden kann, einen Karrierewechsel zu vollziehen? Im Wesentlichen sind das zwei Dinge: Entweder suchen wir das Gefühl von Freude und Sinnerleben abseits der Arbeit, also in sinnvoller Freizeitgestaltung, z. B. in Vereinen und gemeinnützigen Organisationen.[65] Oder aber wir beginnen, aktiv an der konkreten Ausprägung unseres Arbeitsinhaltes zu basteln (sogenanntes *job crafting*)[66]: Bestimmte Tätigkeiten innerhalb unseres Aufgabenbereichs ziehen wir anderen vor; oder wir versuchen, übergreifend unseren Verantwortungsbereich um andere Tätigkeiten zu erweitern, um so zumindest zum Teil in der Genuss jener positiven Gefühlszustände zu kommen, die mit dem Ausleben der eigenen Berufung einhergehen. Wir streben also danach, unsere Rolle innerhalb des bestehenden Rahmens derart zu verändern, dass sie berufungsnah wird, ohne wirklich „den Sprung" riskieren zu müssen. Dieses Verhalten birgt jedoch Schwierigkeiten anderer Art: Zum einen können daraus Probleme mit der Leistung entstehen, wenn das veränderte Arbeitsverhalten zu sehr vom eigentlichen Jobprofil abweicht. Und zum anderen bleibt potenziell weiterhin das Bedauern, „es" nicht wirklich gewagt zu haben.[67]

In 80 Tagen um die Welt mit Rocky Balboa

Menschen lieben die prototypische Geschichte vom Helden, der sich – häufig entgegen aller Vernunft – ein Ziel setzt und dieses auch gegen Widerstände bis zum glücklichen Ende verfolgt. Es fällt mir daher recht schwer, Beispiele auszuwählen, einfach weil es so viele geeignete gäbe. In meiner Jugend habe ich Jules Verne verehrt; am meisten hatte es mir Phileas Fogg angetan, der sich – ohne Not und aus dem Ansporn einer Wette heraus – in einen Wettlauf in 80 Tagen um die Welt stürzt, am Ende triumphiert und unterwegs sogar die große Liebe findet.[68] Ebenso geliebt habe ich Frodo Beutlins Reise zu den Feuern des Schicksalsberges im Lande Mordor.[69] „Der Herr der Ringe" zeigt im Übrigen ein sehr typisches Element für jene Art von Geschichte: Der Ruf erreicht den zunächst ahnungslosen und meist eher unwilligen Helden von außen; er wird von höheren Mächten in die Geschichte hineingezogen wie Luke Skywalker in seine Transformation zum Jedi-Ritter oder Rocky Balboa in seinen ersten Kampf gegen Apollo Creed. Manchmal ist der Held auch einfach nur am richtigen Ort zur falschen Zeit, so wie Bruce Willis als John McClane in der „Stirb-Langsam"-Reihe.

Etwas anders gelagert ist das Thema, wenn es darum geht, gegen äußere Widerstände (häufig die eigenen Eltern bzw. die Gesellschaft an sich) seine innere Natur leben zu können oder zu dürfen. Erst vor wenigen Wochen habe ich auf Empfehlung eines Freundes Rainer Maria Rilkes „Briefe an einen junger Dichter" gelesen.[70] Der große Dichter Rilke ermutigt dort über mehrere Jahre einen jungen Mann, der sich selbst im Leben eines Offiziers gefangen sieht, zu seiner wahren Natur zu stehen und seine Passion als Poet auszuleben. Auch dieses Motiv wurde bereitwillig in Hollywood aufgegriffen, sei es – mit tragischem Ausgang – im „Club der toten Dichter" oder in Gestalt der Tänzer „Billy Elliot" bzw. dem Pinguin „Mumble" aus „Happy Feet".

VISION ist nicht „one size fits all"

Die prototypischen Beispiele aus Buch und Film (Profisportler, Dichter, Tänzer) sollten allerdings nicht Ihren Blick dafür verschleiern, dass Ihre VISION eine höchstpersönliche Angelegenheit ist. Wenn Sie kein Künstler werden wollen, ist das völlig o.k. Und Sie müssen meinetwegen auch nicht die Welt retten wie Bruce Willis oder Frodo. Trotzdem geht es um das Entdecken Ihrer – in Goethes Worten[71] – „Künstlerseele" bzw. um Ziele und Tätigkeiten, die selbige in Ihnen zum Klingen bringen. Dies kann – je nachdem, wie Ihre Motive, Werte und Interessen geartet sind – alles Mögliche sein. Die akademische Forschung spricht hier von „Selbst-Konkordanz"[72] oder „organismischer Kongruenz"[73], also von einer natürlichen Passung zwischen dem Inneren eines Menschen und seinen Aufgaben und Zielen. Wenn wir uns selbstkonkordanten Zielen widmen, profitieren wir von einer höheren Umsetzungswahrscheinlichkeit und mehr Freude auf dem Weg der Zielerreichung.[74] Sich einem falschen (für sich selbst unpassenden) Ziel zu verschreiben kann hingegen – auch wenn man das Ziel erreicht – ziemlich unzufrieden machen.[75]

Die Übungen im Praxisteil des Kapitels VISION werden Ihnen deshalb helfen herauszuarbeiten, wofür Ihre persönliche Künstlerseele lebt und atmet.

Zwischenfazit: Wieso bestehst du darauf, du selbst zu sein ...

... wenn du die Möglichkeit hättest, etwas wirklich Großartiges aus dir zu machen? Mit diesem Satz beschreibt der Mitbegründer des NLP, Richard Bandler, etwas augenzwinkernd einen sehr wichtigen Teil der conditio humana. Abseits der inneren Konflikte, die ich im Kapitel INTEGRATION beschreiben werde, gibt es einen weiteren zentralen Gegensatz in unser aller Leben: Jenen zwischen dem Menschen, der wir aktuell sind – und jenem, der wir potenziell sein könnten. Seit jeher beschreiben Philosophen diese Art intra-individueller Vertikalspannung[76] als konstitutives Element des menschlichen Daseins. Wir sind immer irgendwie unfertig, es gibt immerzu irgendwo eine „Version 2.0", ein Upgrade unserer selbst; wir „üben" eigentlich nur. Daraus ergibt sich die Forderung an den sich seiner selbst bewussten Menschen, sich „um sich selbst zu kümmern"[77], sich zu entwickeln, das Beste aus sich zu machen. Manche Menschen mögen diese Aussicht bedrohlich finden; aus meiner Sicht ist sie jedoch eine verlockende Einladung. Denn sie fußt nicht auf einer Unzufriedenheit mit dem, was bereits ist. Sie fußt auf der Auslotung dessen, was möglich ist. Es geht um das Prinzip, das der Pionier der Humanistischen Psychologie, Abraham Maslow, mit dem Begriff „Selbstaktualisierung"[78] bezeichnete: die Vervollkommnung des eigenen Selbst durch das weitestmögliche Ausleben unseres innewohnenden Potenzials. Ich lade auch Sie ein, diesem Weg zu folgen.

Was sagt die VIGOR-Studie zum Faktor VISION?

In der VIGOR-Studie ergibt sich für die Bedeutung des Faktors VISION für die Lebenszufriedenheit aller Teilnehmer ein recht niedriger Wert (in Zahlen ausgedrückt: eine Korrelation[79] von 0.32). Auch wenn es der niedrigste Wert aller fünf VIGOR-Elemente ist: Im Bereich der Persönlichkeitspsychologie stellt dies jedoch immer noch einen recht bedeutenden Zusammenhang dar. Konkret heißt das: Je mehr sich ein Mensch über seine übergreifenden Ziele im Klaren ist, desto größer ist tendenziell auch seine Lebenszufriedenheit.

Interessant wird es, wenn man diesen Zusammenhang nach Altersgruppen analysiert: Es zeigt sich dann, dass die Verbindung zwischen dem Faktor VISION und der Lebenszufriedenheit bei den älteren Menschen in der Stichprobe deutlich stärker ist (in der Altersgruppe über 60 liegt sie bei 0.78).[80] Das bedeutet nun explizit nicht, dass die älteren Menschen absolut betrachtet zufriedener sind, sondern lediglich, dass die Frage, ob sie eine VISION haben, ein deutlich stärkerer Treiber für ihre Zufriedenheit ist. Dies erscheint sinnvoll, wenn man berücksichtigt, dass Menschen in einem fortgeschrittenen Lebensalter viel mehr Zeit hatten, um über sich selbst nachzudenken. Auch wenn Alter per se nicht Weisheit garantiert, scheint es im Durchschnitt doch so zu sein, dass ältere Menschen a) ihre eigene Persönlichkeit besser einschätzen können und b) ein ausgeprägteres Gefühl für die „wirklich wichtigen Dinge" des Lebens haben. Dies führt wiederum dazu, dass sie „nützlichere"

VISIONEN haben in dem Sinne, dass sie eher nach Dingen streben, die stärker im Einklang mit den eigenen Werten und Stärken sind bzw. mit allgemeinen Faktoren, die die Lebenszufriedenheit positiv beeinflussen. Stichwort ist hier z. B. der von Erich Fromm geprägte Gegensatz von Haben und Sein.[81]

Eine alternative Erklärung für die größere Bedeutung des Faktors VISION bei älteren Menschen könnte sein, dass sie mit der Zeit ein stärkeres Bewusstsein ihrer eigenen Sterblichkeit entwickeln. Je weniger Zeit einem Menschen noch bleibt, desto wichtiger wird es, einen „Sinn für Sinn" zu entwickeln. Ist diese gefühlte Sinnhaftigkeit im Angesicht der eigenen Sterblichkeit nicht ausreichend entwickelt, so geht dies möglicherweise stärker zu Lasten der Zufriedenheit als bei jüngeren Menschen, die subjektiv noch alle Zeit der Welt haben.

Ich hätte ehrlich gesagt erwartet, dass sich ein noch stärkerer Zusammenhang zwischen dem Faktor VISION und der Lebenszufriedenheit zeigen würde. Im Rahmen der VIGOR-Studie wird allerdings gefragt, *ob* die Teilnehmer eine VISION haben bzw. wie stark dieses Gefühl ausgeprägt ist. Nicht erhoben wird jedoch, ob dies auch die *passende* VISION für den betreffenden Menschen ist. Dies ist jedoch eine wichtige Unterscheidung: Auf Dauer werden vor allem solche Menschen von einer VISION profitieren, deren Ziele und Bestrebungen eine gute Passung mit ihrer Persönlichkeitsstruktur (Werte, Motive, Stärken) aufweisen. Wie schon erwähnt, spricht die akademische Psychologie dann von einer selbst-konkordanten Zielstruktur; es geht gewissermaßen um Übereinstimmung mit dem, wer oder was man wirklich ist.[82] Eine gute VISION führt einen Menschen folglich auf der Reise zu sich selbst, während eine schlechte (nicht selbst-konkordante) VISION einen einfach irgendwo hinführt, weil man es sich so vorgenommen hat.[83]

Folglich beschäftigt sich der Praxisteil des Kapitels über den Faktor VISION in erster Linie mit der Frage, wie Sie herausfinden können, was Sie in Ihrem Inneren wirklich antreibt, was für Sie ganz persönlich Sinn macht. Ich rate Ihnen übrigens nicht explizit davon ab, sich auch materielle Ziele zu setzen. Das Streben nach der ersten Million kann ein starker Antreiber sein und viel Energie bei Menschen freisetzen. Ich warne Sie jedoch davor, es ausschließlich bei dieser Art von Zielen zu belassen.[84] Für Ihre nachhaltige Zufriedenheit ist es relativ unbedeutend, ob Sie die Million wirklich jemals erreichen. Weitaus wichtiger ist, was Sie zwischenzeitlich tun, um dort anzukommen – und ob dieser Weg wirklich *Ihr Weg* ist.

1.2 VISION – die Praxis

Fallstudie 1 – Dennis: „Zahnarzt ist doch ein toller Beruf"

Dennis, Anfang 20, ist ein aufgeweckter, freundlich wirkender Student der Zahnmedizin. Er kommt zu mir ins Coaching auf Wunsch seiner Eltern. Seine Studienleistungen haben nach dem zweiten Semester deutlich zu wünschen übrig gelassen. Er hat bereits mehrere Prüfungen „versemmelt" und ist, sofern sich die Ergebnisse nicht verbessern, von der Zwangsexmatrikulation bedroht. Der ursprüngliche Auftrag seiner Eltern lautete, ich möge mit Dennis an seiner Motivation und seiner Lernstrategie arbeiten. Der Coaching-Prozess nimmt jedoch in der Folge einen anderen Verlauf.

Schon recht früh in der ersten Sitzung frage ich Dennis, ob es denn überhaupt sein Wunsch sei, Zahnarzt zu werden bzw. als ein solcher zu arbeiten. Er schildert daraufhin, dass sein Vater und sein Onkel ebenfalls Zahnärzte seien – und überhaupt sei das doch ein „toller Beruf" mit „viel Ansehen und ausgezeichneten Verdienstchancen". Ich wende ein, dass das meine Frage nicht ganz beantwortet. Nach einer kurzen Zeit des Zögerns sagt er, der ausdrückliche Wunsch seiner Eltern sei es, dass er einmal die gut laufende väterliche Praxis übernehme. Ich antworte, dass das meine Frage immer noch nicht ganz beantwortet. Daraufhin röten sich seine Augen ein wenig, und er entgegnet etwas gepresst, dass das Ganze eigentlich „nicht seine Welt" sei und er sich auch nicht wirklich talentiert dafür fühle. „Aber irgendwie kam nie etwas anderes infrage", fährt er fort, „das stand einfach immer im Raum, schon seit ich ein Junge war. Ich wüsste auch gar nicht, was ich sonst machen soll!"

Ich hole mir daraufhin die Erlaubnis, Dennis Eltern zur nächsten Sitzung mit einzuladen. Ich unterstütze ihn bei jenem Termin dabei, den Eltern gegenüber seine wahren Gefühle in puncto Zahnarztdasein zu äußern, was ihm naturgemäß alles andere als leichtfällt. Seine Eltern fallen aus allen Wolken, hatten sie doch bisher angenommen, ihr Karrierewunsch für den Sohnemann sei auch sein eigener innigster Wunsch. Nach einem weiteren sehr intensiven Gespräch, das Dennis ohne meine Unterstützung mit seinen Eltern führt, beschließt er, sich zu exmatrikulieren. Er nimmt sich eine Auszeit und reist für drei Monate mit dem Rucksack quer durch Europa. Nach seiner Rückkehr gehen wir – u. a. mithilfe der folgenden Übung – auf die Suche nach einer neuen Perspektive.

ÜBUNG

Zufriedenheitswerkzeug: Die drei ???

Einführung

„Mach doch eine Banklehre, da hast du was Vernünftiges!" „Warum wirst du nicht Arzt wie dein Onkel Wolfgang?!" „Werde doch Ingenieur, die werden immer gebraucht!" Es gibt tausend schlechte Gründe, sich für einen Beruf bzw. Lebensweg zu entscheiden. Die eben genannten waren drei beispielhafte. Kann funktionieren, ist aber wenig wahrscheinlich. Verschiedene Forschungszweige zeigen, dass vor allem autonom getroffene Lebensentscheidungen, die nah an unseren wahren Motiven und Bedürfnissen liegen, Menschen nachhaltig zufrieden machen.[85]

Sinn und Zweck

Wir erhalten im Laufe unseres Lebens eine Unmenge von Ratschlägen zu der Frage, was gut für uns sei. In der Kindheit müssen unsere Eltern notgedrungen vieles entscheiden, weil wir selbst noch nicht in der Lage dazu sind. Später verlassen wir uns möglicherweise auf den Rat von Lehrern und Freunden – oder wir folgen auf unserem Weg dem aktuellen Zeitgeist, transportiert über die omnipräsenten Medien. Die folgende Übung versucht hingegen herauszuarbeiten, wo Ihre ureigene Energie hingeht, welche Art von Zielen und Tätigkeiten Sie „magisch" anzieht. Die Wahrscheinlichkeit ist hoch, dass hier auch ein hohes Potenzial für Zufriedenheit und Erfolg schlummert.

Was Sie dafür benötigen

Papier, Schreibzeug und ausreichend Zeit in – am besten – abgeschiedener Atmosphäre.

Was Sie besonders beachten sollten

Bei der ersten Frage: Wenn Ihnen selbst nichts einfallen will, fragen Sie auf jeden Fall Ihre Eltern oder andere Verwandte, sofern möglich. Vielleicht wissen die noch mehr. Bei den anderen beiden Fragen versuchen Sie für eine Weile, Logik und Vernunft weitgehend auszuschalten. Nach meiner Erfahrung wird die Gefahr groß sein, dass Sie Ihre Antworten schon im Entstehen entwerten, weil sie Ihnen unvernünftig oder absurd erscheinen. Diesen Impuls gilt es nach Möglichkeit zu unterdrücken.

Was idealerweise dabei herauskommt

Die Antworten auf alle drei Fragen liefern Ihnen mit großer Wahrscheinlichkeit deutliche Hinweise darauf, welche Tätigkeiten und Ziele nah an Ihren wahren Motiven und Bedürfnissen liegen. Es geht dann im Anschluss wohlgemerkt nicht darum, all das, was Ihre Antworten suggerieren, eins zu eins umzusetzen. Das wird in der Regel auch nur eingeschränkt möglich sein.

Beispiel: Wenn Sie als Kind Primaballerina werden wollten, ist der Zug leider abgefahren, wenn Sie mit 40 noch mit dem Ballett anfangen. Fragen Sie sich stattdessen, welches *Bedürfnis* oder unterliegende Prinzip dem zugrunde liegt, was Sie durch die Fragen zutage gefördert haben – und überlegen Sie, wie Sie mehr von dieser Qualität in Ihr aktuelles Leben integrieren können.

Im Beispiel bleibend: Wofür steht die Ballerina? Geht es darum, „auf einer Bühne zu stehen"? Um „körperlichen Ausdruck"? Um „Arbeit in einem perfekt abgestimmten Team"? Etc.

Übersicht
1. Ich werde Feuerwehrmann
2. Der Lottogewinn
3. Nur noch sechs Monate

Konkreter Ablauf
Stellen Sie sich nacheinander die drei u.g. Fragen. „Spinnen" Sie ein wenig[86] und formulieren Sie die Antworten ein gutes Stück weit aus – und halten Sie die Ergebnisse schriftlich fest. Wenn Sie wollen, erzählen Sie im Anschluss einer vertrauten Person davon.

1. Ich werde Feuerwehrmann
Was wollten Sie werden, als Sie ungefähr sechs Jahre alt waren? Hintergrund der Frage ist die Annahme, dass wir in diesem Alter noch unverbildet waren, also weitgehend frei von den (gut gemeinten) Einflüssen und Ratschlägen unserer Eltern, Lehrer und der Gesellschaft an sich.

2. Der Lottogewinn
Was würden Sie tun, wenn Sie aufgrund eines Lottogewinns oder einer Erbschaft nie wieder für Geld arbeiten müssten? Bitte beachten: Gehen Sie bitte davon aus, dass Sie die Themen „eine ausgiebige Weltreise machen" und „meine Familie und ggfs. Freunde versorgen" bereits abgehakt haben.[87] Es ist immer noch genug Geld übrig.

3. Nur noch sechs Monate
Was würden Sie tun, wenn Sie heute erführen, dass Sie nur noch ein Jahr zu leben hätten? Mit wem würden Sie sprechen? Welche Orte würden Sie besuchen, welche Angelegenheiten auf jeden Fall noch regeln wollen? [88]

Fallstudie 2 – Peter: „Die Kohle stimmt doch"

Peter, Mitte 40, ist ein finanziell sehr erfolgreicher Autoverkäufer. Er wirkt immer äußerst geschäftig; ich kann ihn in der Erstsitzung erst nach der dritten Störung davon überzeugen, seine zwei Handys lautlos zu stellen. Als Grund für die Kontaktaufnahme mit mir nennt er eine früher nicht gekannte innere Unruhe, Schlafstörungen und sich häufende Tage, an denen er „eigentlich zu gar nichts" Lust habe. Sein Hausarzt habe ihm geraten, sich diesbezüglich einmal „professionell auszusprechen", er wolle aber auf keinen Fall zu so einem „typischen Psycho-Onkel". Erst nach längerer Exploration schildert Peter zusätzlich, dass seine mittlerweile 18 Jahre andauernde

Ehe auf der Kippe stehe und der Kontakt zu seiner Tochter im Teenager-Alter „zu wünschen" übrig lasse. Ein standardisierter Test zeigt mir, dass er derzeit nicht akut an einer als pathologisch einzustufenden Depression leidet, und somit beschließe ich, Peter als Klienten aufzunehmen.[89]

Im Folgenden bringt Peter immer wieder zum Ausdruck, dass er eigentlich gar nicht so genau wisse, was er „hier solle" (im Coaching). Er bringe doch „eine Menge Kohle" nach Hause, die seiner Frau und seiner Tochter einen hohen Lebensstandard ermögliche. Natürlich „käme das eine oder andere zu kurz", aber man müsse eben „bereits sein, Opfer zu bringen, wenn man erfolgreich sein" wolle. Auf die Schlaflosigkeit und die lustlosen Tage angesprochen, entgegnet er, dass man das doch „mit ein paar Pillen wieder hinkriegen" könne. Ich bejahe dies und merke gleichzeitig an, dass das wahrscheinlich nicht der wahre Jacob sei, und schildere ihm mögliche Nebenwirkungen derartiger Medikamente.

Erst nach und nach werden die Gespräche mit Peter tiefgründiger; er hat deutliche Schwierigkeiten, sich zu öffnen. An Übungen, z. B. Rollenspiele („Psycho-Krams"), ist am Anfang gar nicht zu denken. Erst nachdem seine Frau aufgrund eines Schwächeanfalls ins Krankenhaus eingeliefert werden muss, scheint sein zuvor undurchdringlicher emotionaler Panzer ein wenig durchlässig zu werden. Er spricht über das Verhältnis zu seiner Frau und seiner Tochter, äußert, dass es „schade" sei, dass das „nicht so gut laufe". Er wünsche sich, dass das „auch wieder besser wird", aber er sei doch jetzt „im besten Alter" und müsse dies nutzen, damit „später die Kohle stimmt".

Im Laufe der dritten Sitzung mache ihm die im Folgenden beschriebene Übung schmackhaft, indem ich auf seine Arbeitswelt verweise und erläutere, dass er es als erfolgreicher Manager eh gewohnt sei, zielorientiert vom Ende her zu denken. Dem stimmt er zu und kann sich auf die Aufgabe einlassen.

Nach der Übung ist Peter für seine Verhältnisse recht aufgelöst. Er versteht, dass er sich durch seinen übergroßen Fokus auf finanziellen Erfolg der Möglichkeit beraubt, wirklich innige Beziehungen zu seinen Lieben aufzubauen. „Meine Tochter ist bald erwachsen, und ich habe es gar nicht mitbekommen" ist einer der letzten Sätze, die ich von ihm höre. Dann bricht er für eine Weile den Kontakt zu mir ab.

Etwa ein halbes Jahr später meldet sich Peter erneut bei mir. Er arbeite immer noch sehr viel, reserviere sich aber nun einen Abend pro Woche und die Sonntage weitgehend für seine Familie. „Das mit dem Schlaf" sei besser geworden, und mit seiner Frau würde es „wieder bergauf" gehen. Gleichzeitig sei er enttäuscht, dass seine Tochter bisher kaum auf seine neuen Angebote eingehen würde; er wolle aber „auf jeden Fall am Ball bleiben".

ÜBUNG

Zufriedenheitswerkzeug: Die Rede(n) am Grab

Einführung
Traut man einem populären Sinnspruch, so sagt kein Mensch am Ende seines Lebens: „Ach, hätte ich doch mehr Zeit im Büro verbracht." Die Bewusstwerdung von begangenen Fehlern und – meistens noch schlimmer – verpassten Chancen ist auch ein populäres Motiv in der Literatur und im Kino. Wer die „Weihnachtsgeschichte" von Charles Dickens[90] gelesen oder eine der vielen Verfilmungen gesehen hat, mag deshalb schon erahnen, was in dieser Übung ansteht.

Sinn und Zweck
Unser Leben ist – zumindest in seiner physischen Form – endlich. D. h., wir haben schlicht und ergreifend nicht unbegrenzt Zeit. Unbegrenzt Zeit zu haben würde hingegen bedeuten, dass alles in Ihrem Leben gleich wichtig oder unwichtig ist, denn es bliebe ja immer genug Zeit übrig, um was auch immer noch zu tun. Das Bewusstsein für Ihre eigene Endlichkeit zu erhöhen hilft Ihnen daher, eine gesteigerte Sensibilität für Prioritäten zu entwickeln.[91]

Was Sie dafür benötigen
Papier, Schreibzeug und ein bis zwei Stunden in – am besten – abgeschiedener Atmosphäre.

Was Sie besonders beachten sollten
Wenn Ihnen das Thema Beerdigung zu makaber erscheint, können Sie sich stattdessen vorstellen, es gehe um Ihren 80. Geburtstag (oder ein anderes Alter, das Sie gerne erreichen möchten). Trotzdem empfehle ich: Lassen Sie sich nach Möglichkeit auf den ursprünglichen Vorschlag ein. Das Bewusstsein um die eigene Endlichkeit wird eine wichtige Orientierungshilfe auf der Landkarte Ihres individuellen Sinnhorizonts sein.[92]

Was idealerweise dabei herauskommt
Neben einem gesteigerten Bewusstsein für die Endlichkeit des Lebens: ein Mehr an Gefühl für das, worauf es in selbigem wirklich ankommt. Und idealerweise eine erste Ahnung für wichtige Entwicklungsschritte, um die Diskrepanz zwischen Ihrer jetzigen Lebensweise und dem Lebensweg, den Sie visualisiert und/oder niedergeschrieben haben, zu verringern.

Konkreter Ablauf
Lassen Sie Ihrer Phantasie freien Lauf: Sie sind nach einem *erfüllten* Leben – woran auch immer – in hohem Alter friedlich gestorben, und alle Menschen, die Ihrer gedenken möchten, haben sich zur Beerdigung zusammengefunden. Einige wichtige Personen halten auch kurze Reden über Sie und Ihren Lebensweg: Sie sprechen vor allem über die folgenden Punkte: Wie haben Sie gelebt? Was und wen haben Sie bewegt? Wer und was waren Ihnen wichtig? Und woran konnte man das erkennen? Versuchen Sie sich so intensiv wie möglich in die Situation hineinzudenken bzw. -zufühlen. Schreiben Sie – mindestens stichpunktartig – auf, was Ihnen in den Sinn kommt. Und denken Sie daran: Über die Toten nur Gutes!

Übersicht
1. Rede 1: Ein Familienmitglied
2. Rede 2: Ein guter Freund
3. Rede 3: Ein Arbeitskollege oder Vorgesetzter
4. Auswertung der Reden
5. Neues probieren

1. Rede 1: Ein Familienmitglied
Als Erstes redet ein enges Mitglied Ihrer Familie, z. B. Ihr Partner, ein Kind oder ein Geschwisterteil. Was hat diese Person über Sie zu sagen?

2. Rede 2: Ein guter Freund
Die zweite Rede kommt von Ihrem besten Freund bzw. der besten Freundin. Einmal mehr: Was hat er oder sie zu berichten?

3. Rede 3: Ein Arbeitskollege oder Vorgesetzter
Als Letztes redet ein ehemaliger Arbeitskollege oder ein wohlmeinender Vorgesetzter. Was hat er über Sie zu sagen?

4. Auswertung der Reden
Vergleichen Sie die Reden miteinander: Was sind gemeinsame Themen, wo gibt es Unterschiede? Was hätten Sie vorher erwartet, was überrascht Sie vielleicht auch? Welche Themen (be)rühren Sie am meisten? Wo sehen Sie die größte Diskrepanz zwischen Ihrem aktuellen Leben und jenem, das in den Reden geschildert wurde?

5. Neues probieren
Ausgehend von dem, was Sie erfahren haben: Was möchten Sie vielleicht heute noch anders machen? Was morgen? Nächste Woche und in einem oder zehn Jahren?

Fallstudie 3 – Rita: „Ach, das klappt schon irgendwie"

Rita ist eine lebenslustige Single-Frau um die 50. Sie hat aufgrund einer Erbschaft finanziell ausgesorgt und in den vergangenen Jahren die Welt bereist. Nun ist sie nach Deutschland zurückgekehrt und, in ihren Worten, „hungrig auf neue Herausforderungen". Ins Coaching kam sie ursprünglich auf der Suche nach eben jenen Herausforderungen – und wir wurden auch relativ schnell fündig: Rita hatte schon immer ein Faible für hochwertiges Essen und möchte daher – ebenso wie ihr Großvater – ein eigenes Restaurant führen. Schnell ist eine geeignete Immobilie ausfindig gemacht, einen Namen hat sie sich auch schon überlegt. An dieser Stelle will Rita den

Coaching-Prozess eigentlich beenden. Ich entgegne, dass das natürlich völlig o.k. sei, es aber aus meiner Sicht noch jede Menge Unklarheiten hinsichtlich der konkreten Umsetzung gebe. „Ach, das klappt schon irgendwie", ist daraufhin ihre Replik.

Einige Wochen später erscheint Rita erneut bei mir in der Praxis, weil sie „jede Menge tolle Ideen", aber bisher „wenig greifbare Ergebnisse" produziert habe. Sie möchte mit mir zusammen ihre Restaurant-VISION konkretisieren und in einen greifbaren Plan übersetzen.

Wir bearbeiten daraufhin ihren Traum vom Restaurant anhand des im Folgenden beschriebenen Schemas. Wir denken uns rückwärts von den ersten (erfolgreich absolvierten) sechs Monaten des Restaurant-Betriebs über die Eröffnung, die letzten Wochen davor bis hin zu den vorbereitenden Schritten, welche als erste anstehen werden. Wir definieren Meilensteine und weitere konkrete Zwischenziele, gehen hypothetische Alternativen für verschiedene Handlungsschritte durch und separieren das Machbare vom Unmöglichen. Wir definieren weiterhin, wo Rita selbst aktiv werden möchte und wo sie auf jeden Fall externe Hilfe in Anspruch nehmen wird. Das Ergebnis unserer Arbeit ist ein ziemlich wasserdichter Plan für die Entstehung von Ritas Traumrestaurant innerhalb der nächsten sechs Monate. Ich habe allerdings nie dort essen können, weil Rita schon nach kurzer Zeit doch wieder das Fernweh gepackt hat. Das Ganze blieb also ein – wenn auch sehr gut ausgearbeitetes – Traumgebilde.[93]

ÜBUNG

Zufriedenheitswerkzeug: Ziele S.P.E.Z.I.fizieren

Einführung

Was ist der Unterschied zwischen einem Wunsch und einem Ziel? Ein Wunsch ist schwammig und unkonkret. Das gewünschte Ergebnis ist nicht greifbar, Mittel und Wege sind nicht definiert, mögliche Unwägbarkeiten sind nicht bedacht. In Summe bedeutet dies: geringe Umsetzungswahrscheinlichkeit. Gute Ziele sind stattdessen: spezifisch[94] und am besten auf konkrete Handlungen bezogen[95], eher zeitnah orientiert[96] (bzw. in Meilensteine unterteilt), unter unserer Kontrolle (zumindest in der Wahrnehmung)[97] und möglichst frei von interpersonalen[98] und intrapersonalen[99] Zielkonflikten (also frei von Konflikten mit anderen und frei von inneren Konflikten).

Sinn und Zweck

S.P.E.Z.I. ist ein Akronym und besteht aus den Begriffen „sinnlich-konkret", „positiv formuliert", „eigenständig erreichbar", „Zusammenhang geklärt" und „Intention des Alten erhaltend". Hierbei handelt es sich um sogenannte Wohlgeformtheitskriterien für Ziele. Ein Ziel, dessen Ausformulierung diesen Kriterien entspricht, wird mit einer deutlich höheren Wahrscheinlichkeit auch umgesetzt. In diesem Sinne hilft die Übung, aus Wünschen konkrete Ziele zu machen.[100]

Was Sie dafür benötigen
Papier, Schreibzeug und einen wachen Geist. Hilfreich ist ein Partner, der Sie durch die Übung führt. Dessen Aufgabe ist es, Ihnen dabei zu helfen, Ihre Angaben weiter zu konkretisieren – indem er Ihre Antworten beharrlich hinterfragt und sich immer wieder detailliert erklären lässt, was Sie genau meinen mit dem, was Sie sagen.

Was Sie besonders beachten sollten
Bei komplexen, längerfristigen Zielen (Beispiel: Übergang vom Angestelltendasein in die Selbstständigkeit) sollten Sie sinnvolle Zwischenschritte definieren und den Prozess für jeden Abschnitt einzeln durchlaufen – und abschließend sicherstellen, dass diese Zwischenschritte bündig aufeinander aufbauen. Verwenden Sie außerdem besonders viel Zeit auf Schritt 5. Nach meiner Erfahrung ist das Vernachlässigen dieses Aspekts einer der häufigsten Gründe für das Scheitern bei der Umsetzung.

Was idealerweise dabei herauskommt
Das Ergebnis sollte ein schriftlicher Plan sein, der so detailliert ausgearbeitet ist, dass theoretisch auch eine fremde Person ihn ausführen könnte, weil sie zumindest grob wüsste, was wann und wie zu tun ist.

Übersicht
1. Sinnlich-konkret
2. Positiv formuliert
3. Eigenständig erreichbar
4. Zusammenhang geklärt
5. Intention des Alten erhaltend

Konkreter Ablauf
Bearbeiten Sie Ihr ursprüngliches Ziel schriftlich nach den im Folgenden beschriebenen Kriterien. Erst wenn eine zweite Person klipp und klar versteht, was zu tun wäre, haben Sie das Ziel ausreichend S.P.E.Z.I.fiziert.

1. Sinnlich-konkret
Dieses Merkmal besagt, dass es ein messbares Kriterium geben sollte, welches anzeigt, dass das Ziel erreicht ist. Außerdem sollte ein Zielzeitpunkt definiert werden. Am besten sind Kriterien, die auch andere Personen eindeutig wahrnehmen können.

Beispiel Gewichtsverlust: Eine schlechte Definition lautet: „Ich will ein bisschen abnehmen." Eine bessere Definition lautet: „Zu Beginn unseres Urlaubs im Juli wiege ich ... kg."

2. Positiv formuliert

Definieren Sie in erster Linie, was Sie tun werden, und nicht, was Sie *nicht* tun werden. Wenn Sie in ein Taxi einsteigen, ist es wenig hilfreich, dem Fahrer zu sagen: „Ich will auf keinen Fall zum Bahnhof. Und in ein Restaurant will ich auch nicht. Und auch nicht zur Post." Streichen Sie demnach das Wörtchen „nicht" aus Ihren Zielformulierungen. Streichen Sie außerdem alle Vergleiche („mehr als", „besser als"). Diese sind ebenfalls nicht zielführend.

Beispiel gesunde Ernährung: Schlecht: „Ich will mich nicht mehr so ungesund ernähren." Besser: „Ich esse ab morgen jeden Tag drei Portionen Obst und maximal einmal am Tag eine Handvoll Süßigkeiten. Außerdem ersetze ich alle Limonaden durch verdünnte Fruchtsäfte."

3. Eigenständig erreichbar

Konzentrieren Sie sich auf konkrete Handlungsziele, also Teilschritte, deren Erreichung direkt in Ihrer Macht liegen.

Beispiel Partnerschaft: Schlecht: „Ich möchte dieses Jahr meinen Traumpartner finden." Das ist gut und schön, aber das Schicksal liegt leider nicht in unserer Hand. Kommen Sie dem Schicksal besser auf halbem Weg entgegen und definieren Sie konkrete Handlungen. Beispiele: „Ich besuche einen Single-Tanzkurs" oder: „Ich absolviere ein Flirtseminar" etc.

4. Zusammenhang geklärt

Prüfen Sie intensiv, wie sich das Erreichen Ihres Ziels auf Ihre direkte Umgebung auswirken wird. Versuchen Sie z. B. zu antizipieren, ob Ihnen nahestehende bzw. wichtige Personen dadurch (wahrgenommene) Nachteile erleiden könnten. Falls ja, beziehen Sie dies in Ihren Plan ein und versuchen Sie, antizipativ Lösungen zu erarbeiten.

Beispiel: Sie wollen regelmäßig ins Fitness-Studio gehen und haben dadurch werktags weniger Zeit für Ihren Partner. In diesem Fall sollten Sie Ihren neuen Zeitplan vorab gemeinsam diskutieren und überlegen, wie Sie anderweitig, z. B. am Wochenende, mehr Zeit miteinander verbringen können.

5. Intention des Alten erhaltend

Wenn Sie sich verändern möchten, ist es ratsam, sich vorher zu fragen, welche positive Intention jenes Verhalten erfüllt, welches Sie verändern / abschaffen wollen. Auch ein als störend empfundenes Verhalten hat in der Regel eine positive Funktion, die nicht auf den ersten Blick ersichtlich ist. Diesen sogenannten Sekundärnutzen gilt es zu berücksichtigen.

Beispiel Rauchen: Viele Menschen rauchen nicht primär, weil es ihnen schmeckt, sondern weil es eine beruhigende Funktion hat. Deshalb ist es hilfreich, dafür zu sorgen, dass dieser Nutzen auf eine andere Weise in das Nichtrauchersein integriert wird. Beispiel: Vielleicht haben Kaugummis oder Bonbons eine ähnliche Wirkung für Sie?

Hilfreich ist es weiterhin, mögliche Ausnahmen / Rückfälle zu thematisieren. Ist es z. B. o.k., auf einer Party mal ausnahmsweise eine Zigarette zu rauchen, oder stellt das den ganzen Prozess infrage?

1.3 VISION: Zusammenfassung

Der Philosoph Maurice Merleau-Ponty sagte, wir Menschen seien „zum Sinn verdammt". Wahr daran ist, dass wir Menschen nicht (oder nur eingeschränkt) ohne Sinn leben können. Sinn-Losigkeit ist eines der typischen Symptome einer Depression. Dementsprechend sind das Suchen und das Finden von sinnvollen Lebenszielen – insbesondere auch im Kontext Arbeit (Beruf als Berufung) – bedeutende Treiber für die übergreifende Lebenszufriedenheit. Wichtig: Zufrieden machen uns in erster Linie solche Ziele, die mit unserer intrinsischen Motivation übereinstimmen. D. h., glücklich macht uns der Akt des „Zielens", also *auf dem Weg* zu uns passende Tätigkeiten auszuführen, weniger das Erreichen des Zieles an sich. Extrinsische Ziele, z. B. Streben nach Reichtum, machen hingegen tendenziell unglücklich.

Weitere Tipps und Tricks

- Achten Sie darauf, was von dem, was Sie heute schon tun, sich besonders gut anfühlt.[101] Überlegen Sie außerdem, ob es Dinge gibt, die Sie ungewöhnlich schnell oder mühelos gelernt haben. Die Wahrscheinlichkeit ist recht hoch, dass diese Beschäftigungen nah an Ihren Neigungen und wahren Talenten liegen. Achten Sie ferner darauf, bei welchen Tätigkeiten Sie ein Flow-Gefühl[102] erleben. Auch dies ist ein guter Wegweiser in Richtung mehr Lebenszufriedenheit.
- Haben Sie immer einen Zettel und Schreibzeug dabei. Man kann nie wissen, wann einen „die Muse küsst" – und es wäre doch schade, wenn eine konkrete Idee oder auch nur eine leise Ahnung verloren ginge. Alternativ: Heutzutage haben Sie wahrscheinlich auch immer ein Handy dabei. Die meisten Modelle haben mittlerweile eine Diktierfunktion.
- Lassen Sie sich inspirieren, möglichst auch abseits Ihrer gewohnten Wege. Ihre Kreativität will gefüttert werden.[103] Lesen Sie Biografien und Sachbücher. Tauschen Sie sich mit Menschen aus, die wenig bis gar nichts mit ihren üblichen Tätigkeiten zu tun haben. Gehen Sie in Ausstellungen, ungewöhnliche Filme oder auch in die freie Natur.
- Wenn Sie sich intensiv mit dem Finden Ihrer VISION bzw. Berufung beschäftigt haben, bisher aber noch kein „Heureka-Erlebnis" verzeichnen konnten: Beachten Sie, dass solche Impulse eine Art Inkubationszeit haben. Wenn Sie sich also eine Zeit lang das Hirn zermartert haben: Lassen Sie das Thema für einige Zeit ruhen. Psychologische Studien[104] zeigen, dass das Gehirn vorbewusst an Kreativprozessen weiterarbeitet – und auf einmal ist „es" da.

Buchtipps zur weiteren Vertiefung

BECK, M.N. (2004): Das Polaris Prinzip: Entdecke wozu du bestimmt bist – und tue es (3. Aufl.). München: Integral.
Ein echter Klassiker mit ausgeprägtem Praxisteil zum Finden und Leben der eigenen Berufung. Europäer werden den typisch amerikanischen Schreibstil möglicherweise etwas befremdlich finden – viele der enthaltenen Übungen sind jedoch sehr wertvoll.

BOCK, P. (2006): Die Kunst, seine Berufung zu finden (3. Aufl.). Frankfurt a. M.: Fischer.
Das Buch nähert sich dem Thema Berufung hauptsächlich von der geschichtlich-philosophisch-theoretischen Seite. Der eigentliche Übungsteil ist eher kurz gehalten. Für mich ein tolles Buch, um sich „in Stimmung" zu bringen für gewünschte (berufliche) Veränderungen im Leben.

SHER, B. (2011): Ich könnte alles tun, wenn ich nur wüsste, was ich will. München: dtv.
Ähnlich wie das Buch von Beck: ein Arbeitsbuch mit umfangreichem Übungsteil. Auch hier muss man als Europäer wieder ein wenig über den Stil hinwegsehen. Der typische „European Dream" ist in der Regel eben etwas nüchterner formuliert als der „American Dream" – das schmälert für mich aber nicht den Wert der vorgestellten Übungen.

2. | INTEGRATION

Gut sein heißt, mit sich selber im Einklang sein.
(Oscar Wilde)

Soll ich's wirklich machen, oder lass ich's lieber sein?
(Fettes Brot)

Ein hungriger Esel steht zwischen zwei exakt gleich großen und gleich weit entfernten Heuhaufen. Er wendet den Kopf nach links, dann nach rechts, alsbald wieder nach links, um dann doch wieder nach rechts zu stieren. So geht es viele Stunden. Schließlich verhungert der Esel, weil er sich nicht entscheiden kann, welchen Heuhaufen er zuerst fressen soll.

2.1 Einführung

Die Erfahrung innerer Zerrissenheit, des Nicht-eins-mit-sich-selbst-Seins gehört möglicherweise zu den profundesten Erfahrungen des menschlichen Daseins überhaupt. Sicherlich ist die Fähigkeit zu innerer Ambiguität eine jener Eigenschaften, die uns Menschen grundlegend von unseren tierischen Verwandten unterscheidet. Denn während Buridans fiktiver Esel[105] in dem eingangs erwähnten Gleichnis kläglich verhungern muss, würde dies einem realen Tier, aufgrund seiner Instinkte, nicht passieren.[106] Derartig bekloppt können sich nur menschliche Esel verhalten. Denn Ambiguität erfordert ein Bewusstsein, die Fähigkeit zur Erkenntnis des eigenen Selbst (bzw. der eigenen „Selbste"). Es benötigt die Befähigung zur Beobachtung des eigenen Geistes, zur Meta-Kognition. Tatsächlich glauben einige Forscher, dass selbst Homo sapiens diese Fähigkeit eventuell erst zur Zeit der antiken Griechen erlangt hat. Die durchaus immer schon vorhandenen Stimmen in den Köpfen der Menschen vor dieser Zeit wurden von ihnen nicht als zu sich selbst zugehörig betrachten, sondern externen Quellen zugeschrieben (z. B. der Stimme Gottes oder jener von Dämonen).[107]

Es war dann auch Platon, der, um den beständig erlebten klassischen Widerspruch zwischen Gefühl (Emotio) und Verstand (Ratio) zu beschreiben, ein bis heute häufig genutztes Bild prägte: Vereinfacht ausgedrückt beschrieb er die ungezähmten Gefühle als wilde Pferde, die von einem besonnenen Wagenlenker, dem Verstand, im Zaum gehalten werden müssten.[108] Noch gute 100 Jahre vor Platon prägte Buddha ein ähnliches Bild, in dem er den Geist mit einem wilden Elefanten verglich, der beständig von einem Wächter unter Kontrolle gebracht werden müsse.[109]

Diese gefühlte Uneinigkeit kommt nicht von ungefähr: Betrachtet man den Menschen eingehender, so zeigen sich an vielen Stellen Aspekte einer Teilung oder Trennung, die sich mehr oder minder deutlich auf unser (Er-)Leben auswirken. Jonathan Haidt weist im ersten Kapitel seines Buchs „Die Glückshypothese" vor allem auf vier fundamentale Teilungen hin: die (gefühlte) Trennung zwischen Körper und Geist, jene zwischen der rechten und linken Gehirnhälfte (mit teils unterschiedlichen Funktionen), die klare Differenzierung von geschichtlich älteren und neueren

Gehirnregionen (ebenfalls mit unterschiedlichen Funktionen) sowie schließlich die Unterscheidung von bewusster (expliziter) und unbewusster (impliziter bzw. automatischer) Informationsverarbeitung – die wiederum verschiedenen Zwecken dienen.[110] Manche Neurologen vergleichen unser Gehirn gar mit einem Flickenteppich oder bezeichnen es als einen Unfall der Natur.[111] Bei so viel Parzellierung scheint es kein Wunder zu sein, dass wir so selten einer Meinung mit uns selbst sind.[112]

Dr. Faust, Mr. Hyde und Luke Skywalkers dunkler Schweinehund

Die Beschreibung innerer Konflikte zieht sich wie ein roter Faden durch die großen Werke der Weltliteratur und hat auch vielfach Einzug in die Kinosäle dieses Planeten gehalten. Ebenso ist unsere Alltagssprache voll von (meist nicht bewusst verwendeten) Metaphern, die auf unser inneres „Wer bin ich – und wenn ja, wie viele?" hindeuten.[113]

Am bekanntesten mag die Fassung sein, die Goethe seinen Faust in der Tragödie erster Teil im Bewusstsein innerer Spannungen zwischen seinen weltlichen Gelüsten und geistigen Ambitionen äußern lässt: „Zwei Seelen wohnen, ach! in meiner Brust [...]".[114] Die Werke Tolstois zeichnen sich durch sehr ausführliche Beschreibungen innerer Monologe aus, die entsprechend häufig auch die inneren Konflikte der verschiedenen Protagonisten zum Ausdruck bringen.[115] Auf die Spitze getrieben findet man schließlich das Motiv der inneren Spaltung in dem auch vielfach verfilmten Horrorklassiker „Der seltsame Fall des Dr. Jekyll und Mr. Hyde", in welchem die menschenfreundliche Seite des Protagonisten (Dr. Jekyll) und seine niederträchtige Seite (Mr. Hyde) sich so stark voneinander abspalten, dass zur selben Zeit immer nur noch eine der beiden Teil-Persönlichkeiten die Handlungen des Arztes Dr. Jekyll bestimmt – wodurch er letztendlich als Mr. Hyde erst zum Mörder und schließlich (vermutlich) vernichtet wird.[116]

Wendet man den Blick vom gedruckten Wort in Richtung Großbildleinwand, so fällt einem vielleicht als Erstes der Jedi-Ritter Luke Skywalker aus der früheren „Star Wars"-Trilogie ein, der sich im Laufe seiner langen Reise – in bester psychoanalytischer Tradition – den ungewollten Anteilen seines dunklen Vaters[117] in sich selbst stellen muss. Zwar werden diese Anteile im Film in der Person des dunklen Lords externalisiert; im Kern geht es jedoch um einen inneren Reifungsprozess.[118] Ein ähnliches Motiv findet sich in der auf Tolkiens Romanvorlage beruhenden „Herr der Ringe"-Trilogie.[119] Hier kämpft Frodo, der Ringträger, im Laufe seiner Reise nach Mordor immer wieder mit der Macht des „einen Ringes", die ihn hochmütig und selbstsüchtig werden lässt. Noch stärker zeigt sich die innere Zerrissenheit in der Figur von Frodos ewigem Gegenspieler Gollum, der in Jekyll-und-Hyde-Manier mal den guten, mal den bösen Teil in sich sprechen und handeln lässt; wobei Letzterer schließlich obsiegt und erst dadurch die Vernichtung des Rings ermöglicht, indem er diesen Frodo vom Finger beißt, als jener – an den Feuern des Schicksalsbergs von der Macht des Ringes übermannt – das Böse nicht mehr aus eigener Kraft vernichten kann.

Der Volksmund spricht schließlich vom „inneren Schweinehund", der einen mal wieder davon abgehalten habe, joggen zu gehen. Man hat „Engelchen und Teufelchen" auf der Schulter, die Stimme des „inneren Kritikers" etwas zu laut im Ohr oder muss sich mal wieder um die Bedürfnisse seines „inneren Kindes" kümmern. Insbesondere die letztgenannten Begriffe dürften wir wahrscheinlich der Formulierungskunst Eric Bernes, dem Begründer der Transaktionsanalyse[120], zu verdanken haben. Dieser entwickelte die Terminologie der Psychoanalyse derart weiter, dass er zentrale Konzepte (wie „Über-Ich" oder „Es")[121] in eine einfachere Sprache übersetzte, sodass die Begriffe auch ohne Umschweife von seinen psychologisch nicht vorgebildeten Klienten angewendet werden konnten (vor allem im Rahmen der Gruppentherapie).

Mit sich selbst verhandeln (und verlieren ...)

Der akademisch-forschende Zweig der Psychologie hat sich – trotz oder gerade wegen Freuds Theorien und weiterer eher praxisorientierter Konzepte – die ersten 60 Jahre des 20. Jahrhunderts kaum für unser Innenleben interessiert.[122] Den Lehren des Behaviorismus folgend, glaubten die meisten Forscher, wir seien reine Lernmaschinen und somit auch beliebig durch Belohnung und Bestrafung (operante Konditionierung) formbar.[123] Unsere Gefühle und alles weitere Innenleben seien eine „Black Box", die grundsätzlich nicht erforscht werden könne. Dieses Dogma änderte sich – aus meiner Sicht Gott sei Dank – mit der sogenannten kognitiven Wende in der Psychologie, die während der 1960er-Jahre vonstattenging.[124] Erst seit dieser Zeit beschäftigen sich Psychologen auch im Rahmen von kontrollierten Studien und Labor-Experimenten mit jenen menschlichen Faktoren, die nicht direkt über das Verhalten beobachtbar sind, also mit Aspekten wie unseren Zielen, Motiven, Werten und Einstellungen.[125] Die Philosophie hat also meiner Zunft gegenüber einen Vorsprung von etwa 2500 Jahren.

Wir haben allerdings in den letzten Jahrzehnten ordentlich aufgeholt. Aus der schier unübersichtlichen Vielzahl von Forschungszweigen möchte ich hier zwei herausgreifen und kurz anreißen; diese erscheinen mir für das Verständnis von inneren Blockaden besonders gehaltvoll. Konkret geht es um innere Konflikte durch Diskrepanzen zwischen Wollen und Sollen[126] sowie zwischen sogenannten impliziten und expliziten Motiven.[127]

Selbst-Ideale: Was wir wollen und was wir wollen *sollten*

Der innere Konflikt zwischen dem, was wir tun sollten (z. B. weil etwas uns selbst und/oder anderen Menschen wichtig oder richtig erscheint), und dem, was wir tun wollen (weil etwas uns angenehm und erfreulich erscheint), ist wahrscheinlich die klassischste Form aller Ambiguitäten. Sie tritt potenziell immer dann auf, wenn wir uns zwischen einem kurzfristigen Vergnügen und einem langfristigen Nutzen entscheiden müssen, der aber u.U. eine kurzfristige Einbuße an Genuss bedeutet.[128] *Beispiel*: Lieber für die Klausur lernen oder doch Party machen? Eine Frage, die sich – auch meiner persönlichen Erfahrung nach – so ziemlich alle Studenten dieser Welt etwa jeden zweiten Tag stellen.

Forscher konnten zeigen, dass wir (nicht zwingend bewusst) permanent nach zwei verschiedenen Idealen streben[129]: Ein Ideal zeigt uns, wer wir sein *könnten*; es beinhaltet unsere Träume, Hoffnungen und Aspirationen. Das andere Ideal zeigt uns, wer wir sein *sollten*; es beinhaltet Aspekte wie Pflichtgefühl, Ethos, unser Gewissen.[130] Ein Stück weit spiegelt sich hierin die Freud'sche Unterscheidung zwischen Es und Über-Ich, also unserem natürlichen Antrieb nach Befriedigung unserer Wünsche und den (internalisierten) Grenzsetzungen durch unsere Eltern und die Gesellschaft an sich. In Freuds Theorie ist eine dritte Instanz, das „Ich", dafür zuständig, zwischen den beiden anderen Instanzen zu vermitteln; je besser dies gelingt, desto funktionaler sei der Mensch.[131] Abseits der Theorien Freuds lässt sich experimentell nachweisen, dass ein hohes Maß an Diskrepanz zwischen Wollen und Sollen negative Konsequenzen nach sich zieht: Die Folgen reichen von eingeschränktem Wohlbefinden[132] bis hin zu schlechterer Performance im Job[133]. Andererseits ist es natürlich durchaus möglich, dass verschiedene Ziele sich gegenseitig stützen[134]; dies resultiert dann in höherem Wohlbefinden und einem Plus an Motivation[135]. Interessanterweise scheinen Häufigkeit und Intensität von intra-psychischen Konflikten mit ansteigendem Alter abzunehmen.[136] Erwachsen (und tendenziell zufriedener) ist man offenbar dann, wenn man etwas tut, *obwohl* die Eltern einem dazu geraten haben.

Ich will was, das *ich* nicht will: Konflikte zwischen impliziten und expliziten Motiven

Bei der zuvor beschriebenen kognitiven Wende ist die akademische Psychologie natürlich keineswegs stehen geblieben. In den letzten 20 Jahren haben sich viele Forscher verstärkt automatischen (impliziten) Prozessen der Informationsverarbeitung zugewendet.[137] Zwar ist schon sehr lange bekannt, dass nur ein kleiner Teil unserer Aktivität bewusst abläuft (ergo: unter Einsatz von Aufmerksamkeit), während entwicklungsgeschichtlich ältere Teile unseres Gehirns im Hintergrund die Fäden ziehen (*Beispiel:* Steuerung der Atmung durch die „Medulla oblongata"). Relativ jung ist hingegen die Erkenntnis, dass auch Aspekte wie z. B. Einstellungen[138], Urteile[139] und eben auch Motive[140] implizit gebildet werden bzw. wirksam sind – und dass eine Übereinstimmung zwischen den bewussten und unbewussten Instanzen zwar möglich, aber nicht unbedingt die Regel ist. So konnte mittels neuer Messmethoden für implizite Einstellungen in vielen Experimenten gezeigt werden, dass wir unbewusst z. B. Vorurteile gegenüber Menschen anderer Hautfarbe haben, auch wenn wir das explizit vehement abstreiten.[141] Wichtig ist in diesem Zusammenhang, dass unbewusste Motive und Einstellungen in der Regel enger mit unserem tatsächlichen Verhalten verknüpft sind (insbesondere in der Langfristperspektive) als jene, die uns explizit zugänglich sind.[142] Sprich: Die Person, die wir zu sein vorgeben, ist in den meisten Fällen weniger handlungsleitend als jene Person, die wir tief innen wirklich *sind* (auch wenn uns dieses „tief innen" ohne Hilfsmittel nur schwer zugänglich ist).[143]

Push and Pull

Was genau ist der Unterschied zwischen impliziten und expliziten Motiven? Metaphorisch ausgedrückt kann man sagen: Implizite Motive *schieben* uns in Richtung eines bestimmten Verhaltens, einfach, weil wir eine natürliche spontane Freude (und andere positive Emotionen) empfinden, wenn wir dieses Verhalten ausführen. Sie sind demnach verantwortlich für das, was man auch intrinsische Motivation nennt. Wenn ich Ihnen z. B. folgende Frage stelle: „Warum arbeiten Sie mehr als 50 Stunden pro Woche?", dann könnte Ihre Antwort lauten: „Weiß ich gar nicht so genau. Ich fühle mich einfach sehr wohl dort. Liegt vielleicht an den netten Kollegen." Explizite Motive liegen hingegen konzeptuell nah am Prinzip der extrinsischen Motivation. Sie *ziehen* uns in bestimmte Verhaltensweisen hinein. Auf die o. g. Frage könnten Sie z. B. antworten: „Wenn man bei uns in der Firma erfolgreich sein will, dann geht das eben nicht anders." D. h., Sie können mir sagen, warum Sie etwas tun, es gibt ein rationales zugängliches Argument für Ihr Verhalten. Dieser Antreiber befindet sich aber nicht in Ihnen, sondern im Außen.

Die beiden zuvor genannten Antworten entsprechen zwei sehr typischen menschlichen Motivlagen, denn die meisten unserer Bestrebungen lassen sich auf drei übergeordneten Motivdimensionen einordnen: Leistung (engl. achievement), Macht (engl. power) und Anschluss (engl. affiliation). Die erste Antwort würde vermuten lassen, dass Ihr intrinsisches Anschlussmotiv stark ausgeprägt ist, denn Sie begründen Ihr Wohlbefinden diffus mit der Nähe zu Ihren Arbeitskollegen. Die zweite Antwort würde verdeutlichen, dass Ihr explizites Leistungsmotiv stark ausgeprägt ist, denn Sie begründen Ihre Überstunden mit den Anforderungen, die Ihr Arbeitgeber an Sie stellt.

Aber was passiert genau, wenn unsere impliziten und expliziten Motive in entgegengesetzte Richtungen streben? Kurz gesagt: meist nicht viel. Vor allem entsteht: Lustlosigkeit. Meist führen derartige Konflikte zunächst zu einer Art Lähmung, einer Unfähigkeit, sich zum Handeln zu motivieren.[144] Stellen wir uns kurz vor, ein Chef hat ein starkes, implizites Bedürfnis nach Anschluss, ist also (auch) deswegen Chef, weil er seine Mitarbeiter mag. Nun verlangt sein eigener Chef von ihm, zwei Mitarbeiter zu feuern, weil die wirtschaftliche Situation der Firma sich eingetrübt hat. Hat dieser Mensch gleichzeitig ein hohes explizites Leistungsmotiv, dann wird er trotzdem versuchen, der Order seines Chefs nachzukommen.[145] Wenn aber das intrinsische Anschlussmotiv stark genug ist, wird er die notwendige Entscheidung weiter und weiter aufschieben[146] (was wiederum zu starken Spannungsgefühlen führen kann) – bis er vielleicht selbst auf der Abschlussliste seines eigenen Vorgesetzten steht.[147]

Innere Teams: Ambiguität und Teile-Modelle in verschiedenen Veränderungsmethoden

Entsprechend ihrer grundsätzlichen Bedeutung für das Menschsein finden sich Modelle innerer Parzellierung in praktisch allen Veränderungsmethoden. Während frühe Theorien davon ausgehen, dass es eine begrenzte Anzahl von inneren Anteilen gibt, welche außerdem als auf alle Menschen zutreffend betrachtet werden (z. B. Freuds Modell von Es, Ich und Über-Ich[148]; und in Anlehnung daran die Terminologie von Kind-Ich, Erwachsenen-Ich und Eltern-Ich in Bernes Transaktionsanalyse[149]), versuchen spätere Modelle weniger strikt im Vorhinein festzulegen, welche und wie viele psychische Instanzen in ein und demselben Menschen ein Zuhause haben können. Vielmehr wird metaphorisch davon ausgegangen, dass der Mensch beliebig viele verschiedene Teilpersönlichkeiten in sich tragen kann, die in bestimmten Kontexten aktiv oder inaktiv sind, hilfreich oder störend sein können. Vielen Menschen weltweit wurde das Konzept der Teilearbeit durch die Methoden des Neurolinguistischen Programmierens (NLP)[150] bekannt, welches zu einem großen Teil auf Konzepten aus Fritz Perls Gestalttherapie[151], Virginia Satirs systemischer Familientherapie[152] und auf der Hypnotherapie nach Milton Erickson[153] fußt. Einzug in die Alltags- und Managementpsychologie hat die Terminologie vom „inneren Team" in Deutschland durch die immens erfolgreichen Bücher von Friedemann Schulz von Thun gehalten, insbesondere durch den dritten Band von „Miteinander reden".[154] Dieser Teil widmet sich vollständig den verschiedenen Protagonisten auf unserer inneren Bühne und geht darauf ein, wie wir die Rollen der verschiedenen Darsteller so verteilen können, dass jede innere Instanz beizeiten zu ihrem guten Recht kommt.

Was sagt die VIGOR-Studie zum Faktor INTEGRATION?

In seiner Bedeutung für die Lebenszufriedenheit liegt der Faktor INTEGRATION – gleichauf mit der ORGANISATION – auf Platz 2 (die Studie findet eine Korrelation von 0.38). Und wieder kann festgehalten werden: Je mehr ein Mensch eins mit sich selbst ist, desto größer ist tendenziell auch seine übergreifende Zufriedenheit. Es ist interessant zu beobachten, dass alle Teilnehmer auf der Skala für INTEGRATION im Mittel deutlich niedrigere Werte erzielen als bei den anderen Faktoren. Dies lässt für mich erneut den Schluss zu, dass innere Konflikte etwas typisch Menschliches sind und sehr prägend für unser Dasein als selbst-bewusste Wesen. Sprich: Es geht um größtmögliche Freiheit von inneren Konflikten; eine vollkommene INTEGRATION ist jedoch unrealistisch.

Auch wenn innere Konflikte somit etwas völlig Alltägliches sind und jeden Menschen zu einem bestimmten Ausmaß betreffen, gibt es doch große Unterschiede in puncto Intensität des Konflikts. Im Extremfall landen wir wieder beim Bild von Buridans Esel, der genau inmitten zweier saftiger Heuhaufen zugrunde geht, weil es sich nicht für einen der beiden entscheiden kann. Während es menschliche Esel typischerweise nicht so weit kommen lassen, so zeigt sich doch, dass starke innere Konflikte eine antriebshemmende Wirkung haben. Sie blockieren den Menschen, sorgen für Stagnation und kosten, obwohl man gar nicht vorwärts kommt, viel Kraft. Ich benutze hier oft die Metapher vom „inneren Armdrücken mit sich selbst": Keine Seite gewinnt, nichts bewegt sich, aber der Energieverlust ist enorm.

Der Praxisteil zum Faktor INTEGRATION beschäftigt sich daher mit der Frage, wie wir unsere verschiedenen inneren Anteile so ausrichten können, dass sie sich nicht gegenseitig blockieren. Es ist dabei explizit nicht das Ziel, einen permanenten Friede-Freude-Eierkuchen-Zustand herzustellen. Menschen haben per se unterschiedliche Motive, Bedürfnisse und Werte, die sich zum Teil widersprechen. Eine innere Gleichschaltung ist daher weder realistisch noch gewünscht.[155] Vielmehr geht es z. B. um die Frage, wann welcher Persönlichkeitsanteil in Ihnen am Ruder ist. Ziel ist eine gute Aufstellung aller Ihrer inneren Spieler, nicht eine Mannschaft, die nur aus Stürmern oder Abwehrrecken besteht.[156]

2.2 INTEGRATION – die Praxis

Fallstudie 4 – Sarah: „Eine gute Mutter macht so was nicht"

Sarah, Ende 20, ist eine ehrgeizige junge Frau und steht kurz vor dem Sprung zur Führungskraft in einem Touristikunternehmen. Sie hat vor gut zwei Jahren geheiratet und wünscht sich Kinder. Hier liegt auch bereits der Anlass für das Coaching: Sarah ist bereits vor einem Jahr von ihrem Chef auf eine Führungsposition angesprochen worden. Damals lehnte sie ab, weil sie sich „noch nicht bereit" fühlte. Nun steht das nächste Jahresgespräch vor der Tür. Sie weiß, dass es auch dieses Mal wieder um die Übernahme einer Leitungsfunktion gehen wird. Einerseits ist Sarah dieser berufliche Schritt sehr wichtig (und sie glaubt, dass sie in ihrer jetzigen Firma nicht noch mal gefragt wird, wenn sie erneut ablehnt), andersseits befürchtet sie, dass sie bei dem zu erwartenden Arbeitspensum „keine gute Mutter" sein könne.

Beim Thema „eine gute Mutter sein" hake ich nach und frage Sarah, was das für sie bedeutet. Sie erzählt mir daraufhin, dass sie in einer ländlichen, sehr konservativen Gegend aufgewachsen sei. Sie ist die älteste von drei Geschwistern – ihre Mutter habe damals „selbstverständlich" ihren Beruf aufgegeben, als das erste Kind unterwegs war, um sich vollkommen dem Dasein als Hausfrau und Mutter zu widmen; ihre zwei Jahre jüngere Schwester habe es mittlerweile ähnlich gemacht und sei „sehr glücklich" damit.

Ich schlage Sarah daraufhin die im Folgenden beschriebene Übung vor, wobei wir ihren inneren „Erfolgsmenschen" mit ihrem „mütterlichen Anteil" in die innere Mediation gehen lassen. Im Ergebnis hat sie sich für die Führungsposition entschieden. Es ist ihr zwar immer noch wichtig, eine gute Mutter zu sein. Im Laufe des Prozesses hat sie jedoch erkannt, dass ihre Vorstellung von einer guten Mutter nicht notwendigerweise mit jener der anderen Frauen in ihrer Familie übereinstimmen muss. Als hilfreich hat sich erwiesen, dass sie innerhalb ihrer Firma mehrere Rollenvorbilder identifizieren konnte, die einen ähnlichen Weg beschreiten wie sie selbst.

Zufriedenheitswerkzeug: Bewusste innere Mediation

Einführung
Die Erfahrung des „Mit-sich-selbst-uneins-Seins" und daraus resultierende Blockaden sind zutiefst menschlich. Ursache ist vor allem, dass wir bisweilen dazu neigen, nur noch zwei vollständig entgegengesetzte Alternativen in einer gegebenen Situation zu sehen (Schwarz-Weiß-Denken). Weitere Alternativen, vor allem die vielen denkbaren grauen Zwischenlösungen – oder auch die Entscheidung, sich nicht zu entscheiden –, werden ausgeblendet.

Sinn und Zweck
Die Übung ist angelehnt an Schulz von Thun (2010). Dieser wiederum bezieht sich explizit auf die sogenannte Stühlearbeit aus der Gestalttherapie. Ziel ist keineswegs die Verschmelzung (und dadurch Auflösung) Ihrer inneren Instanzen, sondern eher das Verhandeln und Herstellen einer friedlichen Koexistenz, ein gegenseitige Bekenntnis zur Nützlichkeit aller Stimmen im „inneren Orchester".

Was Sie dafür benötigen
Zwei Stühle oder andere Sitzgelegenheiten und ca. zehn Minuten bis eine Stunde an Zeit.

Was Sie besonders beachten sollten
Es wird Ihnen am Anfang vielleicht merkwürdig vorkommen, sich auf verschiedene Stühle zu setzen und Ihre inneren Anteile explizit auszuagieren. Meine Empfehlung: Trauen Sie sich einfach. Seien Sie expressiv, entdecken Sie Ihre schauspielerische Ader. Dann ist die Übung nicht nur nützlich, sondern kann auch noch großen Spaß machen.

Was idealerweise dabei herauskommt
Das Ergebnis ist typischerweise eine gegenseitige Neubewertung der inneren Widersacher. Es geht dabei um das wechselseitige Anerkennen der jeweiligen positiven Absicht der inneren Anteile für das Gesamtsystem, also für Sie als Ganzes. Häufig ist das Resultat eine Art Vereinbarung zwischen den verschiedenen Instanzen, nach dem Motto: „Ich lasse dich in Ruhe ABC machen, wenn du mich dafür beizeiten in Ruhe XYZ machen lässt."

Übersicht
1. Identifikation des Konflikts und der zugehörigen Teile
2. Monolog: Ich-Botschaft der Widersacher
3. Dialog („Auseinander-Setzung"): Du-Botschaften der Widersacher
4. Depolarisation
5. Integration

Konkreter Ablauf
Folgen Sie bitte einfach den u.g. Schritten.

1. Identifikation des Konflikts und der zugehörigen Teile
Beschreiben Sie, zwischen welchen Anteilen der Konflikt genau besteht. Geben Sie den inneren Instanzen Namen, so wie wir auch im normalen Sprachgebrauch unsere inneren Anteile betiteln.

Beim Beispiel Abnehmen kämpfen häufig zwei Teile gegeneinander, z. B. „der Gesundheitsbewusste" und „der Genießer". Achten Sie bitte darauf, dass es sich nicht um abwertende Namen handelt („der Gesundheitsfanatiker" bzw. „der Undisziplinierte").

2. Monolog: Ich-Botschaft der Widersacher
Stellen Sie zwei Stühle mit einem bis zwei Meter Abstand so auf, dass sie einander gegenüberstehen. Entscheiden Sie intuitiv, welcher Ihrer inneren Kontrahenten auf welchem Stuhl Platz nehmen soll. Sodann lassen Sie auf dem jeweiligen Stuhl Ihre inneren Instanzen in Reinform zu Wort kommen. Sprechen Sie als Ich-Botschaft aus, was deren Anliegen bzw. positive Intention ist, ohne dass der andere Teil dazwischenfunkt.

Beispiel auf Stuhl Nr. 1: „Ich bin der Gesundheitsbewusste in ... (Ihr Name). Ich sorge dafür, dass er fit bleibt und ein langes Leben haben wird." *Dann wechseln Sie auf Stuhl Nr. 2:* „Ich bin der Genießer in ... (Ihr Name). Ich sorge dafür, dass er Freude am Leben hat und der Genuss nicht zu kurz kommt."
Wenn Sie wollen, nehmen Sie für jeden Teil zusätzlich eine andere Körperhaltung ein oder probieren Sie unterschiedliche Stimmlagen aus. Seien Sie kreativ, sehen Sie es als (Schau-)Spiel.

3. Dialog („Auseinander-Setzung"): Du-Botschaften der Widersacher
Sprechen Sie nun auf dem jeweiligen Stuhl in der Du-Form deutlich aus, was die beiden Widersacher vom jeweils anderen halten, was sie aneinander stört. Polemisieren Sie bewusst.

Beispiel Stuhl Nr. 1: „Du bist doch total undiszipliniert und sorgst nur dafür, dass ... (Ihr Name) immer dicker wird. Das werde ich nicht zulassen." *Stuhl Nr. 2:* „Und du bist eine totale Spaßbremse. Wenn du so weitermachst, wird ... (Ihr Name) noch ganz depressiv vor deinem Kontrollzwang. Das werde *ich* nicht zulassen."

4. Depolarisation (Auflösung der Gegensätze)
Nachdem sich die inneren Widersacher einmal ordentlich Luft machen konnten, sind wahrscheinlich einige Spannungen abgebaut worden. Nun ist es an der Zeit, den Hebel umzulegen. Die Teile sollen im „Als-ob-Modus" überlegen, welche positive Funktion der jeweils andere für Sie als Gesamtsystem hat.

Stuhl Nr. 1: „Also wenn ich mal für einen Augenblick so tue, als hättest du etwas Positives an dir, dann wäre es, dass du dafür sorgst, dass ... (Ihr Name) sich abends nach der Arbeit entspannen kann. Er isst ja wirklich für sein Leben gern." *Stuhl Nr. 2:* „Und wenn ich für einen Augenblick so tue, als hättest du etwas Positives an dir, dann wäre es, dass du dafür sorgst, dass ... (Ihr Name) sich nicht so gehen lässt. Er hat ja ein paar Probleme mit dem Blutdruck – und es ist schon wichtig, dass das nicht noch schlimmer wird."

Wechseln Sie in dieser Phase einige Male zwischen den Stühlen hin und her und versuchen Sie, aus der einen Position heraus möglichst viele Pro-Argumente für die andere Seite zu finden. Ideal (aber kein Muss) ist es, wenn Sie am Ende ohne inneres Störgefühl auf beiden Stühlen den folgenden Satz so oder ähnlich sagen können: „Ich bin zwar nicht einer Meinung mit dir, aber ich erkenne an, dass du für das Wohlbefinden von ... (Ihr Name) wichtig bist."

Anmerkung: Wenn Sie in dieser Phase den Abstand zwischen den Stühlen verändern wollen (z. B. sie näher aneinander rücken), dann tun Sie das bitte.

5. Integration
Stellen Sie sich nun seitlich zu den beiden Stühlen auf und schlüpfen Sie wieder komplett in Ihr „Ich". Nehmen die Rolle des „System-Oberhaupts" ein und sagen Sie dann in Richtung der beiden Stühle etwas in der folgenden Art: „Ich habe euch beide gehört – und ich weiß, dass ihr beide wichtig für mich seid. Jeder von euch ist *auf seine Art* um mein Wohlbefinden besorgt. Und deshalb möchte ich euch gerne einen Kompromiss vorschlagen." Versuchen Sie nun tatsächlich, eine Art Kompromiss zu finden.

Im Beispiel könnte das so aussehen: Der „Genießer" kommt an maximal drei Tagen pro Woche zu seinem Recht, darf also z. B. noch einen leckeren Nachtisch nach dem Hauptgang essen. Dafür wird der Gesundheitsbewusste darauf verzichten, ein schlechtes Gewissen zu machen.

Sobald der Vorschlag ausgesprochen ist, wechseln Sie nochmals nacheinander auf die beiden Stühle und spüren Sie nach, ob Ihre inneren Anteile mit diesem Vorschlag einverstanden sind. Falls ja, ist die Übung beendet. Falls nein, verhandeln Sie unter Verwendung aller *drei Positionen* (gehen Sie also zwischendurch immer wieder auch in die stehende Position) so lange, bis sich beide (Ex-)Widersacher mit einer Lösung einverstanden erklären.

Fallstudie 5 – Monika:
„Zwei elterliche Seelen wohnen, ach! in meiner Brust"

Monika, Ende 30, geschieden, ist seit einigen Monaten Teamleiterin im Firmenkundengeschäft einer großen Bankfiliale. Sie wird von ihrem Vorgesetzten zum Coaching geschickt, weil ihr in letzter Zeit immer wieder vermeidbare und bisweilen kostspielige Fehler unterlaufen sind. Im Coaching sollen der Grund für ihre Fehleranfälligkeit gefunden und Wege erarbeitet werden, diese Fehler in Zukunft zu reduzieren. Monika kommt in den Abendstunden zu mir. Ich wundere mich ein wenig, weil sie überhaupt nicht wie eine „typische Bankangestellte" aussieht. Ihre Kleidung wie auch ihr Auftreten haben eine sehr alternative Anmutung; auf den ersten Blick könnte man sie auch für eine Greenpeace-Aktivistin o. Ä. halten.

Tatsächlich erzählt Monika mir im Verlauf des Gesprächs, dass sie sich sehr für verschiedene gute Zwecke engagiere. Das Gros ihrer Freizeit gehe für ihr Engagement bei einer Tierschutz- sowie einer Obdachlosen-Organisation drauf. Da sie nach Übernahme der Leitungsfunktion unter der Woche nur noch wenig Zeit hat, opfert Monika regelmäßig ihr ganzes Wochenende für die ehrenamtlichen Verpflichtungen. Auf Nachfrage erzählt sie, dass ihre Sozialkontakte außerhalb jener Organisationen fast eingeschlafen sind; das Scheitern ihrer Ehe sei ebenfalls ein Stück weit auf ihre Ehrenämter zurückzuführen, weil ihr Exmann nicht mit ihrer „Helfermacke" klargekommen sei. Sie leide unter Schlafmangel und Erschöpfungszuständen.

Später spreche ich Monika auf den von mir wahrgenommenen deutlichen Gegensatz zwischen ihrer hinreichend kapitalistischen Berufstätigkeit und ihrer eher altruistischen Freizeitgestaltung an. Sie berichtet mir daraufhin von ihrem Elternhaus: von einem Vater, der es als Bankdirektor in ihrem Heimatort zu einigem Ansehen gebracht hat; und einer Mutter, die Sozialarbeit studiert, nach der Geburt von Monika jedoch nicht mehr gearbeitet hat. Ihr Vater wollte immer, dass Monika „was Vernünftiges" lernt, und habe ihr den Weg in die Bankenwelt durch verschiedene Schülerpraktika geebnet. Sie erinnert sich, dass ihre Mutter hingegen in dessen Abwesenheit über ihren Vater und seinen Beruf gespottet habe. Sie habe häufiger gesagt, es sei „unsittlich, mit Geld noch mehr Geld zu verdienen". Die Ehe ist zerbrochen, als Monika ein Teenager war; sie hat bis zum Beginn ihrer Berufsausbildung bei der Mutter gewohnt. Als Monika sich gegen den Willen der Mutter doch für eine Banklehre entschied, sei das Verhältnis zu ihr für einige Jahre merklich abgekühlt. Heute habe sie jedoch einen guten Draht zu beiden Elternteilen; Vater und Mutter meiden hingegen seit der Scheidung jeden Kontakt.

Aufgrund des deutlich erkennbaren Konflikts zwischen den mütterlichen und väterlichen Anteilen in ihr, denen sie beiden gerecht werden möchte, schlage ich Monika die im Folgenden beschriebene Übung vor. Im Ergebnis hat sie sich aus einem Teil ihrer Ehrenämter zurückgezogen, ist aber weiterhin sehr engagiert. Ihre Performance im Job ist wieder zufriedenstellend, und die körperlichen Probleme haben ebenfalls spürbar nachgelassen.

ÜBUNG

Zufriedenheitswerkzeug: Vorbewusste innere Mediation

Einführung

Im Unterschied zum Zufriedenheitswerkzeug „Bewusste innere Mediation" stammt dieses Werkzeug aus der hypnotherapeutischen Arbeit und versucht, den intrapsychischen Konflikt ohne kognitive Verarbeitung aufzulösen. Dabei nutzen Sie Ihre Fähigkeit zur Produktion von sogenannten ideomotorischen (= unwillkürlichen, automatisch verursachten) Bewegungen.[157]

Sinn und Zweck
Ziel der Übung ist es, Ihre vorbewusste Informationsverarbeitung derart anzuregen, dass die empfundene Ambivalenz sich in einer Art integrierenden Lösung in Wohlgefallen auflöst. Das Ganze geschieht ohne explizite Auseinandersetzung mit dem Konflikt. Sie müssen sich also auf der Suche nach einer guten Lösung nicht den Kopf zerbrechen. Sie vertrauen stattdessen darauf, dass es zusätzlich zu allen Ihren weiteren Persönlichkeitsinstanzen eine Art inneren Mediator gibt, der einen stimmigen Ausgleich zwischen Ihren widerstreitenden Interessen herbeiführt.[158]

Was Sie dafür benötigen
Nichts außer ein wenig Zeit (vielleicht reichen zehn Minuten, vielleicht benötigen Sie auch eine Stunde) und Ihren Händen. Sehr hilfreich – aber nicht zwingend notwendig – ist ein Partner, der Sie durch die Übung führt.

Was Sie besonders beachten sollten
Falls Sie die Übung beim ersten Mal nicht wie unten beschrieben abschließen können: Bitte grämen Sie sich nicht. Lassen Sie den ersten Durchgang einfach ein paar Tage sacken und probieren Sie es dann erneut. Mit großer Wahrscheinlichkeit werden Sie bei den folgenden Versuchen erfolgreich sein.

Was idealerweise dabei herauskommt
Nach meiner Erfahrung führt die Übung meist nicht zu einem sofortigen Heureka-Moment, d. h., der innere Konflikt ist nicht direkt gelöst. Auch das ist mir schon untergekommen, aber ich rechne mit etwas anderem: Die Lösung für den Konflikt erscheint häufig in den auf die Übung folgenden Tagen als spontane Einsicht, d. h., es „ploppt" auf einmal ein Gedanke oder Gefühl hoch, das *jenseits* der bisher empfundenen Blockade liegt – und diese neue Sichtweise ermöglicht wiederum neue Verhaltensspielräume.

Übersicht
1. Identifikation des Konflikts und der zugehörigen Teile
2. Symbolische Platzierung der Teile auf den Händen
3. Zusammenführung
4. Integration

Konkreter Ablauf
Folgen Sie bitte einfach den u.g. Schritten.

1. Identifikation des Konflikts und der zugehörige Teile
Setzen Sie sich bequem auf einen Stuhl oder in einen Sessel und halten Sie Ihre Arme locker und leicht angewinkelt (ungefähr auf Höhe des Bauchnabels) mit nach oben offenen Handflächen etwas mehr als schulterbreit auseinander. Entspannen Sie sich so gut wie möglich, versuchen

Sie, in den Bauch zu atmen. Beschreiben Sie nun verbal, zwischen welchen zwei inneren Spielern der Konflikt genau besteht. Wenn Sie möchten, können Sie diesen auch Namen geben, so wie Menschen auch im natürlichen Sprachgebrauch ihre inneren Instanzen betiteln („innerer Schweinehund", „der Strebsame" etc.). Achten Sie darauf, dass Sie keine abwertenden Begriffe, sondern positive Ausdrücke verwenden.

2. Symbolische Platzierung der Teile auf den Händen

Entscheiden Sie nun intuitiv, welche Ihrer Hände welchen inneren Teil repräsentieren soll. Schließen Sie die Augen und stellen Sie sich vor, dass beide Persönlichkeitsanteile auf Ihrer jeweiligen Handfläche Platz nehmen. Wahrscheinlich wird es Ihnen helfen, wenn Sie für jeden Anteil ein inneres Bild (oder ein Symbol, eine Farbe etc.) kreieren, das Sie dann vor dem inneren Auge auf der jeweiligen Handfläche ablegen.

3. Zusammenführung

Stellen Sie sich nun vor, dass Ihre inneren Widersacher in einen unbewussten Dialog eintreten – und dass sich Ihre Hände unweigerlich in dem Maße annähern werden, wie sich auch die inneren Anteile in ihren Positionen einander annähern. Sie müssen nicht verstehen, wie genau das passiert, halten Sie sich einfach an die Vorstellung, dass es *automatisch* geschieht. Das heißt auch: Sie sollen Ihre Hände weder absichtlich zusammenbringen noch absichtlich auseinander halten. Lassen Sie sich überraschen, was Ihr Körper alles von selbst geschehen lassen kann.

In der Regel geschieht das Zusammenführen der Hände in kleinen, ruckartigen Bewegungen (die o. g. Ideomotorik), nicht in einem fließenden Prozess. Es kann immer auch kürzere oder längere Pausen geben, in denen (dem Anschein nach) nichts passiert. Gehen Sie einfach von der Annahme aus: Alles, was innerhalb dieses Prozesses passiert, ist völlig o. k. – und Sie müssen nicht verstehen, warum. Wenn Ihre Hände sich also eine ganze Zeit gar nicht bewegen, ist das o. k. Wenn eine Seite sich eine Zeit lang schneller bewegt, ist das auch o. k. Wenn sich die Hände auf der Höhenachse verschieben, ist das auch o. k. Usw. Bleiben Sie einfach bei der Vorstellung, dass sich Ihre Hände früher oder später vereinigen werden; in dem Maße, wie sich auch die inneren Konfliktpartner aufeinander zu bewegen.

Hier liegt auch die Rolle des (potenziellen) Begleiters: Zum einen gibt er einfach Sicherheit, denn Sie sind es wahrscheinlich nicht gewohnt, derartige Übungen mit geschlossenen Augen durchzuführen. Zum anderen kann er dafür sorgen, den Trance-Prozess im Gang zu halten, einfach, indem er ab und zu a) verbal spiegelt, was auf der körperlichen Ebene bei Ihnen gerade konkret passiert – und versichert, dass das völlig o. k. ist. Er könnte also sagen: „Jetzt machen deine Hände gerade eine kleine Pause ... und das ist gut so." Oder: „Jetzt bewegt sich deine linke Hand etwas schneller ... du machst das genau richtig." Oder er kann Sie b) daran erinnern, was die Grundannahme hinter dem Prozess ist, z. B.: „Wie du bemerken kannst, bewegen sich deine Hände immer weiter aufeinander zu. Und das bedeutet, dass sich auch deine inneren Anteile weiter annähern."

Der Begleiter sollte in einer sanften Stimme sprechen und nicht permanent, sondern eher ab und an kommentieren (nicht mehr als ein bis zwei Sätze pro Minute). Wenn Ihr Begleiter zu viel redet, sagen Sie ihm einfach kurz und knapp, er möchte sich etwas zurücknehmen, und konzentrieren Sie sich dann wieder auf Ihr Innenleben.

4. Integration
Wenn alles gut läuft, werden sich früher oder später Ihre Finger berühren. Vielleicht nur ganz vorsichtig mit den Fingerkuppen, vielleicht aber auch in einer angedeuteten Gebetshaltung. Auch hier gilt wieder: Alles ist o. k. Wenn der Moment gekommen ist, bleiben Sie noch ein oder zwei Minuten in dieser Haltung. Spüren Sie nach: Was fühlen Sie gerade? Gibt es bestimmte innere Bilder zu sehen oder Wörter / Sätze zu hören? Dann öffnen Sie Ihre Augen. Nehmen Sie sich einen Moment, um sich zu reorientieren – dann stehen Sie auf. Denken Sie dann an dieser Stelle nicht weiter über die Übung nach – beschäftigen Sie sich am besten mit etwas komplett anderem.

Fallstudie 6 – Christian:
„Du weißt doch gar nicht, ob du das schaffst"

Christian, ein etwas fülliger Mann Anfang 40, hat vor einigen Monaten eine weiterführende Managementposition in einem mittelständischen Produktionsunternehmen übernommen; er kommt auf Anraten des Personalleiters ins Coaching. Obwohl seine Performance objektiv gut sei, leide er seit mehreren Wochen unter „Selbstzweifeln". Manchmal verschiebe er Entscheidungen dadurch unnötig, ab und zu könne er deswegen nicht so gut einschlafen. Er möchte durch das Coaching seine Selbstsicherheit und Entscheidungsfreude vollumfänglich zurückerobern.

Ich bitte ihn, mir zu beschreiben, *wie genau* er an sich selbst zweifelt. Er schildert, dass es sich in der Regel um innere Stimmen handelt, die sich in bestimmten Situationen (meist bei Entscheidungen, die er unter einem gewissen Maß an Unsicherheit zu treffen hat) leise, aber sehr beständig in seinem Hinterkopf (bzw. in seinem Nacken) melden. Es gehe um Sätze in der Art von „Pass auf, dass du keinen dummen Fehler machst!" oder: „Du weißt doch gar nicht, ob du das auch wirklich schaffst." Ich bitte Christian, einmal genau auf die Stimmlage und Tonalität seines inneren Zweiflers zu achten, um zu prüfen, ob ihm da etwas bekannt vorkommt. Zunächst beharrt er darauf, dass es sich um seine eigene Stimme handele. Ich fordere ihn dann auf, die entsprechenden Sätze mehrfach nacheinander laut auszusprechen, und zwar möglichst nah an jener Tonalität, die er auch im Inneren wahrnimmt. Nach einigen Wiederholungen verliert sein Gesicht auf einmal deutlich an Farbe, und er sagt etwas entgeistert: „Das ist meine Mutter. So was hat meine Mutter früher häufig zu mir gesagt ..."

Im weiteren Verlauf erzählt er mir, dass er bis ins späte Jugendalter unter Asthma gelitten habe und seine – als überfürsorglich empfundene – Mutter ihn mit derartigen

Bemerkungen von allzu anstrengender körperlicher Betätigung fernhalten wollte (meist mit Erfolg). Daraufhin schlage ich Christian die unten beschriebene Übung vor. Es gelingt ihm, nach und nach das „kleinmachende" Element seiner Introjekte zu entschärfen, auch wenn sie bisher noch nicht ganz verschwunden sind.

ÜBUNG

Zufriedenheitswerkzeug: Den inneren Kritiker einfangen

Einführung
Häufig empfinden Menschen keinen Konflikt zwischen zwei klar unterscheidbaren inneren Instanzen. Eher fühlt es sich so an, als stehe ein einzelner Teil gegen den gesamten Rest, also gegen den Menschen als Gesamtsystem. Ein Klassiker dieser Variante ist die Stimme des inneren Kritikers oder Aufpassers[159], eine Art unangenehme Stimme im Kopf, die uns kleinredet und ausbremst, wenn wir etwas Neues und Ungewohntes vorhaben. Dabei handelt es sich in der Regel um sogenannte Introjekte, d. h. Stimmen bzw. Botschaften, die ursprünglich äußerlich waren (meist: Vater oder Mutter), mittlerweile aber „nach innen genommen" wurden, also wie etwas Eigenes empfunden werden.[160]

Sinn und Zweck
Es geht meist nicht darum, den inneren Kritiker vollkommen zum Schweigen zu bringen, denn vermutlich steckt hinter der Kritik durchaus eine positive wohlmeinende Absicht. Stattdessen ist es das Ziel, dass sich die innere Stimme auf eine akzeptable, weniger rigide Art und Weise äußert, ihren abwertende Beschaffenheit verliert und dadurch besser Gehör findet – dass aber letztlich Sie als Oberhaupt aller Ihrer inneren Anteile bewusst entscheiden, ob der Einwand gerechtfertigt ist oder eben nicht.[161]

Was Sie dafür benötigen
Nichts außer ein wenig Zeit, am besten an einem geschützten angenehmen Ort.

Was Sie besonders beachten sollten
Sollte es Ihnen auch nach mehrmaligem Versuch nicht gelingen, die Botschaft Ihres inneren Kritikers inhaltlich zu verändern oder in eine angenehmere Tonart zu überführen, so können Sie etwas anderes probieren: Verzerren Sie die Stimme auf Ebene der Tonalität derart, dass sie einen fast comicartigen Charakter erhält. Was ist z. B. der Effekt, wenn Sie die gleiche Botschaft immer wieder in einer piepsigen, hysterischen, Micky-Maus-artigen Stimmlage vernehmen?

Was idealerweise dabei herauskommt
Wie beschrieben, ist das Ergebnis idealerweise, dass der innere Kritiker seine einschüchternde blockierende Wirkung verliert, weil die Botschaft auf eine akzeptable Art und Weise geäußert wird. Derart wird die vormals ungewünschte Stimme eventuell sogar zu einer wichtigen Res-

source, einem positiv besetzten Ratgeber, der Sie auf potenzielle Fallstricke bei Ihren zukünftigen Vorhaben aufmerksam macht.

Übersicht
1. Identifikation des inneren Kritikers
2. Herausarbeiten der positiven Intention
3. Akzeptanz für die positive Intention sicherstellen
4. Veränderung der Botschaft
5. Treffen einer Vereinbarung und Berücksichtigung eventueller Einwände

Konkreter Ablauf
Folgen Sie bitte einfach den u. g. Schritten.

1. Identifikation des inneren Kritikers
Identifizieren Sie a) *was* genau die Stimme zu Ihnen sagt, und b) *wie* sie zu Ihnen spricht. Überprüfen Sie außerdem, ob Ihnen die Botschaft oder auch der Klang / die Intonation von irgendwoher bekannt vorkommt (vorzugsweise aus der Kindheit). Wie unterscheidet sich die Stimme Ihres inneren Kritikers tonal von Ihren anderen inneren Stimmen?

Beispielsweise könnte der innere Kritiker in Anbetracht einer für Sie neuen Aufgabe in einer überfürsorglichen Stimmlage sagen: „Das ist eine Nummer zu groß für dich."

2. Herausarbeiten der positiven Intention
Überlegen Sie, welche positive Intention, also welche gute Absicht, hinter der Botschaft des Kritikers stehen könnte. *Als Hinweis:* Fast immer geht es eigentlich darum, Sie zu schützen, vor Schaden zu bewahren, Ihren Selbstwert zu erhalten.

3. Akzeptanz für die positive Intention sicherstellen
Können Sie auf Anhieb die positive Intention Ihres inneren Kritikers wertschätzen? Falls ja, gehen Sie zu Schritt 4. Falls nein, versuchen Sie bitte noch einmal, die gute Absicht hinter der Botschaft zu finden. Manchmal muss man dafür auch ein wenig „um die Ecke" denken. Wenn Ihnen allerdings auch nach hartnäckigem Hinterfragen nichts dazu einfallen will, dann wechseln Sie bitte zu jener Vorgehensweise, die ich weiter oben unter „Was Sie besonders beachten sollten" dargestellt habe.

4. Veränderung der Botschaft
Verändern Sie nun bewusst den Ausdruck Ihres inneren Kritikers. Dabei stehen (mindestens) zwei Varianten zur Verfügung:
a. Veränderung der Aussage an sich
b. positive Veränderung der Stimmlage

Im Beispiel: Statt „Das ist eine Nummer zu groß für dich" lassen Sie den Kritiker bewusst sagen: „Bitte pass auf dich auf, wenn du XY anfängst. Sieh zu, dass du alle Hilfe annimmst, die du bekommen kannst." Oder aber Sie verändern die Stimmlage derart, dass ihr die negative Qualität genommen wird. Es geht hier allerdings nicht darum (wie oben beschrieben), die Intonation ins Lächerliche zu ziehen, sondern derart zu verändern, dass Sie ihr ohne Probleme zuhören können. Möglicherweise schaffen Sie es, der überfürsorglichen (oder überkritischen) Stimme eine neutralere Note zu geben.

Probieren und testen Sie bitte so lange verschiedene Versionen, bis Sie eine inhaltliche und / oder tonale Variante gefunden haben, die Sie ohne auch nur den Anflug eines inneren Widerstands gut hören können.

5. Treffen einer Vereinbarung und Berücksichtigung eventueller Einwände
Treffen Sie abschließend eine Vereinbarung mit der Instanz hinter der kritischen Stimme: Sprechen Sie diesen Teil direkt an und fragen Sie ihn, ob er damit einverstanden ist, sich in Zukunft so zu äußern, wie Sie es zuvor erarbeitet haben. Wenn Sie ein kongruentes Ja-Gefühl als Antwort erhalten, ist die Übung beendet. Sollte es hingegen zu Einwänden kommen, gehen Sie noch mal zurück zu Schritt 4. Arbeiten Sie so lange weiter an einer neuen Botschaft, bis sowohl Ihr innerer Kritiker wie auch Sie selbst mit der Botschaft gut leben können. Wichtig ist: Im Zweifel haben *Sie* das letzte Wort!

2.3 INTEGRATION: Zusammenfassung

Ein gewisses Maß an innerer Zerrissenheit ist etwas ganz Natürliches und gehört zum Menschsein einfach dazu. Dieses Faktum spiegelt sich vielfach in der Literatur und in zahlreichen Filmen wider. Trotzdem zeigt die Forschung, dass es hilfreich und sinnvoll ist, nach mehr INTEGRATION unserer inneren Anteile zu streben. Dabei geht es weniger um eine Verschmelzung der verschiedenen Instanzen als um den Abbau innerer Spannungen und Konflikte. Ziel ist die Erhaltung einer friedlichen Koexistenz, in der alles, was zu Ihnen gehört, auch seinen Platz und zum rechten Zeitpunkt entsprechende Ausdrucksmöglichkeiten findet.

Weitere Tipps und Tricks

- Führen Sie Buch über Ihre inneren Instanzen, sodass Sie den Überblick behalten können. Sobald jemand (gefühlt) Neues auftaucht, geben Sie der inneren Person einen wohlwollenden Namen und nehmen Sie sie in Ihr inneres Teilekonsortium auf.

- Sorgen Sie dafür, dass alle Ihre inneren Spieler regelmäßig einmal uneingeschränkt zu ihrem Recht kommen. Reservieren Sie z. B. ab und zu *bewusst* einen Tag für Ihren inneren Schweinehund. Lassen Sie sich so richtig gehen – oder von mir aus auch die Sau raus. Das wird Ihnen helfen, ihn an den übrigen Tagen besser unter Kontrolle zu halten.
- Wenn Sie mutig sind und Lust drauf haben: Machen Sie einen Workshop zu Improvisationstheater o. Ä. Es gibt kaum einen einfacheren und spaßbringenderen Weg, in verschiedenste Rollen zu schlüpfen – und somit auch die (potenziell vorhandenen) Spieler in sich selbst kennenzulernen.

Buchtipps zur weiteren Vertiefung

Dietz, I. & Dietz, T. (2011): Selbst in Führung. Achtsam die Innenwelt meistern (3. Aufl.). Paderborn: Junfermann.
Ein tolles Buch für die Selbstanwendung, aber auch für Coaches geeignet. Beschäftigt sich nicht nur, aber zu einem guten Teil mit der Integration von verschiedenen Persönlichkeitsanteilen.

MERZEL, D. G. (2008): Big Mind: Großer Geist – Großes Herz. Bielefeld: Kamphausen.
Ein Tipp für alle Leser, die das Thema aus einer spirituellen Sichtweise angehen möchten. Basierend auf den Techniken eines westlichen Zen-Meisters – irgendwo zwischen Meditation und kognitiver Therapie.

SCHULZ VON THUN, F. & STEGEMANN, C. (2004): Das innere Team in Aktion. Praktische Arbeit mit dem Modell (5. Aufl.). Reinbek: Rowohlt.
Ein Praxisbuch zum Modell des inneren Teams, basierend auf dem Klassiker von Schulz von Thun (Miteinander reden 3). Reicht weit über den Einsatz in der Selbsthilfe hinaus, z. B. in den Bereich Training und Teamentwicklung.

Exkurs: Partnerschaft, Netzwerk, Einkommen, Spiritualität

Sie haben bisher zwei Elemente des VIGOR im Detail kennengelernt – drei weitere stehen noch aus. Ich finde, das ist ein guter Zeitpunkt, um einige Worte zu den sogenannten *Kontrollvariablen* zu verlieren, die ich ebenfalls in die Studie mit aufgenommen habe. Denn neben den Fragen zu den VIGOR-Elementen habe ich die Teilnehmer zusätzlich einschätzen lassen, ob sie:
- das Gefühl haben, in einer stabilen *Partnerschaft* zu leben (Ehe, feste Partnerschaft etc.);
- das Gefühl haben, auf die stabile Unterstützung ihres *sozialen Netzwerks* (Freunde, Familie etc.) zählen zu können;
- *religiös* bzw. *spirituell* veranlagt sind, also auf die Existenz einer höheren Macht vertrauen.

Außerdem haben viele Teilnehmer Angaben zu ihrem *Einkommen* gemacht, sodass zusätzlich zu den fünf VIGOR-Elementen der Zusammenhang dieser vier Kontrollvariablen mit der Lebenszufriedenheit der Menschen in der Stichprobe berechnet werden konnte.[162] Dabei hat sich gezeigt, dass alle Variablen, bis auf die der Spiritualität, einen klaren *eigenständigen Erklärungsbeitrag* zur Lebenszufriedenheit der befragten Personen leisten.

With a little help from my friends: das persönliche Netzwerk

Unabhängig von der konkreten Ausprägung ihres individuellen VIGOR profitieren Menschen, die (gefühlt) in einer stabilen Partnerschaft leben und weiterhin über ein stabiles soziales Netzwerk verfügen, von einer spürbar höheren Lebenszufriedenheit. Betrachtet man ausschließlich die Korrelationswerte, so scheint das allgemeine Netzwerk sogar deutlich wichtiger zu sein (0.40) als die Partnerschaft (0.27). Tiefer gehende Analysen deuten jedoch darauf hin, dass die Partnerschaft als Teil dieses allgemeinen Netzwerks betrachtet wird, sodass die Bedeutung dieser beiden Aspekte letztlich etwa gleich groß ist. Diese Ergebnisse decken sich weitgehend mit der Erkenntnissen bisheriger Forschung: Ein stabiles Netzwerk aus persönlichen Kontakten ist (mehr als) Gold wert. Momente der Freude sind am schönsten, wenn man sie mit anderen Menschen teilen kann. Noch wichtiger ist das soziale Netzwerk allerdings in jenen Zeiten, in denen es uns nicht so gut geht: Hier stehen uns Freunde und Familie helfend zur Seite, sei es durch konkrete Unterstützung oder auch nur durch „Da-Sein", z. B. die Möglichkeit, sich auszusprechen.[163] Es geht dabei wohlgemerkt nicht um die Anzahl: Ein oder zwei wirklich enge Beziehungen sind für das Wohlbefinden wertvoller als eine große Anzahl von losen Bekanntschaften. In den Worten von Elias Canetti: *Man mag drei- oder viertausend Menschen gekannt haben, man spricht aber immer nur von sechs oder sieben.*

Auch ohne Moos ist was los! Einkommen und Zufriedenheit

Auch die Einkommensklasse der Studienteilnehmer zeigt eine deutliche Korrelation mit ihrer Lebenszufriedenheit (0.26). Ergo: Je höher das Jahreseinkommen, desto zufriedener sind die Menschen in meiner Stichprobe. Nun habe ich doch in der Einleitung behauptet, dass Geld nicht wirklich glücklich macht. Wie passt das zusammen? Dazu gibt es drei Anmerkungen:
- Geld an sich macht tatsächlich nicht besonders glücklich. Es kann aber als Mittel zum Zweck für andere Dinge dienen, die unsere Zufriedenheit fördern. Wohlhabendere Menschen profitieren z. B. im Durchschnitt von einem höheren Level an Autonomie in ihrer Lebensführung und können sich eine bessere Gesundheitsversorgung leiden – beides ist förderlich für unser Wohlbefinden.[164]
- Weiterhin hat sich in diversen Studien ein kurvenlinearer Zusammenhang zwischen dem verfügbaren Einkommen und der Zufriedenheit von Menschen gezeigt. Das bedeutet: Solange ein Mensch über ein relativ geringes Einkommen verfügt, geht mit einem Zuwachs an Einkommen auch eine proportionale Steigerung des Wohlbefindens einher. Ab einem gewissen Level verflacht die Kurve jedoch zusehends, d. h., noch mehr Geld führt dann nur noch zu sehr geringen Zuwächsen.[165] Dieser Umschlagpunkt liegt in westlichen Volkswirtschaften je nach Studie bei einem Jahreseinkommen irgendwo zwischen € 60.000 und € 80.000.[166] Der Effekt lässt sich auch rudimentär in der VIGOR-Studie nachweisen: Es hat sich gezeigt, dass die Wechselwirkung zwischen dem Einkommen und der Lebenszufrie-

denheit z. B. bei den Studenten und Arbeitslosen in der Stichprobe (also jenen Personen, die klassischerweise unter Geldmangel leiden) deutlich stärker ist als bei solchen Menschen, die ein mehr oder weniger normales Gehalt beziehen.

- Schließlich ist es wichtig, zwischen dem *Besitz* von Geld und dem *Verlangen* nach Geld zu unterscheiden. Hier spielt uns Mutter Natur möglicherweise einen folgenschweren Streich: Es macht offensichtlich bis zu einem gewissen Maß glücklich, Geld zu besitzen. Gleichzeitig macht es uns definitiv unglücklich, nach Besitz von Geld zu *streben*, weil dieses Verlangen per Definition ein extrinsisches Ziel ist.[167] Ergo: Wenn es Ihr Ziel ist, Ihre Zufriedenheit zu maximieren und nicht Ihren Kontostand, dann tun Sie lieber Dinge, die Sie wirklich, wirklich lieben, als Dinge, die per se besonders einträglich sind.[168] Traut man der Weisheit vieler Ratgeber, so kommt der finanzielle Erfolg eh von allein, wenn man mit ganzem Herzen bei der Sache ist. Ich kann (noch) nicht bestätigen, ob dies tatsächlich zutrifft[169] – und wahrscheinlich ist das auch gar nicht so wichtig. Ich vermute stark, die meisten Menschen sind – vor die Wahl gestellt – lieber relativ arm und dabei glücklich als relativ reich und dabei unglücklich. *Money can't buy me love,* sangen schließlich schon die Beatles.

Vertraue auf Allah, aber binde dein Kamel fest: Lebenszufriedenheit und Spiritualität

Die Frage, ob die Studienteilnehmer sich als spirituell bezeichnen, spielt keine herausgehobene Rolle für ihre Lebenszufriedenheit. Dies hat mich zunächst etwas überrascht, da in der akademischen Literatur schon seit langer Zeit ein starker Zusammenhang zwischen dem subjektiven Wohlbefinden von Menschen und ihrer Spiritualität angenommen wird. Es konnte schon des Öfteren gezeigt werden, dass spirituelle / gläubige Menschen insgesamt gesünder sind, länger leben und insbesondere mit schwierigen Situationen im Leben besser zurechtkommen.[170] Allerdings stammen diese Studien fast ausnahmslos aus Nordamerika. Mittlerweile mehren sich die Hinweise, dass der Zusammenhang zwischen Spiritualität und Wohlbefinden in (west-)europäischen Ländern deutlich niedriger ist. Die Erklärung: Die Wirkung des Glaubens ist offenbar umso stärker, je tiefer ein Mensch glaubt. Dies wiederum spricht dafür, dass der typische Nordamerikaner einen tieferen Glauben hegt als der typische (West-)Europäer.[171] Nun heißt das wiederum nicht, dass z. B. wir Deutschen generell unzufriedener mit unserem Leben sind, sondern lediglich, dass für uns im Mittel andere Faktoren als der Glaube an eine höhere Macht Treiber für die Lebenszufriedenheit sind. Fazit: Wenn schon glauben – dann richtig. Lippenbekenntnisse bringen uns hier nicht weiter.[172]

3. | GENERALKONSENS

Das Leben eines Menschen ist gefärbt von der Farbe seiner Vorstellungskraft.
(Marc Aurel)

Manchmal ist es gut, sich von den schweren Dingen zu trennen, die deine Eltern dir in den Koffer gelegt haben. Brauchst du ihre Vorsicht, ihre Angst?
(Robbie Williams)

Im Wald geht das Gerücht um, der Bär führe eine Todesliste. Die anderen Tiere sind in heller Aufregung, und nach einer langen Konferenz beschließt der Hirsch, zum Bären zu gehen und ihn danach zu fragen:

Hirsch: „Bär, im Wald geht das Gerücht um, dass du eine Todesliste hast. Stimmt das?"
Bär: „Ja."
Hirsch: „Stehe ich da etwa auch drauf?"
Bär: „Ja."

Völlig erschrocken verlässt der Hirsch den Bären. Drei Tage später wird der Hirsch von den anderen Tieren tot aufgefunden. Der Fuchs glaubt die ganze Geschichte nicht und beschließt, selber nach der Wahrheit zu fahnden:

Fuchs: „Sag mal, Bär, hast du eine Todesliste?"
Bär: „Ja."
Fuchs: „Stand da der Hirsch drauf?"
Bär: „Ja."
Fuchs: „Stehe ich auch da drauf?"
Bär: „Ja."

Regelrecht geschockt rennt der Fuchs aus der Bärenhöhle. Keine zwei Tage später wird auch er tot aufgefunden. Irgendwann kommt schließlich der Hase an der Bärenhöhle vorbei:

Hase: „Bär, hast du eine Todesliste?"
Bär: „Ja."
Hase: „Standen da der Hirsch und der Fuchs drauf?"
Bär: „Ja."
Hase: „Stehe ich auch da drauf?"
Bär: „Ja."
Hase: „Kannst du mich da mal streichen?"
Bär: „Kein Problem ..."

3.1 Einführung

Die Ausführungen zum GENERALKONSENS[173] sind das zentrale und längste Kapitel dieses Buches.[174] Eröffnen möchte ich es mit einer knackigen und etwas provokanten Hypothese. Sie lautet: *88,4 % aller Erfolgs- und Selbsthilfe-Literatur sind weitgehend untauglich!* So, Herrschaften! Ich hab's gesagt. Wenn Thilo Sarrazin derart zwei Trillionen Bücher verkauft, dann kann ich das (vielleicht ...) auch. Doch jetzt mal wieder ein, zwei Schritte zurück. Ich glaube selbstverständlich nicht, dass in den genannten Büchern nur Quatsch steht und alle praktischen Tipps und Tricks untauglich wären.[175] Das Problem ist auch nicht, dass nur die wenigsten Autoren in diesem Segment sich bemühen, valide wissenschaftliche Erkenntnisse in ihren Werken zu verarbeiten. Vielmehr bin ich der Überzeugung, dass die Majorität meiner Kollegen von einer falschen Grundannahme ausgeht in Bezug auf die menschliche Natur. Diese Fehlannahme lautet: Alle Menschen *wollen* erfolgreich und glücklich sein.[176]

Höre ich Sie nun innerlich aufschreien, oder zeigen Sie mir gerade den Vogel? Also gut, ich rudere vorsorglich noch ein wenig weiter zurück. Natürlich wollen alle Menschen glücklich sein. 99,9 % zumindest würden das wohl bestätigen, wenn man sie danach fragte. Und im Prinzip stimmt das auch. Allerdings gibt es etwas anderes, das Menschen noch mehr wollen. Dazu später mehr. Ich möchte zunächst einige hinführende Bögen schlagen.

Kommen wir zunächst zurück auf die Geschichte vom Anfang des Kapitels. Was in dieser humorigen, wenn auch etwas makabren Fabel abgehandelt wird, ist das Prinzip der „sich selbst erfüllenden Prophezeiung". Dieser Begriff bezeichnet eine Vorhersage, die sich gerade deshalb erfüllt, weil diejenigen, die an die Prophezeiung glauben, sich (unbewusst oder bewusst) aufgrund der Prophezeiung so verhalten, dass sie sich gerade deswegen erfüllt.[177] So mag der Hirsch in der Geschichte aufgrund der Angst vor der ominösen Todesliste des Bären in Panik verfallen sein und ist in der Folge an einem Herzinfarkt gestorben.[178] Vielleicht hat er aber auch auf seiner Flucht versucht, die A2 bei Feierabendverkehr zu überqueren. Wir wissen es nicht und werden es auch niemals erfahren. Aber verlassen wir die Fabelwelt und wenden uns einer wahren Begebenheit zu, die das Prinzip der SFP (abgekürzt aus dem Englischen: Self-Fulfilling Prophecy) aus meiner Sicht ebenfalls anschaulich erläutert.

Kein Mensch auf dieser Welt kann eine englische Meile (1609 Meter) unter vier Minuten laufen. So lautete ein ungeschriebenes Gesetz der Leichtathletik in der ersten Hälfte des 20. Jahrhunderts. Tatsächlich hatten sich unzählige Spitzensportler an der „Traummeile" immer wieder die Zähne ausgebissen; man kam nah dran, aber nicht darunter. Und zwar so häufig, dass es irgendwann schlicht als körperlich unmöglich galt, jene Marke zu unterbieten. Die Unmöglichkeit hatte allerdings die Rechnung ohne den Wirt gemacht: Roger Bannister, ein junger Brite, ließ sich von dem mittlerweile allgemein verbreiteten *Glaubenssatz* nicht anstecken und pirschte sich in einer Reihe von Vorbereitungswettkämpfen immer näher an die vermeintliche Leistungsgrenze heran. Unter eher schlechten Wettkampfbedingungen lief er schließlich am 06. Mai 1954 auf der Iffley-Road-Kampfbahn der Universität Oxford die Meile in 3:59,4 Minuten. Neuer Weltrekord. Das ist an sich schon sehr beeindruckend[179], aber noch nicht der springende Punkt. Schon wenige Wochen später unterbot der Australier John Landy den neuen Rekord, indem er die Meile in 3:57,9 Minuten bewältigte. Noch wesentlicher spannender finde ich allerdings, dass bis zum Ende des Jahres 1954 zusätzlich zu Landy weltweit 36 andere Läufer unter der ominösen Marke geblieben sein sollen. Die Frage ist nun: Was war da passiert? Gab es innerhalb weniger Wochen einen phantastiliösen Fortschritt bei den Trainingsmethoden?[180] Ich glaube nicht. Ich glaube stattdessen, dass Roger Bannister durch sein beherztes Auftreten eine kollektive SFP zum Platzen gebracht hat. Er hat den Bann durchbrochen, hat stellvertretend für eine ganze Generation von Leichtathleten eine mentale Blockade eingerissen.[181]

Warum der erste Eindruck fast immer „richtig" ist

Doch lassen Sie uns die Welt der Anekdoten verlassen und uns wieder gesichertem Wissen zuwenden. Wie sich SFPs im Alltag auswirken, ist einer breiteren Öffentlichkeit durch die Experimente der Psychologen Robert Rosenthal und Leonore Jacobson bekannt geworden. In einer Reihe von Experimenten in den 1960er-Jahren täuschten sie Lehrer an amerikanischen Grundschulen über die Zusammensetzung ihrer Schulklassen in puncto Leistungsfähigkeit. Den Lehrern wurde zu Beginn des Schuljahres aufgrund manipulierter Testergebnisse vermittelt, dass ein gewisser Teil ihrer Schüler (die in Wirklichkeit vollkommen zufällig ausgewählt wurden) in nächster Zeit einen enormen Leistungsschub zu erwarten hätte. Nach Ablauf des Schuljahres konnte bei einem großen Teil jener Schüler tatsächlich ein signifikant erhöhter Intelligenzquotient gemessen werden.[182] Diese Wirkung wird heutzutage nach dem zuvor erwähnten Forscher „Rosenthal-Effekt" genannt. Was aber ist in diesem einen Jahr passiert? Darüber lassen sich etliche Vermutungen anstellen. Wahrscheinlich ungefähr Folgendes: In der Erwartung, besonders leistungsstarke Schüler vor sich zu haben, haben die Lehrer jene Kinder (unbewusst) mehr gefördert als andere. Vielleicht haben sie diese Schüler öfter zu mündlicher Beteiligung aufgefordert. Vielleicht haben sie sich bei diesen stärker bemüht, auch schwierige Sachverhalte besonders gut zu erklären. Vielleicht haben sie jene Eleven aber auch einfach nur mehr angelächelt als andere. Auf jeden Fall hat das Vertrauen der Lehrer in die Fähigkeiten jener Schüler sich auf diese übertragen und eine Art sich selbst verstärkenden Prozess in Gang gesetzt. Aus Fremdvertrauen wurde Selbstvertrauen – und aus Selbstvertrauen objektiv messbarer Erfolg.

In einem weiteren Klassiker der Sozialpsychologie wurde Ähnliches gefunden: Man bat eine Reihe von männlichen Studenten, für zehn Minuten mit einer ihnen unbekannten weiblichen Studentin ein Telefongespräch zu führen. Die männlichen Probanden erhielten einen Fragebogen mit einigen Informationen zu ihrer Gesprächspartnerin. Beigefügt war außerdem ein Foto, welches angeblich die betreffende Person zeigte. Tatsächlich aber waren dies Bilder von Frauen, die zuvor objektiv nach Attraktivität beurteilt worden waren. Eine Gruppe von Männern erhielt die Fotos mit der besten Bewertung, die anderen jene, die am schlechtesten beurteilt worden waren. Vor dem Gespräch füllten die Versuchsteilnehmer einen Fragebogen bezüglich des ersten Eindrucks (z. B. Intelligenz, Attraktivität, Freundlichkeit) zur Gesprächspartnerin aus. Das Telefonat wurde dann aufgezeichnet und anschließend ausgewertet. Eine Analyse der Fragebögen zeigte zunächst, dass sich die Männer hinsichtlich des ersten Eindrucks von allgemeinen Stereotypen hatten leiten lassen: Jene Testpersonen, die ein attraktives Foto erhalten hatten, erwarteten, mit einer aufgeschlossenen und humorvollen Frau zu sprechen. Die Männer, denen ein unattraktives Foto zugespielt worden war, gingen hingegen davon aus, mit einer langweiligen, eher verschlossenen Person sprechen zu müssen. Die konkrete Analyse der Gespräche zeigte schließlich, dass jene Frauen, die von ihrem Gesprächspartner für anziehend gehalten wurden, bei den neutralen Auswertern der Tonaufnahmen durchweg die Impression erweckten, sehr selbstsicher zu sein und den jeweiligen Gesprächspartner gleichfalls attraktiv zu finden. Frauen andererseits, die vom Gesprächspartner für unattraktiv gehalten wurden, wurden auch bei der Auswertung des Gesprächs als wenig zugänglich und unsicher beurteilt. Im Übrigen zeigte sich ein analoger Effekt für die männlichen Teilnehmer: Männer, die das Foto einer attraktiven Frau erhalten hatten, wurden aufgrund ihres Gesprächsstils von neutraler Seite als attraktiver und selbstbewusster eingeschätzt. Die von ihnen unbewusst ausgelöste positive Reaktion der Gesprächspartnerinnen hatte auf sie selbst zurückgewirkt.[183] Die Kurzfassung dieses Experiments lautet also: Die unausgesprochenen Erwartungen der Männer haben sich auf das tatsächliche Verhalten der Frauen übertragen; und dieses wiederum hat unbewusst auf das tatsächliche Verhalten der Männer zurückgewirkt.

Die in den zuvor geschilderten Experimenten gefundenen Effekte konnten seit den 1960er-Jahren in unzähligen weiteren Studien wiederholt werden. Besonders interessant (und bedauerlich, zumindest für einen Teil der Bevölkerung) ist die Tatsache, dass die Wirkung des auch Pygmalion-Effekt[184] genannten Prinzips ebenfalls sehr stabil in der Arbeitswelt nachgewiesen werden kann.[185] Hart formuliert: Ihre Leistung wird zu einem nicht gerade geringen Maße davon beeinflusst, was Ihr Chef Ihnen zutraut – oder eben auch nicht, unabhängig davon, was Sie wirklich leisten.[186]

Worauf beruht dieser Effekt? Zum einen mag es sein, dass Ähnliches geschieht, wie schon weiter oben bei den Lehrer-Schüler-Paaren beschrieben: Wenn der Chef glaubt, dass wir besonders leistungsfähig sind, gibt er uns vielleicht schwierigere Aufgaben, die dazu führen, dass wir größere Erfolge feiern und schneller aufsteigen können. Vielleicht hat er auch öfter ein freundliches Wort für uns – oder er empfiehlt uns für ein besonderes Förderprogramm, sodass wir besonders motiviert sind. Mit großer Wahrscheinlichkeit ist aber noch ein weiterer psychologischer Effekt am Werk: Der sogenannte Confirmation Bias, zu Deutsch etwa: Bestätigungsverzerrung. Menschen neigen dazu, eine einmal gefasste Meinung über eine Sache, sich selbst[187] oder auch andere Menschen nur schwer zu revidieren, selbst wenn durchaus handfeste Tatsachen dagegen sprechen.[188] „Wer einmal lügt, dem glaubt man nicht, und wenn er auch die Wahrheit spricht", sagt bekanntlich der Volksmund. Und deswegen gilt auch: „Es gibt keine zweite Chance für einen ersten Eindruck."[189] In diesen Sinnsprüchen steckt die kondensierte Lebenserfahrung, dass Menschen eine kognitive Schublade nur ungern wieder öffnen, wenn sie dort erst mal etwas abgelegt haben. Warum ist das so – und wie stellen wir das an?

Die Frage nach dem Warum ist an sich recht schnell beantwortet: Es fühlt sich nicht gut an, wenn wir Informationen aufnehmen (müssen), die unserer bisherigen Meinung zuwiderlaufen. Solch ein Vorgang löst ein Unwohlsein, eine Art innere Spannung aus, die Psychologen „kognitive Dissonanz" nennen.[190] Es erfordert schlicht und ergreifend ein gewisses Maß an Anstrengung, seine Ansichten zu ändern, wenn eine neue Information unserer bisheriges Modell der Welt infrage stellt; leichter ist es meist, alles so zu belassen, wie es schon ist. Die Frage nach dem Wie ist etwas komplizierter, aber auch nicht so sehr: Im Wesentlichen gibt es zwei Strategien, die Menschen anwenden, um ihre bisherigen Ansichten nicht ändern zu müssen: Entweder werden die widersprüchlichen Informationen einfach ignoriert (bzw. gar nicht erst wahrgenommen) oder aber sie werden derart umgedeutet, dass sie keine Bedrohung für das alte Glaubensgebäude mehr darstellen. Wenn ein Mensch, den wir für unfähig halten, plötzlich etwas auf die Reihe kriegt, sagen wir z. B. gerne: „Ein blindes Huhn findet auch mal ein Korn." Wir deuten somit das neue Ereignis als Ausnahme von der Regel, anstatt grundlegend unsere Meinung zu ändern.[191]

Wie sicher sind Sie? Und wenn ja, worüber?

Legen Sie das Buch bitte jetzt für einen Moment zur Seite – und nehmen stattdessen einen Zettel zur Hand. Schreiben Sie auf diesen Zettel zehn Dinge, die Sie über sich selbst wissen. Also Sätze in der Art von „Ich bin XY ..." oder: „Ich bin ein Mensch, der XY ..." Machen Sie das bitte jetzt!

Wenn Sie so wie die meisten Menschen geantwortet haben, dann werden sich z. B. Sätze der folgenden Art auf Ihrem Zettel befinden: „Ich bin 1,90 Meter groß." Oder: „Ich bin ein Mann." Dies sind recht einfach zu prüfende *Tatsachen* – auch durch andere Menschen leicht nachzuvollziehen. Ein Zollstock oder (zur Not) ein beherzter Griff in den Schritt bringen hier eindeutige Ergebnisse. Es werden sich wahrscheinlich aber auch Sätze der folgenden Art unter Ihren Aussagen befinden: „Ich bin Architekt" o. Ä., „Ich bin gut/schlecht in Mathe" oder vielleicht auch: „Ich bin liebenswürdig/abscheulich." Wie steht es hier um die Eindeutigkeit? Handelt es sich hier ebenfalls um überprüfbare Tatsachen – oder sind dies nicht viel eher (mehr oder weniger gut bestätigte) *Hypothesen*? Sicher, wenn Sie Architektur studiert haben, könnten Sie mir z. B. Ihr Zeugnis zeigen, welches die entsprechende Qualifikation nachweist. Aber macht dieser akademische Nachweis Sie wirklich zum Architekten? Wenn Sie Architektur studiert, danach aber niemals als ein solcher gearbeitet haben: Sind Sie dann trotzdem Architekt – oder nicht? Vielleicht ist es ja einfacher, Sie zeigen mir einige der Gebäude, die Sie entworfen haben. Dann müsste ich Ihnen das wohl abnehmen. Andererseits: Ich bin mir relativ sicher, dass ein Großteil der derzeit existierenden Gebäude auf diesem Planeten von Menschen entworfen wurde, die niemals Architektur studiert haben. Wo genau liegt also der Nachweis des Architekt-Seins? Ich denke, wir könnten uns hier durchaus auf verschiedene Kriterien einigen, aber dies ist schon ein wesentlich komplexerer Vorgang als der zuvor genannte Griff zum Zollstock oder ans Gemächt.

Und wie steht es schließlich um Aussagen nach Art von: „Ich bin ein netter Mensch"? Worauf stützt sich eine solche Aussage, wie lässt sie sich nachweisen? An dieser Stelle verlassen wir endgültig die Welt des Faktischen[192] und begeben uns in das Reich der „Modelle": Annahmen, Glaubenssätze und Zuschreibungen über „die Welt". Bin ich, Nico Rose, ein netter Mensch? Ich könnte Ihnen auf Anhieb eine ganze Reihe von Menschen nennen, die dies wohl bejahen würden.[193] Viele Menschen halten mich z. B. für recht hilfsbereit: Ich gebe mein Expertenwissen gerne und viel über das Internet preis, beantworte in sozialen Netzwerken wie XING kostenlos Fragen, wo andere zunächst die Hand aufhalten. Andererseits: Ich kann Ihnen ohne Probleme einige Menschen nennen, die mich auf ihrer persönlichen Riesenarschloch-Liste wahrscheinlich ziemlich weit oben links führen. Z. B. Frauen, die ich in meiner jugendlichen Sturm- und Drangphase nicht eben hochanständig behandelt habe.

Andererseits: Was weiß ich denn schon? Vielleicht haben sie mir auch schon lange wieder verziehen? Es zeigt sich hier: Zu welchem Ergebnis andere Menschen (und natürlich auch ich selbst) bei dieser Einschätzung kommen, hängt hochgradig davon ab, a) welche konkreten Erfahrungen dafür herangezogen werden; und b) was dem Bewertenden überhaupt als Kriterium für den Beweis von Nettigkeit genügt.

Das Lebensgrundgefühl: Was kann „einer wie ich" vom Leben erwarten?

Bringen wir nun das Wissen um a) Modelle der Welt, b) unseren Widerwillen, einmal gefasste Meinungen zu ändern, und c) sich selbst erfüllende Prophezeiungen zusammen und stellen uns folgende Frage: Wenn unsere Erwartungen und Glaubenssätze über *andere Menschen* solch starke Wirkungen auf eben jene Individuen zeitigen können: Wie durchdringend müssen dann erst die Überzeugungen bezogen *auf uns selbst* wirken? Und was, wenn man nicht nur glaubt, man sei schlecht in einem abgegrenzten Gebiet wie z. B. Mathematik?[194] Was, wenn ein Mensch auf einer sehr grundlegenden Ebene glaubt, dass er unfähig oder nicht liebenswert ist? Oder: Dass diese Welt grundsätzlich ein schlechter Ort ist? Oder: Dass es ihm nicht *erlaubt* ist, glücklich und zufrieden zu sein?[195]

Die psychologische Grundlagenforschung ist seit einiger Zeit auf der Suche nach solchen Kernglaubenssätzen, nach diesen „Eisbergen"[196] unserer Befindlichkeit, der Quintessenz unseres Lebensgrundgefühls. Heißer Kandidat hierfür ist das Konzept der „zentralen Selbstbewertung" (im Englischen: Core Self-Evaluation).[197] Diese Persönlichkeitsdimension setzt sich aus vier weiteren Persönlichkeitsmerkmalen zusammen, die schon viele Jahrzehnte bekannt sind, bis dato aber in erster Linie separat betrachtet wurden:
- Selbstwert
- Selbstwirksamkeit
- Kontrollüberzeugung
- emotionale Stabilität (bzw. Neurotizismus)

Der Selbstwert bezeichnet die gesamthafte übergreifende Bewertung der eigenen Person. Hohe Selbstwirksamkeit kennzeichnet sich durch ein subjektives Gefühl von situationsübergreifender Kompetenz, also durch das Gefühl, über verschiedenste Lebensbereiche hinweg erfolgreich agieren zu können. Kontrollüberzeugungen beschreiben, inwieweit ein Mensch die Ereignisse in seinem Leben auf interne (z. B. die eigene Leistungsfähigkeit) oder externe Faktoren (z. B. Glück oder Zufall) zurückführt. Emotionale Stabilität schließlich ist die positive Ausprägung der Big-Five-Dimension Neurotizismus. Menschen mit hoher Neurotizismus-Ausprägung neigen u. a. zu erhöhter Ängstlichkeit und Unsicherheit. Menschen mit niedriger

Neurotizismus-Ausprägung (= hohe emotionale Stabilität) sind hingegen tendenziell ausgeglichen und selbstsicher.

Diese vier Persönlichkeitsmerkmale sind, wie gesagt, wohlbekannt und gut untersucht in der akademischen Psychologie. Erst viel später kamen einige Forscher auf die Idee, dass jene Eigenschaften letztlich nur die „Zutaten" einer Persönlichkeitsdimension höherer Ordnung sind: eben jener zentralen Selbstbewertung. Menschen mit positiver zentraler Selbstbewertung zeichnen sich durch ein hohes Selbstwertgefühl, hohe Selbstwirksamkeit, interne Kontrollüberzeugungen und geringe Neurotizismus-Werte aus. Mittlerweile konnte vielfach nachgewiesen werden, dass Menschen mit positiver zentraler Selbstbewertung im Mittel deutlich zufriedener mit ihrem Leben allgemein und insbesondere zufriedener am Arbeitsplatz sind.[198] – Zudem sind sie leistungsfähiger und erfolgreicher im Job[199] und verdienen im Mittel auch besser[200]. Es geht hier also tatsächlich um eine Art Lebensgrundgefühl, eine vorbewusste Antwort auf die Fragen: Wer bin ich? Wie gut bin? Und was kann einer wie ich vom Leben erwarten?[201]

Der Ursprung des Lebensgrundgefühls

Doch wieso gibt es überhaupt Menschen mit niedriger zentraler Selbstbewertung? Wieso in Dreiteufelsnamen sollte ein Mensch z. B. das Gefühl haben, seine Ziele nicht erreichen zu *dürfen* – so wie ich es in der VIGOR-Studie erfragt habe? Zunächst einmal sind auch hier wieder die Gene anzuführen, die unseren Charakter entscheidend mit prägen. Jedes Elternpaar der Welt wird aus eigener Erfahrung bestätigen können, dass Kinder eben *keine* unbeschriebenen Blätter sind, wenn sie zur Welt kommen. Sie bringen bereits eine vorangelegte Persönlichkeit mit: Während ein Kind, sobald es nur krabbeln kann, ganz vorwitzig die Welt erkundet, bleibt ein anderes lieber ängstlich in der Nähe von Vater oder Mutter. Wir haben also nicht alle die gleichen Startbedingungen: Einige Menschen trauen sich per Geburt eine Menge zu, andere nicht. Einige Menschen glauben ab Tag eins, dass sie ein großes Stück vom Kuchen verdient haben, andere nicht. Einige Menschen fühlen seit dem ersten Atemzug, dass sie es verdient haben, erfolgreich und glücklich zu sein, andere nicht. Da beißt die Maus keinen Faden ab.[202]

Das Kind mit seiner genetischen Disposition tritt nun in *Wechselwirkung* mit allen nur erdenklichen Umweltfaktoren, zuvorderst natürlich mit Vater und Mutter. Bei näherem Hinsehen beginnt dieser Einfluss bereits im Mutterleib, lange vor der Geburt. Mittlerweile gilt es als gesichert, dass Menschen, die noch vor der Geburt außergewöhnlichen Stresssituationen ausgesetzt waren (im Zweifel deshalb, weil die Mutter besonderen Stressoren ausgesetzt wurde), im Mittel auch später im Leben anfälliger für Stress sind, häufiger negative Gefühle erleben und eine höhere Neigung zu psychischen Störungen entwickeln.[203]

Mindestens ebenso schädlich sind entsprechende Erfahrungen in der frühen Kindheit. Körperlicher Missbrauch oder auch dauerhafte Vernachlässigung z. B. sind nicht einfach nur „Ereignisse": Sie sind gewissermaßen Wendepunkte in der gehirnphysiologischen Entwicklung. Ein entsprechendes Vorkommnis hinterlässt mit hoher Wahrscheinlichkeit eine Art dauerhaften Abdruck in der neuronalen Struktur.[204] Dieser sorgt wiederum dafür, dass das Gehirn in Zukunft anders auf bestimmte Reize reagiert als ohne das entsprechende Ereignis. Frühkindliche Traumata können die Balance von Neurotransmittern im Gehirn dauerhaft verschieben, z. B. eine Ebbe des „Glückshormons" Serotonin auslösen.[205] Entsprechende Personen haben später im Leben typischerweise eine deutlich höhere Neigung zu Depressionen und Angststörungen.[206] Aber auch, wenn man das nichtpathologische Spektrum der Menschheit betrachtet, lassen sich bedeutsame Unterschiede feststellen. Die Leidtragenden sind – verallgemeinert – einfach leichter (über)reizbar. Ihr Gehirn ist „auf Stress gepolt" – und sie sind unzufriedener mit sich selbst und der Welt. In diesem Sinne können einschneidende negative Kindheitserlebnisse das Level unserer naturgegebenen Glücks-Baseline absenken und Gefühlen von Wertlosigkeit und Schuld Vorschub leisten.[207]

Liebevolle Eltern, die ihren Kindern eine sichere und förderliche Umgebung bieten, können jedoch ebenso dazu beitragen, unsere naturgegebene Baseline anzuheben; zumindest sorgen sie dafür, dass es im späteren Leben viel Spielraum nach oben gibt.[208]

Gefühle nach „Schema F"

Auf Ebene der Gefühle und des Verhaltens äußern sich einschneidende Kindheitserfahrungen in der Ausbildung sogenannter *Schemata*. Laut Eckart Roediger, einem der führenden deutschen Köpfe der noch jungen Schematherapie[209], lässt sich ein Schema wie folgt beschreiben[210]: „Intensive und wiederholt negative emotionale Erlebnisse führen zu einer so starken Erregung der reagierenden Neuronen, dass sie sich intensiver miteinander vernetzen und so eine spezifische Erregungsbereitschaft herausbilden. Diese Reaktionsbereitschaft nennt man ein Schema. Man könnte es auch als eine emotionale ‚Wunde' [...] beschreiben. Wie eine körperliche Wunde kann ein Schema unbewusst bleiben, solange man die Wunde nicht berührt, d. h. solange das Schema nicht aktiviert wird. Daher sind sich die meisten Menschen ihrer Schemata gar nicht bewusst und reagieren sehr verwundert, wenn im Erwachsenenalter plötzlich ganz ungewohnte Erlebensweisen auftauchen, die sie von sich sonst nicht kennen [...]."

Bildlich ausgedrückt sind Schemata also in der Kindheit angelegte Gefühlsschubladen. Wird eine solche Schublade durch ein Ereignis in der Gegenwart nur minimal geöffnet, so springt sie in der Folge automatisch vollends auf und bestimmt für eine gewisse Zeit unser gefühlsmäßiges Erleben und die zugehörigen Reaktionen. In den Worten Roedigers[211]: „Die Aktivierung eines Schemas führt also zu einer spezifischen Aktivierung [...] in einer ganz spezifischen Weise. Dadurch wird die aktuelle Situation immer mehr im Sinne der Schemata interpretiert und mit zunehmend starren Bewältigungsreaktionen reagiert. Die Schemata treiben das Verhalten in die vorgeprägten alten Bahnen."

Das heißt, die Aktivierung eines Schemas[212] hat nicht nur das Empfinden von „alten" Gefühlen zur Folge: Es werden gleichzeitig, ganz automatisch, auch dieselben Reaktionsmuster und Bewältigungsstrategien reaktiviert, die in der Ursprungssituation (mehr oder weniger gut) funktioniert haben. Die Schematherapie unterscheidet dabei drei unterschiedliche Typen von Reaktionsmustern, die sich an den drei grundsätzlichen Verhaltensmustern von Säugetieren bei Gefahr orientieren: Flucht, Kampf und Unterwerfung; in den Worten der Schematherapie: Vermeidung, Kompensation und Erduldung.[213]

Dazu ein konkretes Beispiel:
Ein Kind, das von den Eltern zu häufig allein gelassen wird, entwickelt mit einer gewissen Wahrscheinlichkeit das Schema „Verlassenheit / Instabilität". Die Bewältigungsstrategie „Vermeidung" könnte dann darin bestehen, in der Zukunft jeglichen intimen Beziehungen auszuweichen, allein zu leben, sich nicht erneut abhängig zu machen. Die Bewältigungsstrategie „Kompensation" könnte bedeuten, in zukünftigen Beziehungen ausnahmslos sehr kontrollierend aufzutreten, andere von sich abhängig zu machen und die Beziehung zu beenden, bevor das Gegenüber es tun kann. „Erduldung" schließlich mündet immer in eine Art Wiederholung der ursprünglichen Konstellation. Im Beispiel bleibend könnte sich das darin zeigen, nur Beziehungen zu Menschen einzugehen, die unnahbar, nicht frei, eigentlich nicht erreichbar sind. Alle Strategien eint, dass sie zum Ziel haben, die Verletzung, den psychischen Schmerz der Ursprungsreaktion nicht erneut durchleben zu müssen.

Drum prüfe, wer sich ewig bindet

Ich möchte im weiteren Verlauf des Kapitels allerdings nicht so sehr auf die bereits erwähnten Extremfälle, also körperlichen und seelischen Missbrauch bzw. akute Vernachlässigung, abstellen, die Gott sei Dank eher der Ausnahme als der Regel entsprechen. Es bleiben immer noch genug Baustellen, wenn man uns „Normalneurotiker" unter die Lupe nimmt. Denn ganz egal, wie gut unsere Eltern mit uns als Kind umgehen: Wir kriegen sie auf jeden Fall „volle Dröhnung" ab.[214] In den Worten Eric Bernes:[215] „Die Tragödie bzw. die Komödie des menschlichen Lebens besteht darin, dass das Leben bereits von einem Kleinkind im Vorschulalter geplant wird, einem Wesen, das nur eine sehr begrenzte Kenntnis von der großen Welt draußen hat und dessen Herz überwiegend mit Dingen angefüllt ist, die es von seinen Eltern erfahren hat."

Wir werden in eine Welt hineingeboren, die zu Beginn nur aus Mutter und (bedingt) aus Vater besteht.[216] Sie *sind* am Anfang unsere Welt. Sie sind unsere Futter- und Wärmequelle, unser Schutz vor jeglicher Gefahr, letztlich unsere einzige Überlebensgarantie.[217] Und: Wir sind instinktiv darauf programmiert, wie ein Schwamm alles *aufzusaugen*, was von ihnen kommt.

Hier schließt sich nun der Bogen, den ich zum Auftakt dieses Kapitels geschlagen habe: Wenn es etwas gibt, was Menschen – zumindest in den ersten Lebensjahren und damit *prägend* – wichtiger ist als Erfolg und Zufriedenheit, dann sind es: *Bindung, Sicherheit und Stabilität!* Das Bedürfnis nach Bindung ist das grundlegendste, weil das erste Begehren im Leben eines jeden Menschen.[218] Dauerhafter Verlust der Bindung ist bei Menschenkindern – so wie bei den meisten Säugetieren – verknüpft mit mehr oder weniger starker Todesangst. Und das zu Recht: Die Bindung an die Eltern (im erweiterten Kontext: an das Rudel, die Sippe) zu verlieren bedeutet: (un-)mittelbare Gefahr für das Überleben.[219] Zwar gibt es in unserer zivilisierten Welt viele Institutionen, die einen entsprechenden Verlust abfedern können – aber dies kognitiv zu durchdringen, dazu sind kleine Kinder noch nicht in der Lage.

Diese enge Form der Bindung zwischen Kindern und ihren Eltern ist einerseits eine großartige Erfindung der Natur; sie sichert den Fortbestand unserer Art. Auf rein individualpsychologischer Ebene können daraus jedoch später Probleme erwachsen, z. B. wenn sie sich von ihrer „vergifteten" Art[220] zeigte.

Schauen wir uns dafür ein durchaus lebensnahes Beispiel an:
Ein Vater bringt seinem achtjährigen Sohn das Schachspiel bei. Da der Vater beruflich viel unterwegs ist, sind diese gemeinsamen Stunden eine der wenigen Gelegenheiten, in denen eine echte Beziehung zwischen den beiden entstehen kann. Nun hat der Vater eine sehr auf Wettbewerb ausgerichtete Natur und beginnt dementsprechend früh, echte Partien gegen den Sohnemann zu spielen – wobei er seinem Sohn zu Anfang noch klar überlegen ist. Nun mag es aber sein, dass der Sohn wiederum mit einem sehr großen Talent für das „Spiel der Könige" gesegnet ist, was schon nach recht kurzer Zeit dazu führt, dass er dem Vater ebenbürtig wird und ihn schließlich immer häufiger auch besiegen kann. In einer perfekten Welt würde der Vater sein Kind dafür nun überschwänglich loben und sich wie ein Schneekönig freuen, einen

solch intelligenten Sohn zu haben. In einer weniger als perfekten Welt (und in einer solchen leben wir ...) ist aber auch gut Folgendes denkbar: Der Vater fühlt sich in seinem Stolz bzw. Selbstwert verletzt – und lässt die Schachpartien immer häufiger ausfallen, um sie schließlich ganz aufzugeben.[221]

Im Modell der Welt des Sohnes mag sich nun folgende Gleichung etablieren: *Wenn ich besser werde als mein Vater, dann verliere ich offensichtlich die Zuneigung jener Person, von der ich sie mir am sehnlichsten wünsche.* Vor diese Wahl gestellt, entscheiden sich sicherlich einige wenige Kinder für sich selbst, für ihren Erfolg und die ihm inhärente Zufriedenheit. Bei den meisten wird jedoch der Wunsch nach Zuneigung überwiegen. Sie werden sich fortan (unbewusst) kleinhalten, um *weiter dazugehören* zu können. Und je nachdem, wie stark das „Kind im Manne" später im Leben noch ausgeprägt ist, desto hinderlicher wird sich dieser Wunsch nach Zugehörigkeit über viele Lebenssituationen hinweg auswirken.

Die potenziell zufriedenheitshemmende Wirkung unserer frühen Bindung beruht aber keineswegs nur auf fehlgeleiteten Erziehungsmethoden wie in dem vorigen Beispiel. Sie entsteht mitunter „einfach so". Das elterliche Umfeld bietet ja nicht nur Nahrung und Schutz – Vater und Mutter sind auch die „kognitive und emotionale Blaupause" für das Kind. Wie man spricht, wie man sich bewegt, wie die Welt an sich funktioniert: All das lernt das Kind primär in der Interaktion mit den Eltern. Es findet ein ungeheuer großer und notgedrungen völlig ungefilterter „Download" statt[222] – das elterliche Modell der Welt wird so gut es geht auf das Kind übertragen. Darin enthalten – neben ganz praktischen Dingen wie der Umgang mit Messer und Gabel – sind auch folgende Bedeutungskonstrukte:
- *Werte:* Was (oder wer) ist gut und böse?[223]
- *Normen:* Wer (oder was) ist normal, wer sind „wir" und wer sind „die anderen"?
- *Emotionales Klima:* Welche Gefühle sind (in welcher Intensität) erwünscht und erlaubt und welche sind quasi verboten?[224]
- *Grenzen der Welt:* Was ist grundsätzlich möglich, was liegt aber auch jenseits der Vorstellungskraft? Oder spezifischer: Was ist zwar grundsätzlich möglich, nur eben nicht „für unsereins"?

Legen Sie das Buch bitte gleich noch mal für ein paar Minuten zur Seite und überlegen Sie eine Weile, wie es früher „bei Ihnen zu Hause" war: Was waren die Themen, über die man sich bei Tisch unterhalten hat? Krieg? Verlust? Krisen? „Die da oben"? „Es wird alles immer schlimmer"? Wurde überhaupt geredet oder eher geschwiegen? Generell: Wie war die Stimmung? Wurde viel gelacht, oder musste man dafür „in den Keller gehen"? Hat man sich Zuneigung offen gezeigt, oder war das höchstens hinter verschlossener Tür erlaubt? Wurde auch mal gelobt, oder hieß es: „Nicht geschimpft ist Lob genug"? Ebenfalls sehr erhellend: Welche Sprichwörter und Binsenweisheiten wurden in Ehren gehalten? In vielen Familien werden selbstbeschränkende kleinmachende Sprüche tradiert, nach Art von: „Ein Nagel, der heraussteht, wird eingeschlagen." Oder: „Wer morgens pfeift, den holt abends die Katz." Oder auch: „Wenn es dem Esel zu bunt wird, geht er aufs Eis." Sich dieser Bedeutungsgebungen nach und nach bewusst zu werden, kann Ihnen helfen zu verstehen, ob Sie in einem eher *zufriedenheitsfreundlichen* oder *zufriedenheitsfeindlichen Umfeld* aufgewachsen sind und welches Level an Zufriedenheit für Sie normal ist, welches Level aber auch „unerhört" ist und Ihnen somit gar nicht zusteht. Und je mehr Letzteres zutrifft, umso intensiver müssen Sie daran arbeiten, diese Bedeutungsgebungen zu hinterfragen und ggfs. einem Update zu unterziehen.

Wir sind meistens von gestern

Vergegenwärtigen Sie sich bitte noch einmal die Theorien der kognitiven Dissonanz und der Bestätigungsverzerrung, die ich zu Anfang dieses Kapitels kurz erläutert habe. Nehmen Sie die Erkenntnisse über automatisierte Gefühlsschemata, Modelle der Welt und sich selbst erfüllende Prophezeiungen hinzu – und schließlich das Wissen um unseren unbändigen Wunsch nach Zugehörigkeit zu unserem Herkunftssystem. Daraus kann sich ein ziemlich ungenießbarer Cocktail ergeben. Je nachdem, welche Art von Hypothek Sie mitbringen, müssen Sie sich möglicherweise an Erfolg und Zufriedenheit erst grundlegend neu *gewöhnen*. Obwohl es sich von Natur aus „gut anfühlen sollte, sich richtig gut zu fühlen", kann aufgrund Ihrer früheren Lernerfahrungen diese Art des Seins bis dato „jenseits Ihres Gefühlshorizonts" liegen. Wenn dem so sein sollte, ermutige ich Sie, schnellstmöglich Ihre Koffer neu zu packen und sich auf den Weg in die neue Welt zu machen. Nützliche Werkzeuge zum Navigieren finden Sie im Übungsteil dieses Kapitels.

Gelungene Persönlichkeitswicklung hat für mich dementsprechend immer auch den Charakter der „Ent-Deckung", also des Freilegens dessen, was unter der Schicht von Primärsozialisation (Interaktion mit den Eltern, individuelle Erziehung) und Sekundärsozialisation (Schule, Konventionen, die „Gesellschaft an sich") begraben liegt. Davon gilt es sich zu emanzipieren und zu entscheiden, was guttut, nützlich ist und übernommen werden soll. Jedoch auch zu entscheiden, was weg kann – selbst dann, wenn es von Herzen und mit den besten Absichten gegeben wurde.

Entgrenzende Literatur

Auch das Thema dieses Kapitels findet sich natürlich in der Literatur und den Kinos wieder. Das Überwinden von Grenzen, gegeben durch Herkunft und / oder die herrschenden Konventionen, ist ein Kernthema der meisten klassischen wie auch aktuellen Märchen. Der moderne Prototyp ist vielleicht die Fabel „Die Möwe Jonathan" von Richard Bach, ein millionenfach verkauftes Buch der 1960er- und 1970er-Jahre.[225] Das Motiv des „Über-sich-selbst-Hinauswachsens" ist zugleich der Gegenstand der klassischen Gattung des Bildungs- bzw. Entwicklungsromans; mich persönlich hat z. B. Hermann Hesses „Siddhartha"[226] sehr fasziniert. Ebenso findet es sich in vielen Klassikern der Spiritualität und der Esoterik, z. B. im „Pfad des friedvollen Kriegers" von Dan Millman.[227] Ich bin wissenschaftlich ausgebildet sowie rational veranlagt und hoffe, dass Sie mir mittlerweile abnehmen, dass ich mit beiden Beinen auf der Erde stehe. Trotzdem glaube ich, dass es nicht schaden kann, das eine oder andere Buch dieser Art gelesen zu haben. Wohlgemerkt nicht als eine Beschreibung „dessen, was ist" oder gar als Gebrauchsanweisung für das Leben.[228] Sondern als Inspiration für das Leben *in dieser Welt*. Viele Menschen sind einfach allzu leicht bereit, Konventionen, Grenzen, ihr (übernommenes) Modell der Welt als gegeben und unumstößlich hinzunehmen. Wenn also die eine oder andere „phantastische Geschichte" dazu dienen mag, die selbst gesetzten Barrieren des eigenen Bedeutungshorizonts infrage zu stellen, einen Weg für die weitere persönliche Entwicklung zu bahnen, dann kann und will ich daran nichts Schlechtes finden. In unzähligen Motivationsbüchern und auf Webseiten wird das Walt Disney zugeschriebene Bonmot „If you can dream it, you can do it!" hochgehalten (sinngemäß: Wenn du es träumen kannst, kannst du es auch tun!). Dies wiederum halte ich für grundfalsch! Es entbehrt jeglicher rationaler Grundlage und widerspricht der Lebenserfahrung der meisten Menschen. Die Umkehrung des Sinnspruchs macht jedoch eine Menge Sinn: „If you can't dream it, you can't do it."

Das weitere Motiv dieses Kapitels, die Altlasten aus der Kindheit – und wie diese unseren Erfolg und unsere Zufriedenheit in der Gegenwart einschränken können –, findet man vortrefflich dargestellt in einem meiner liebsten Filme aller Zeiten: „Good Will Hunting" mit Matt Damon als in der Kindheit misshandeltes Mathematik-Genie mit Hang zur Selbstsabotage und Robin Williams als seinem Therapeuten.[229] Ähnlich gelagert, wenn auch etwas plakativer und weniger tiefgründig (weil aus dem Hause Disney), ist der Film „The Kid" mit Bruce Willis in der Hauptrolle. Hier materialisiert sich das verletzte innere Kind der Hauptfigur als sichtbare Person und versucht die erwachsene Ausgabe seiner selbst, einen erfolgreichen, aber eiskalten Yuppie, davon zu überzeugen, mit der unglücklichen Kindheit Frieden zu schließen.

Zwischenfazit

Lassen Sie mich die – zugegeben etwas komplexeren Ausführungen – dieses Kapitels noch mal zusammenfassen. Wie stark unser GENERALKONSENS, also unsere innere Erlaubnis zu Erfolg und Zufriedenheit, ausgeprägt ist, hängt von (mindestens) vier grundlegenden Faktoren ab:

- *Unser Erbgut:* Die Stärke unseres GENERALKONSENS hängt zu einem nicht unerheblichen Teil von genetisch (teil-)determinierten Persönlichkeitseigenschaften ab, z. B. von unserem Level an Neurotizimus. Wir haben es gegenwärtig noch nicht in der Hand, daran grundsätzlich etwas zu ändern. Stattdessen müssen wir akzeptieren, dass wir alle mit unterschiedlichen hohen Glücks-Baselines geboren werden – und ein jeder muss mit dem Kapital arbeiten, das ihm gegeben wurde. Wir können jedoch aktiv die späteren Auswirkungen dieser ungleichen Startbedingungen bekämpfen, z. B. einschränkende Attributionsmuster für die Ereignisse in unserem Leben. Eine wirksame Technik hierfür finden Sie im Übungsteil dieses Kapitels.

- *Unsere frühkindlichen Erfahrungen:* Außergewöhnlich negative Erfahrungen, z. B. lange Episoden von Vernachlässigung, hinterlassen mit großer Wahrscheinlichkeit „Narben" in unserer neuronalen Struktur. Diese bewirken u. a., dass Menschen lebenslang mehr negative Gefühle erfahren als Personen ohne entsprechende Erlebnisse. Solche Episoden können unseren Selbstwert mindern und dafür sorgen, dass wir statt mit einer rosaroten eher mit einer Schwarzseherbrille durchs Leben laufen. Frühkindliche Traumata abzumildern (von Heilung möchte ich in diesem Kontext nicht sprechen) ist definitiv möglich, aber weder ein Klacks noch ein Kinderspiel – und wenn Sie zur Gruppe der betroffenen Menschen gehören, lautet meine eindringliche Bitte: Fassen Sie sich ein Herz und machen Sie sich sobald wie möglich auf den Weg – aber nicht alleine. Begeben Sie sich dafür in kompetente vertrauenswürdige Hände!
Was Sie jedoch durchaus selbst in Angriff nehmen können, ist – wie auch in Bezug auf das Thema Erbgut – die Bekämpfung der negativen Folgeerscheinungen Ihres frühen Erfahrungshintergrundes. Auch dafür finden Sie im Übungsteil zum GENERALKONSENS „Munition".

- *Unser durch Bindung und Identifikation erworbenes Modell der Welt*: Auch über die frühkindlichen Jahre hinaus prägen die Eltern maßgeblich unseren Bedeutungshorizont: Was wir in Bezug auf Gott und die Welt für möglich oder unmöglich halten, wie wir über Erfolg, Zufriedenheit und Beziehungen zu anderen Menschen denken, in welchem „Gefühlskorridor" wir uns sicher wähnen.
Hier liegt nun auch der erste und beste Hebel für persönliche Veränderung, für selbst erreichbaren Fortschritt. All die zuvor genannten Aspekte sind nicht in

Stein gemeißelt, es handelt sich nicht um unumstößliche Fakten. Stattdessen handelt es sich hier um Bedeutungskonstrukte, Glaubenssätze, Gedanken- und Gefühlsgebäude, die Sie mithilfe von Techniken der Positiven Psychologie ablegen bzw. nach Ihren Wünschen verändern können.[230]

- *Unsere kognitive und emotionale Trägheit:* Der menschliche Organismus ist auf Homöostase (auf Erhalt der Stabilität) gepolt. Vorbewusst wollen wir gerne denken und fühlen, was wir immer schon gedacht und gefühlt haben – dort ist unser sicheres Terrain. Wenn nun aber der Glaube an die Möglichkeit von Erfolg und Zufriedenheit nicht oder nur eingeschränkt zu unserem bisherigen Modell der Welt gehört, dann können zu stark abweichende positive Erlebnisse eine Art „Kurzschluss" auslösen – mit dem Ziel, das gewohnte Weltbild wieder herzustellen.
Ergo: Manche Menschen müssen sich erst langsam, aber sicher daran *gewöhnen*, glücklich und zufrieden zu sein. Sie müssen lernen, diesen Gefühlszustand *auszuhalten*, müssen ihrem inneren Autopiloten neue Koordinaten eintrichtern und derart verhindern, dass dieser sie wieder in die altbekannten Gefilde führt. Sie müssen der Zufriedenheit die Chance geben, sich zu entwickeln, zu wachsen – um schließlich zum neuen Normalzustand zu werden. Und da hilft vor allem eins: Üben, üben, üben!

Was sagt die VIGOR-Studie zum Faktor GENERALKONSENS?

Beim Faktor GENERALKONSENS findet sich der mit Abstand stärkste Zusammenhang mit der Lebenszufriedenheit in der gesamten VIGOR-Studie (eine Korrelation von 0.49). Es ist also festzuhalten: Menschen, denen die innere Erlaubnis fehlt, ihre Ziele zu erreichen, zeigen im Mittel deutlich verminderte Zufriedenheitswerte. Dieser klare Zusammenhang zeigt sich auch für alle Teilstichproben: Er betrifft gleichermaßen Männer und Frauen, alte und junge, gut ausgebildete und weniger gut ausgebildete Menschen etc. Außerdem ist zu erkennen, dass der GENERALKONSENS deutliche Zusammenhänge mit den weiteren Elementen des VIGOR aufweist, insbesondere mit den Faktoren INTEGRATION (0.51) und RIGOROSITÄT (0.55), weniger mit der ORGANISATION (0.26) und der VISION (0.24). In diesem Sinne ist es sehr spannend, sich zusätzlich die wechselseitige Beeinflussung der VIGOR-Elemente anzuschauen. Hier zeigt sich folgender Effekt: Der GENERALKONSENS ist eine Art Treiber, eine Vorbedingung für die anderen Faktoren. Konkret: Wenn Menschen überdurchschnittlich hohe Werte auf der Skala für GENERALKONSENS aufweisen, sind im Mittel auch die Werte für INTEGRATION und RIGOROSITÄT überdurchschnittlich hoch; mit Abstrichen gilt das auch für die weiteren Elemente. Deren Verbindung zur Lebenszufriedenheit verläuft jedoch hauptsächlich durch den GENERALKONSENS. Somit ist dieser eine Art Meta-Element, ein Verbindungsglied, welches den VIGOR als Ganzes zusammenhält.

> Aus dieser Erkenntnis speist sich auch jene Empfehlung, die ich bereits zu Anfang des Buches gegeben habe – und die ich an dieser Stelle wiederholen möchte: Wenn Ihre Werte für den GENERALKONSENS unterdurchschnittlich ausfallen, dann sollten Sie sich diesem Bereich des VIGOR auf jeden Fall als Erstes widmen, ganz gleich, wie es um die weiteren Faktoren bestellt ist. Möglicherweise werden ansonsten Ihre Versuche, Fortschritte bei den weiteren Elementen zu erzielen, blockiert. Erinnern Sie sich bitte an den Anfang dieses Kapitels: Wenn Sie (oder zumindest etwas in Ihnen) davon überzeugt sind, dass es Ihnen nicht erlaubt ist, Ihre Ziele und somit Zufriedenheit zu erreichen, stellt dies u.U. eine sehr starke Self-Fulfilling Prophecy dar. Im Endeffekt kann daraus eine Art (unbewusster) Selbst-Sabotage entstehen: Es kann nicht sein, was nicht sein darf. Man strengt sich an, reißt aber mit dem Hintern ein, was man zuvor mühsam mit den Händen aufgebaut hat.
>
> Der Praxisteil zum Faktor GENERALKONSENS beschäftigt sich deshalb zum einen mit Methoden, die helfen, den eigenen Bedeutungshorizont kennenzulernen. So können Sie verstehen, wo mögliche Fallstricke auf dem Weg zu Ihren Zielen und mehr Lebenszufriedenheit liegen – und welche psychischen Altlasten Sie möglicherweise noch mit sich herumschleppen. Sie werden außerdem lernen, wie man einschränkende Glaubensmuster erkennt und diese durch positive Bedeutungskonstruktionen ersetzt. Weiterhin geht es um die Frage, wie Sie Ihren „Optimismus-Muskel" trainieren können.

3.2 GENERALKONSENS – die Praxis

Fallstudie 7 – Michael: „Wir sind doch arme Leute"

Michael, Ende 30, ist selbstständiger Vertreter für Finanz- und Versicherungsprodukte. Er kommt zu mir, weil er nach eigener Aussage „finanziell auf keinen grünen Zweig" komme. Da sein Verdienst maßgeblich von seinem persönlichen Arbeitseinsatz und seinen Verkaufsqualitäten abhängt (vor allem Kaltakquise und Bestandskundenpflege), möchte er sich in dieser Hinsicht coachen lassen. Während unseres Gesprächs zeigt sich, dass Michael durchaus sehr anständig verdient, in einem typischen Jahr etwa € 80.000 – 100.000. Auf die Frage, wo denn sein persönlicher grüner Zweig liege, gibt er ein Bruttojahreseinkommen von etwa € 250.000 an. Während der weiteren Exploration stellt sich heraus, dass Michael immer wieder sehr erfolgreiche Monate hat, in denen er so viel Geld verdient, dass er aufs Jahr hochgerechnet sein Ziel durchaus erreichen würde. Allerdings schildert er weiter, dass er nur selten mehrere erfolgreiche Monate am Stück erlebe. Stattdessen falle er „regelmäßig in ein Loch", wenn es eine Zeit lang sehr gut gelaufen sei. Er sei dann weniger hartnäckig in der Akquise, mache weniger Termine und sei überhaupt „irgendwie demotiviert".[231]

Im weiteren Gespräch lenke ich Michaels Aufmerksamkeit auf sein Elternhaus. Er erzählt, dass er in „ärmlichen" Verhältnissen aufgewachsen sei. Sein Vater war bis zur Frühpensionierung Hilfsarbeiter auf dem Bau; seine Mutter putzt bis heute nebenbei, um die spärliche Rente aufzubessern. Auch seine zwei älteren Brüder kommen finanziell eher schlecht als recht durchs Leben. Er sei bisher das einzige Familienmitglied, das Abitur gemacht habe und finanziell betrachtet der gehobenen Mittelschicht angehöre. Ich frage ihn, wie früher in seiner Familie über Geld gesprochen wurde. Er berichtet daraufhin, dass insbesondere sein Vater recht häufig über „die da oben" geschimpft habe, über die „Bürohengste" und das „ganze Bonzenpack". Er erinnert sich auch noch daran, dass sein Vater sagte, es sei „o.k., arm zu sein", weil man so „sein Geld wenigstens ehrlich verdienen" würde.

An dieser Stelle schlage ich Michael vor, seinen Bedeutungshorizont bezogen auf die Themen Geld bzw. „gut verdienen" zu explorieren. In der Folge fördern wir u. a. zutage, dass er (zumindest ein Teil von ihm) die vom Vater vorgegebenen Glaubenssätze in puncto Geld verinnerlicht hat. Einerseits möchte er tatsächlich mehr als bisher verdienen, anderseits befürchtet er vorbewusst, dann zu der vom Vater verunglimpften Personengruppe der „Reichen" zu gehören – was er wiederum mit Ablehnung durch seine Eltern gleichsetzt. Wir arbeiten in der Folge an der Entzerrung dieser Glaubenskonstrukte. Michael erfährt – später auch in einem persönlichen Gespräch mit seinem Vater –, dass er durchaus „gut verdienen" und gleichzeitig ein „guter Sohn" sein kann.

Zufriedenheitswerkzeug: Den Bedeutungshorizont ergründen

Einführung
Der größte Teil unseren Wissens beruht auf ungeprüften (weil zumeist gelernten, also übernommenen) Annahmen. Streng genommen wissen wir eigentlich recht wenig; stattdessen „glauben wir zu wissen". Das Gros unseres Wissenshorizontes besteht aus (mehr oder weniger) aufeinander aufbauenden Glaubenssätzen und Bedeutungszuschreibungen.[232] Das ist im Prinzip o. k., es sei denn, ein Glaubenssatz ist nachweislich a) faktisch falsch; oder b) von restriktiver Natur, also einschränkend für unsere Wahl-, Handlungs- und allgemein Entwicklungsmöglichkeiten.

Sinn und Zweck
Ziel der Übung ist die Exploration Ihres persönlichen Bedeutungshorizontes. Es geht darum, die Annahmen hinter den Annahmen Ihres Weltmodells kennenzulernen; die Vorbedingungen dessen, was Sie glauben müssen, um glauben zu können, was Sie derzeit glauben. Dies wird Ihnen helfen, potenziell einschränkende Glaubenssätze zu erkennen, zu hinterfragen und zu neutralisieren.

Was Sie dafür benötigen
Nichts außer ein wenig Zeit und am besten Schreibzeug zum Notieren. Hilfreich – aber nicht zwingend notwendig – ist ein Partner, der Sie durch die Übung führt, indem dieser die Rolle des Fragenden einnimmt.

Was Sie besonders beachten sollten
Nach meiner Erfahrung sind viele unserer Glaubenssätze in „Molekülen" angeordnet. D. h., es gibt zueinandergehörige Glaubenssätze, die aufeinander aufbauen und/oder sich gegenseitig stützen. Ebenso gibt es sehr bedeutsame zentrale Kernglaubenssätze, die die Basis für viele weitere, periphere Annahmen bilden. Diese sind uns in der Regel nicht vollständig bewusst, aber durch hartnäckiges Hinterfragen schließlich doch zugänglich. Diese Kernglaubenssätze sind Schlüssel zu nachhaltiger Veränderung. Schafft man es, einen Kernglaubenssatz zu verändern, so verändern sich die peripheren Bedeutungskonstruktionen typischerweise mit.

Was idealerweise dabei herauskommt
Die Übung kann einerseits dazu dienen, eine Art Inventar Ihrer Glaubenssätze anzulegen; es ist ein lohnenswertes, weil einsichtsvolles Unterfangen, den eigenen Bedeutungshorizont und dessen Vorbedingungen zu ergründen. Noch wichtiger ist allerdings, dass dieses Werkzeug Sie dabei unterstützt, einschränkende Glaubenskonstruktionen zu erkennen und zu disputieren – was wiederum der erste Schritt zu neuen günstigeren Bedeutungsgebungen ist.

Übersicht verschiedener Fragetechniken
1. Vorannahmen hinterfragen
2. Herkunft und Kontext klären
3. Den systemischen Zusammenhang klären (ein Spezialfall von 2.)
4. Konsequenzen eines Modaloperators hinterfragen
5. Konsequenzen eines Ziels hinterfragen
6. Bedeutungspur verfolgen

Konkreter Ablauf
Als Ausgangsbasis für die Exploration sollte immer eine konkrete Aussage dienen, also Sätze wie: „Ich glaube, dass XY ...", „Ich sollte XY tun/lassen, weil ..." oder: „Ich kann XY nicht tun, weil ..." etc. Bitte beachten Sie: Nicht alle der im Folgenden beschriebenen Fragetechniken eignen sich für alle Arten von Glaubenssätzen. Sie werden mit ein wenig Übung jedoch schnell ein Gefühl dafür bekommen, welche Frage bei welchem Typus „sticht".

1. Vorannahmen hinterfragen
Was muss ich (zusätzlich) glauben, um glauben zu können, was ich glaube?

Beispiel: Ein Mann bleibt lieber (unglücklich) allein, weil er sich für „die Richtige" aufspart. Dahinter stehen implizit z. B. folgende Annahmen:

1. Es gibt so etwas wie „die eine Richtige".
2. Ich werde auf jeden Fall mit ihr zusammenkommen, wenn ich sie treffe.
3. Es ist falsch, in der Zwischenzeit mit einer Frau zusammen zu sein, die nicht zu 100 % „die Richtige" ist. Usw.

All diese Annahmen sind nicht zwingend zutreffend und können daher als Basis für eine Veränderung des Glaubenssatzes dienen.

2. Herkunft und Kontext klären
Wer sagt das? Woher weiß ich das? Für wen gilt das? In welchem Kontext gilt das? Gilt das ausnahmslos?

Im Beispiel könnte der Mann feststellen, dass der Satz „Man muss sich für die Richtige aufsparen" ursprünglich von einem Onkel stammt – und nicht zwingend Allgemeingültigkeit besitzt.

3. Den systemischen Zusammenhang klären (Spezialfall von 2.)
Wem würde ich unähnlicher, wenn ich XY glaube / tue (bzw. nicht glaube / tue)? Eine härtere Variante der Frage lautet: Wen würde ich verraten, wenn ich XY glaube / tue (bzw. nicht glaube / tue)?

Im Beispiel könnte der Mann feststellen, dass praktisch alle Männer in seiner Familie mit mehr oder weniger Erfolg auf „die Richtige" gewartet haben. Dies nicht zu tun würde bedeuten, aus dieser Familientradition auszubrechen, was zumeist nur mit Widerwillen geschieht, weil es häufig mit Schuldgefühlen verbunden ist.

4. Konsequenzen eines Modaloperators hinterfragen
Wenn der Glaubenssatz einen sogenannten Modaloperator, also ein „Muss" oder „Sollte" enthält („Ich *muss* auf die Richtige warten!"), lohnt es sich immer, nach der vermuteten Konsequenz für den Fall zu fragen, dass die Person sich konträr zum Glaubenssatz verhält. Also: Was glaube ich, wird passieren, wenn ich XY *nicht* tue?

Im Beispiel könnte der Mann feststellen, dass er glaubt, dass eine Frau, die nicht „die Richtige" ist, ihn auf jeden Fall betrügen wird.

5. Konsequenzen eines Ziels hinterfragen
Diese Frage lohnt sich immer, wenn ein bestimmtes Ziel aus unerfindlichen Gründen nicht erreicht wird. Sie lautet: Mit was oder wem müsste ich mich beschäftigen, wenn dieses Ziel erreicht ist? Was steht dann als Nächstes für mich an?

Im Beispiel könnte der Mann Folgendes feststellen: „Wenn ich die Richtige gefunden habe, müsste ich sie ja irgendwann meiner Mutter vorstellen. Ich weiß aber jetzt schon, dass sie kein gutes Haar an ihr lassen wird – so wie an allen Frauen."

6. Bedeutungsspur verfolgen

Schließlich kann es auch sehr effektiv (und einfach) sein, immer weiter zu fragen, was das bisher Gesagte *darüber hinaus* noch bedeutet.

Dazu ein weiteres, verkürztes Beispiel aus der Praxis. Es geht um eine Frau, deren erste Ehe u. a. aufgrund ihres übertriebenen Putzfimmels gescheitert ist. In der neuen Ehe zeigen sich mittlerweile ähnliche Probleme. Hier frage ich zunächst nach der *Konsequenz* des ursprünglichen Glaubenssatzes; anschließend einfach hartnäckig, was das jeweils Gesagte darüber hinaus *noch* bedeutet.

KLIENTIN: „Ich muss immer alles in Ordnung halten, das ist mir einfach sehr wichtig."
COACH: „Sonst passiert was?"
K: „Sonst fühlen sich die die Menschen nicht wohl bei mir."
C: „Und was würde das wiederum bedeuten?"
K: „Dann wäre ich eine schlechte Gastgeberin."
C: „Und was würde das wiederum bedeuten?"
K: „Dann wäre ich eine schlechte Ehefrau."
C: „Und was würde das wiederum bedeuten?"
K: „Dann würde mein Mann mich verlassen."
C: „Und was würde das wiederum bedeuten?"
K: „Dass ich nicht liebenswert bin."
C: „Und was würde das wiederum bedeuten?"
K: „Dann würde ich für immer allein bleiben müssen."

Somit ist auf krude Weise das Saubermachen mit Angst vor Einsamkeit bzw. dem Verlust von Zugehörigkeit verbunden.[233]

Fallstudie 8 – Thorben: „Meine Mutter hat mich verlassen"

Thorben, 36, ist ein lediger Bauingenieur im öffentlichen Dienst. Er sucht mich ursprünglich auf, weil er sich gerne verlieben und später heiraten möchte, bisher aber praktisch nie eine längere Beziehung „auf die Reihe gekriegt" habe. Er spricht eher leise und ist in seiner Körpersprache recht reduziert, ansonsten aber freundlich und zugewandt. Thorben möchte seine Selbstsicherheit im Umgang mit Frauen steigern und erhofft sich dadurch, irgendwann die „Frau seines Lebens" kennenzulernen.

Im Laufe einer Folgesitzung bitte ich ihn, auf einer Skala von 0 bis 100 einzuschätzen, wie es an normalen Tagen um sein Selbstwertgefühl bestellt sei. Er antwortet nach einigem Zögern, dass es an den meisten Tagen eher unterhalb als oberhalb von 50 angesiedelt sei. Ich erkläre ihm daraufhin, dass das eine recht niedrige Selbsteinschätzung ist und dass es ihm für sein konkretes Ziel wie auch generell wahrscheinlich helfen würde, diesen Wert nach und nach ein gutes Stück weit zu steigern. Ich bitte ihn im weiteren Verlauf, mir zu schildern, ob sein Selbstwertgefühl schon immer so niedrig war oder ob es einen bestimmten Auslöser gab, der seine Haltung zu sich selbst verändert hat. Thorben berichtet nach einer Weile stockend und den Tränen nah, dass seine Mutter ihn „verlassen" habe, als er etwa sechs Jahre alt war – und dass ein Teil von ihm bis heute darunter leide, dass er nicht „gut genug für sie" war.

Ich bitte ihn, mir die näheren Umstände zu erläutern. Er erzählt daraufhin, dass seine Mutter an den Folgen einer missglückten Operation gestorben sei. Ich entgegne, dass sie dann doch offenbar keine *Absicht* hatte, ihn zu verlassen – dass es sich um ein tragisches Unglück handele. Thorben stimmt dem zu, fügt jedoch an: „Irgendwie ist mir das schon klar. Aber ein Teil von mir fühlt sich trotzdem verlassen. Sie hätte doch wissen müssen, dass ich sie brauche."

Um Thorbens Selbstwertgefühl zu steigern, führe ich ihn u. a. in die ABCDE-Übung ein. Dadurch gelingt es uns nach einiger Zeit, die Wahrnehmung und das Gefühl des Verlassen-worden-Seins zu transformieren. Am Ende dieses Teils unserer gemeinsamen Arbeit versteht Thorben (insbesondere sein inneres Kind)[234], dass zum Verlassen-Werden zwingend eine Intention, eine bewusste Handlung gehört – von der im konkreten Fall keine Rede sein kann, da der Tod seiner Mutter wie gesagt auf ein tragisches Missgeschick zurückzuführen ist. Je mehr er diese Erkenntnis verinnerlicht, desto schwächer wird auch das Gefühl des Nicht-gut-genug-Seins. Ich bitte Thorben, im Rahmen seiner Hausaufgaben auch sein weiteres Leben nach solchen ungünstigen Sinnkonstruktionen abzusuchen, was sein Selbstwertgefühl mit der Zeit noch weiter aufbaut.

Zufriedenheitswerkzeug: Disput mit dem Ich (ABCDE-Übung)[235]

Einführung
Die Übung ist angelehnt an eine Technik aus der kognitiven Therapie zur Behandlung von Depressionen. Sie beruht auf der Tatsache, dass ein Kennzeichen von depressiven Störungsbildern typischerweise das Vorhandensein von „automatischen negativen Gedanken" ist. Gemeint sind damit Attributionen, also Erklärungsmuster für (negative) Ereignisse in unserem Leben, die das Gefühl von Wertlosigkeit, Inkompetenz etc. verstärken, anstatt diese Emotionen abzuschwächen. Auch nicht akut depressive Menschen neigen jedoch in einem gewissen Maß zur Anwendung von negativen Attributionsmustern.[236]

Sinn und Zweck
Die Übung dient dazu, nach einem einfachen Schema negative Bewertungsmuster in Ihrem Leben zu erkennen, diese anzufechten (also deren Gültigkeit infrage zu stellen), um sie schließlich durch positive, den Selbstwert stärkende Erklärungsmuster zu ersetzen. Die Grundidee dahinter ist sehr einfach: Je positiver Sie über sich und die Dinge in Ihrem Leben *denken*, desto besser werden Sie sich auch *fühlen*.

Was Sie dafür benötigen
Es kann insbesondere am Anfang Sinn machen, eine Art Disputationstagebuch zu führen. Dabei nehmen Sie sich jeden Abend einige Minuten Zeit, um sich die negativen Ereignisse des Tages schriftlich zur Brust zur nehmen. Wenn Sie den Prozess des Disputierens durch Übung verinnerlicht haben, werden Sie die Verschriftlichung mit großer Wahrscheinlichkeit nicht mehr brauchen. Sie können dann ad hoc negative Gedanken erkennen und mental disputieren.[237]

Was Sie besonders beachten sollten
Achten Sie bitte darauf, dass Sie zu Beginn der Übung mindestens in einer neutralen Stimmungslage sind – beginnen Sie nicht, wenn Sie schlechte Laune haben. Weiterhin: Sollte es Ihnen zu Beginn schwerfallen, alternative Deutungsmuster für Ihre Erlebnisse zu finden, so kann es Sinn machen, einen Partner hinzuzuziehen. Dieser wird – bedingt durch den Abstand zu den konkreten Ereignissen und die dadurch gegebene Neutralität – wahrscheinlich leichter entsprechende Alternativen finden können.

Was idealerweise dabei herauskommt
Die Übung hat kein konkretes Endergebnis, eher ist der Weg das Ziel. Dauerhaft angewendet, wird sie dazu beitragen, Ihre Selbstachtung und Ihr Selbstwertgefühl zu steigern, weil Sie weniger häufig schlecht über sich selbst denken. Positiv ausgedrückt: Sie verhilft Ihnen zu einem optimistischeren Blick auf die Welt und sich selbst.

1. Belastendes Ereignis beschreiben (A = Adversity)
Beschreiben Sie konkret, was Ihnen widerfahren ist.

Beispiel: „Mein Mann hat mir keinen Kuss gegeben, als er heute Abend nach Hause gekommen ist."

2. Glaubensmuster beschreiben (B = Belief)
Benennen Sie nun zusätzlich alle Glaubenssätze, die durch dieses Ereignis aktiviert wurden.

Beispiel: „Wahrscheinlich findet er mich nicht mehr attraktiv." Oder: „Vielleicht hat er eine Affäre und wollte nicht, dass ich fremdes Parfum auf seiner Haut riechen kann."

3. Konsequenz herausarbeiten (C = Consequence)
Schildern Sie nun, welche Konsequenzen (Gedanken, Gefühle, Handlungen) aus den bisherigen Erklärungsmustern entstehen.

Beispiel: „Ich fühle mich zurückgesetzt und unglücklich." Oder: „Ich werde stinksauer und möchte ihn zur Rede stellen."

4. Glaubensmuster anfechten (D = Dispute)
Versuchen Sie nun, alternative, d. h. aus Ihrer Sicht positive Erklärungsmuster für das unter 1. genannte Ereignis zu finden.

Beispiel: „Bestimmt hatte er einfach einen schweren Tag im Büro und wollte so schnell wie möglich auf die Couch. Das war sicher nicht böse gemeint." Oder: „Vielleicht hat er heute Mittag etwas mit viel Knoblauch gegessen und wollte mich deswegen nicht sofort küssen."

Das Disputieren der ursprünglichen, negativen Erklärungsmuster ist – vor allem zu Beginn – möglicherweise eine herausfordernde Technik, die auch Ihre Kreativität auf die Probe stellt. Ein nützlicher Zwischenschritt kann es daher sein, zunächst das ursprüngliche Erklärungsmuster infrage zu stellen. Die folgenden Fragen können Ihnen dabei auf die Sprünge helfen:
Gibt es konkrete Beweise für meine ursprüngliche Annahme?
Welche alternativen Erklärungen gibt es für das, was geschehen ist?
Ist meine ursprüngliche Annahme nützlich für mich?
Selbst, wenn meine ursprüngliche Annahme wahr sein sollte: Was folgt wirklich daraus?
Was ist das Schlimmste, was aber auch das Beste, was sich daraus ergeben könnte?
Was habe ich aus dem Ereignis gelernt?

5. Energetisieren (E = Energize)
Machen Sie sich schließlich bewusst, welche positiven gedanklichen und emotionalen Konsequenzen sich aus den alternativen Erklärungsmustern ergeben. Lassen Sie diese einwirken und verinnerlichen Sie, welche Erklärungsmuster Sie in einer positiven Grundhaltung bestärken.

Fallstudie 9 – Sylvia: „Darf ich wirklich glücklich sein?"

Sylvia, Ende 40, arbeitet als Bürokauffrau in einer Leasingfirma. Ihr Mann ist wohlhabend, sodass sie eigentlich nicht arbeiten gehen müsste. Sie ist für ihr Alter attraktiv, wirkt aber – insbesondere durch ihre „traurigen Augen" – immer etwas niedergeschlagen. Selbst wenn sie lächelt, scheint sie eine Art Trauerflor zu umwehen. Sylvia ist passionierte Malerin und Bildhauerin. Sie bescheinigt sich selbst großes Talent und träumt von einer eigenen Galerie, in der dann ihre Werke sowie jene befreundeter Künstler ausgestellt und verkauft würden.

Im Verlauf unserer gemeinsamen Arbeit frage ich Sylvia, was denn dagegen spräche, diesen Traum zu verwirklichen. Sie antwortet, irgendwie sei das „alles nicht fair" – und dass sie „so viel Glück nicht verdient" habe. Ich antworte, dass ich ihr nicht ganz folgen könne, und bitte um weitere Erläuterung. Sie schildert daraufhin, dass sie einen zweieiigen Zwillingsbruder habe, der nach ihr zu Welt gekommen sei und durch Komplikationen bei der Geburt unter Sauerstoffmangel gelitten habe – und daher geistig und körperlich behindert ist. Ich frage Sylvia, ob sie deswegen Schuldgefühle habe. Ihr sei schon klar, dass sie nichts dafürkönne, entgegnet sie. „Aber trotzdem ist es unfair, dass ich so ein gutes Leben habe, während mein Bruder im Rollstuhl sitzt", fügt sie an. Außerdem ergänzt sie, dass sie früher eigentlich studieren wollte, sich dann aber „irgendwie nicht getraut" habe.

Neben der zuvor beschriebenen ABCDE-Übung arbeite ich mit Sylvia anhand der im Folgenden beschriebenen Technik – und bitte sie, diese als Hausaufgabe mehrmals pro Woche durchzuführen. Sie schreibt mir später in einer E-Mail, sie habe in einer ihrer Zukunftsvisionen gesehen, wie ihr Bruder „vergnügt lachend in seinem Rollstuhl zwischen den Exponaten durch den neuen Ausstellungsraum fährt" – und dass der Weg jetzt „endlich frei" sei.

ÜBUNG

Zufriedenheitswerkzeug: Den Optimismus-Muskel trainieren

Einführung
Die meisten Menschen sind ziemlich gut darin, sich „das Schlimmste" auszumalen. Das eigene Leben ist schwer genug, Zeitungen und Fernsehen sind zudem voller Katastrophen. Und wenn es dann doch einmal sehr gut läuft und wir allen Grund haben, uns auf die Schultern zu klopfen, kommt garantiert irgendjemand an und sagt uns, wir sollen es nicht zu doll treiben und darüber hochmütig werden.[238]

Sinn und Zweck
Ziel dieser Übung ist es stattdessen, Ihren inneren Optimisten „in Wallung" zu bringen, ihm jene Bühne zu überlassen, die ihm im Alltag zu häufig verwehrt bleibt. Es geht um die Aktivierung Ihrer positiven Phantasie, die Erkundung Ihres „Möglichkeitsraumes".

Was Sie dafür benötigen
Papier, Schreibzeug und 20 Minuten in – am besten – abgeschiedener Atmosphäre.

Was Sie besonders beachten sollten
Hier ist zu Beginn auf jeden Fall Regelmäßigkeit angeraten; sprich: Machen Sie diese Übung am Anfang für einige Wochen mehrmals pro Woche; später reicht dann ein Durchgang alle paar Wochen als Auffrischung. Machen Sie diese Übung unbedingt schriftlich.

Was idealerweise dabei herauskommt
Diese Übung hat kein konkretes Endergebnis, sondern beruht wie gesagt auf der Tatsache, dass Optimismus trainiert werden kann und sollte.[239] Es geht nicht so sehr darum, dass all das, was Sie visualisieren, genau so in Erfüllung geht.[240] Vielmehr ist das Ziel, Ihren Geist zu öffnen, wach zu machen, für Neues zu öffnen.[241]

Konkreter Ablauf
Schreiben Sie bitte 15 bis 20 Minuten anhand der folgenden Anweisung:

Denken Sie über Ihr „bestmögliches Selbst" nach. Dies bedeutet, dass Sie sich selbst in einer Zukunft sehen, in der für Sie alles wirklich, wirklich gut verlaufen ist. Sie haben alles gegeben und dadurch alle Ihre Lebensziele verwirklicht. Sie leben Ihr innewohnendes Potenzial vollumfänglich aus.

Anmerkung: Beschreiben Sie so sinnlich-konkret wie möglich, wie sich diese bestmögliche Zukunft darstellt: Was werden Sie sehen, hören, fühlen, riechen, schmecken? Wechseln Sie außerdem zwischen verschiedenen Durchgängen den Zeithorizont: Was ist Ihr bestmögliches Selbst in fünf Jahren, in zehn, 20 oder auch in 50 Jahren?

Wenn Sie ein besonders schönes, wohltuendes inneres Bild (oder eine andere innere Wahrnehmung) finden, so prägen Sie sich dieses gut ein. Es kann im Alltag als Anker dienen, um Sie kurzfristig und mühelos, z. B. in einer Arbeitspause, wieder in Ihre bestmögliche Zukunft zu führen.

3.3 GENERALKONSENS: Zusammenfassung

Oft heißt es, Erfolg und Zufriedenheit begännen im Kopf. Die VIGOR-Studie zeigt, dass an dieser Volksweisheit durchaus etwas Wahres dran ist. Allerdings geht es – auch entgegen den Aussagen vieler Selbsthilfegurus – weniger um die Frage der Motivation („Man muss es nur wirklich wollen ..."). Stattdessen sollte dieses Prinzip erweitert werden zu der Formulierung: Man muss es auch wirklich wollen *dürfen*. Viele Menschen glauben (unbewusst), dass sie ihre Ziele nicht erreichen dürfen oder dass sie es möglicherweise nicht verdient haben, glücklich und zufrieden zu sein. Diese Glaubenssätze wirken als eine starke sich selbst erfüllende Prophezeiung. Im Endeffekt verhindern Menschen auf vielerlei Arten und Weisen selbst ihr Glück – obwohl sie es auf der bewussten Ebene und nach eigener Aussage natürlich anstreben. Oft stammen diese inneren Sabotage-Programme noch aus der Kindheit; es handelt sich um überalterte Glaubens- und Handlungsschemata, die ursprünglich einmal nützlich waren (z. B. in der Interaktion mit den Eltern), mittlerweile aber unzweckmäßig geworden sind und gewissermaßen ein „mentales und emotionales Update" benötigen.

Weitere Tipps und Tricks

- Achten Sie in Zukunft verstärkt darauf, welche Erklärungen Sie für positive bzw. negative Ereignisse in Ihrem Leben heranziehen (Ihr sogenannter Attributionsstil). Dabei sind drei Dimensionen zu beachten: „internal vs. external"; „stabil vs. temporär"; „global vs. spezifisch". Ihrem Selbstwert abträglich ist es, wenn Sie negative Ereignisse in Ihrem Leben internal, stabil und global attribuieren.
Beispiel: „Ich habe die Prüfung nicht bestanden, weil ich eigentlich *nie* (stabil) *irgendwelche* (global) Prüfungen bestehe; ich bin einfach zu *dumm* (internal)." Ihrem Selbstwert zuträglich ist es stattdessen, wenn Sie negative Ereignisse in Ihrem Leben external, temporär und spezifisch attribuieren.
Beispiel: „Ich habe diese Prüfung nicht bestanden, weil ich einen *Blackout* hatte (temporär). Die Fragen waren bei *dieser Prüfung* (spezifisch) aber auch *extrem schwer* (external)." Für positive Ereignisse gelten entsprechend die umgekehrten Vorzeichen.[242]

- Wenn Sie feststellen, dass Sie noch verschiedene psychische Altlasten aus der Vergangenheit mit sich herumschleppen, empfehle ich Ihnen dringend, zusätzlich zu einem guten Coach bzw. ggfs. einem Psychotherapeuten auch über eine Körpertherapie nachzudenken. Ich habe bei meinen Klienten sehr gute Erfahrungen mit einer Technik namens „Rolfing"[243] gemacht. Die Idee hinter dieser Empfehlung ist sehr einfach: Ich glaube, dass Körper und Geist letztlich eine Einheit sind. Und wenn dem so ist, dann ist es möglich, über den Körper mit dem Geist zu arbeiten – und umgekehrt. So wie es z. B. psychosomatische Beschwerden gibt, die sich auf körperliche Ebene manifestieren, aber geistigen Ursprungs sind, gibt es ebenso somatopsychische Beschwerden, also Symptome, die sich psychisch äußern, aber eigentlich körperlichen Ursprungs sind. Nach meiner Erfahrung ist es manchmal schlichtweg unmöglich, eine Besserung auf der einen Seite zu erzielen, ohne dass vorher (oder zumindest parallel) auch die andere bearbeitet wird. Viele Menschen nutzen z. B. unbewusst ihren Körper, um sich nicht mit negativen Gefühlen wie starker Wut oder Trauer auseinandersetzen zu müssen. Sie drücken diese Gefühle gewissermaßen weg, in der Regel durch einen stark erhöhten Muskeltonus und / oder spürbar verflachte Atmung. Derart wird auf rein körperlicher Basis der Zugang zu den letztlich heilsamen Gefühlen verhindert. An dieser Stelle empfehle ich dann zusätzlich den Besuch eines Körpertherapeuten.

- Ebenfalls sehr hilfreich bei o. g. Altlasten, insbesondere, wenn Sie mit den Eltern bzw. allgemein mit dem familiären Umfeld zu tun haben: Suchen Sie ganz gezielt das Gespräch zu jenen Themen, auch wenn es Ihnen zu Beginn praktisch unmöglich erscheint. Nach meiner Erfahrung gibt es auf beiden Seiten häufig eine unglaubliche Menge an – meist unausgesprochenen – Erwartungen, Wünschen,

Vorwürfen, Enttäuschungen und vor allem nie adäquat ausgedrückter Liebe. Diese Dinge im direkten Dialog mit den betreffenden Menschen auf den Tisch zu bringen, auch wenn das mit Trauer, Wut und emotionalem Schmerz verbunden ist, ist potenziell eine der heilsamsten Erfahrungen überhaupt. Sollte dies nicht mehr möglich sein, weil die Eltern bereits verstorben sind oder kein Kontakt mehr besteht, so hat es sich ebenfalls als sehr hilfreich erwiesen, das Ganze in einen Brief zu gießen, wobei unerheblich ist, ob dieser im Fall des Falles überhaupt abgeschickt wird. Mehr zur Wirkung des „emotionalen Schreibens" finden Sie im Exkurs „Nützliche Angewohnheiten zur Steigerung der Lebenszufriedenheit".

- Es gibt noch weitere einfache Techniken, die nachgewiesenermaßen Ihre Zufriedenheit erhöhen und Ihre optimistische Grundhaltung fördern können. Dazu zählen:
  Bewusste Dankbarkeit zeigen für all das, was Ihnen das Leben jetzt schon bietet (im Englischen: „Count your Blessings")[244]; hier geht es darum, sich bewusst zu machen, was einem in der letzten Zeit an guten Dingen wiederfahren ist, im Kleinen wie im Großen.
  Oder auch: *(stille) Gesten der Freundlichkeit* (im Englischen: „Random Acts of Kindness").[245] Hier geht es im Wesentlichen darum, sich großzügig gegenüber anderen Menschen zu verhalten, ihnen kleine Gefallen zu tun, auch wenn diese möglicherweise gar nicht bemerken, wer ihnen da gerade eine Freude gemacht hat. Auf meiner Homepage ↗ http://www.excellis.de finden Sie im Downloadbereich eine Vorlage für ein Tagebuch, welches Ihnen für verschiedene Wochentage unterschiedliche Techniken vorgibt und beschreibt, wie diese auszuführen sind, sodass Sie bestmöglich davon profitieren können.

Buchtipps zur weiteren Vertiefung

GROCHOWIAK, K. & HAAG, S. (2010): Die Arbeit mit Glaubenssätzen: Als Schlüssel zur seelischen Weiterentwicklung (7. Aufl.). Darmstadt: Schirner.
Ein Selbsthilfebuch zur Bearbeitung von einschränkenden Glaubenssätzen, basierend auf vereinfachten Techniken aus dem NLP. Enthält umfangreiche Materialien zur Erfassung, Auswertung und Bearbeitung eigener Glaubenssätze. Einige der beschriebenen Übungen sind für Laien am Anfang sicherlich ungewohnt – es lohnt sich aber, dranzubleiben.

TSCHECHNE, R. (2011): Die Angst vor dem Glück: Warum wir uns selbst im Wege stehen (Neuauflage). München: Herbig.
Der Autor beschreibt sehr anschaulich aus der Sicht des Veränderungshelfers, wie Menschen sich aufgrund der Tendenz, alte und gewohnte Gefühle zu reinszenieren, Erfolg und Zufriedenheit versagen. Das Buch wird Ihnen helfen, entsprechende Tendenzen in Ihrem Leben zu erkennen (was bereits 95 % des Weges darstellt), enthält allerdings nur wenige konkrete Übungen zum Weiterarbeiten.[246]

YOUNG, J. E. & KLOSKO, J. S. (2010): Sein Leben neu erfinden: Wie Sie Lebensfallen meistern (3. Aufl.). Paderborn: Junfermann.
Ein außerordentlich wertvolles Selbsthilfebuch, basierend auf der Schematherapie, die Elemente der kognitiven Verhaltenstherapie mit älteren, psychodynamischen Ansätzen kombiniert. Hilft insbesondere zu verstehen, warum wir immer wieder bei den gleichen „Themen" stecken bleiben, obwohl wir rational durchaus verstehen, was uns schadet.

4. ORGANISATION

Wenn die Zeit kommt, in der man könnte, ist die vorüber, in der man kann.
(Marie von Ebner-Eschenbach)

Ich habe einen Kurs im Schnell-Lesen mitgemacht und bin nun in der Lage, „Krieg und Frieden" in 20 Minuten durchzulesen. Es handelt von Russland.
(Woody Allen)

Ein Professor steht vor seinen Studenten und hat einige Gegenstände auf seinem Pult versammelt. Er nimmt eine große Glasvase und beginnt, diese bis zum Rand mit Golfbällen zu füllen. Er fragt die Studenten, ob die Vase voll sei. Sie bejahen dies. Sodann nimmt er eine Schachtel mit Kieselsteinen und schüttet diese ebenfalls in die Vase. Er bewegt sie leicht, und die Kiesel kullern in die Leerräume zwischen den Golfbällen. Dann fragt er die Studenten erneut, ob der Topf nun voll sei. Sie stimmen ihm zu. Der Professor nimmt als Nächstes einen Eimer mit Sand und schüttet auch diesen in die Vase. Der Sand füllt nach und nach den letzten Freiraum. Abermals fragt er, ob der Topf voll sei. Die Studenten antworten einhellig und lautstark mit „Ja!". Schließlich holt der Professor zwei Dosen Bier hervor und schüttet den Inhalt in den Topf. Der Gerstensaft vermischt sich nach und nach mit dem Sand. Die Studenten lachen und johlen. Als das Lachen nachlässt, sagt der Professor: „Ich möchte, dass Sie die Vase als eine Metapher für Ihr Leben betrachten. Die Golfbälle sind die wirklich wichtigen Dinge in Ihrem Leben: Ihre Familie, Ihre Freunde, Ihre Gesundheit, vielleicht Ihre Kinder. Alle Aspekte, die dazu beitragen, dass – falls in Ihrem Leben alles andere verloren ginge – Ihr Dasein dennoch einen Sinn hätte. Die Kieselsteine symbolisieren weitere Aspekte Ihres Lebens: Ihre Arbeit, Ihr Haus, Ihr Auto. Der Sand ist alles andere, die Kleinigkeiten. Falls Sie zuerst all den Sand in den Topf geben, gibt es weder Platz für die Kieselsteine noch für die Golfbälle. Das Gleiche gilt für Ihr Leben. Wenn Sie all Ihre Zeit und Energie in Kleinigkeiten investieren, werden Sie nie Platz für die wichtigen Dinge haben. Achten Sie immer zuerst auf die Golfbälle! Setzen Sie Prioritäten! Der Rest ist nur Sand ..." Ein Student hebt die Hand und fragt, was denn das Bier repräsentieren solle. Der Professor schmunzelt und antwortet: „Danke, dass Sie das fragen. Wissen Sie: Egal, wie schwierig oder voll Ihr Leben auch sein mag: Es ist immer noch Platz ist für ein oder zwei Bierchen."[247]

4.1 Einführung

Ich bin von Natur aus ein ziemlich chaotischer Typ. Wenn Sie mir nicht glauben, fragen Sie meine Frau. Ich verliere, verlege und vergesse gerne alles Mögliche. Daher lagere ich alle – nichtberuflichen – Termine meistens gleich in ihr Gehirn aus. Sie ist an dieser Stelle wesentlich strukturierter und hält unseren Laden zusammen. Doch gerade *weil* ich so unstrukturiert bin, habe ich vermutlich besonders von der Handvoll an Selbstmanagement-Techniken profitieren können, die ich im Laufe der ersten Berufsjahre erlernen durfte. Ich bin allerdings nach wie vor kein großer Freund von To-Do-Listen und ähnlichen Hilfsmitteln. Zumindest dann nicht, wenn das Ganze so akribisch betrieben wird, dass das Pflegen dieser Listen selbst wieder zum Zeitfresser wird – was mir durchaus schon untergekommen ist. Ich habe mich jedoch

– bedingt durch die vielen Coaching-Ausbildungen ab Mitte 20 – schon in recht jungen Jahren sehr viel mit der Fragestellung beschäftigen können, was für mich wirklich wichtig in diesem Leben ist, was mich „zum Ticken" bringt. Und auch: Was ich gut kann.[248]

Hier liegt auch der für mich essenzielle Unterschied zwischen Zeitmanagement und Selbstmanagement: Zeitmanagement lehrt uns im besten Fall, „die *Dinge richtig* zu tun". Es geht um die Optimierung von Abläufen und Regeln, so wie z. B. auch der Produktionsleiter einer Fabrik versuchen wird, durch verbesserte Prozesse mehr Output bei gleichem Input zu erzielen. Allerdings ist dieser Ansatz völlig wertlos, wenn in jener Fabrik dummerweise nur Produkte hergestellt werden, die am Markt nicht mehr nachgefragt werden. Es gibt also noch eine zweite, weitaus wichtigere Dimension: Diese dreht sich darum, „die *richtigen Dinge* zu tun". Übertragen auf das Thema des Buches bedeutet das: Zeitmanagement-Techniken (wie die zuvor genannten To-Do-Listen) sind gut und schön. Allerdings sind sie völlig nutzlos, wenn die falschen Dinge auf Ihrem Zettel stehen. An diesem Punkt können Zeitmanagement-Techniken sogar gefährlich werden, weil sie z. B. Erschöpfungszuständen Vorschub leisten können. Denn: Wer diese Techniken für sich nutzt, um immer noch mehr von den falschen Dingen zu tun, gerät leicht in eine Art Abwärtsspirale. Es ist durchaus möglich, sich regelrecht „in den Burnout hineinzuoptimieren". Vor dieser Falle möchte ich Sie gerne bewahren.

Passend dazu einige Worte zum Thema Perfektionismus: Ich wünsche mir manchmal, die vielen Perfektionisten dieser Welt würden ihren Perfektionismus dazu nutzen, um damit perfekt gegen ihren Perfektionismus vorzugehen. Das wäre hochgradig nützlich. Ab und zu schlage ich das meinen Klienten sogar vor. Das ist eine super Sache, wenn man Menschen in einen echten Verwirrungszustand bringen möchte. Und Verwirrung wiederum ist das Tor zur Erleuchtung, so ein Zen-Sprichwort. Damit wir uns nicht falsch verstehen: Ich mag Perfektionisten. Ich mag sie, wenn sie als Sicherheitsingenieure im Atomkraftwerk, als Pilot oder Gehirnchirurg arbeiten. Abseits davon können sie leider die Pest sein – aber das ist o. k., denn sie strafen typischerweise nicht nur andere Menschen mit diesem Charakterzug, sondern vor allem auch sich selbst. Denn faktisch ist übertriebener (negativer)[249] Perfektionismus ein Vorbote vieler psychischer Erkrankungen, allen voran Depressionen[250] – und dem eng damit verwandten Burnout-Syndrom.[251] Wenn Sie also zum Stamme „nur perfekt ist gut genug" gehören, empfehle ich Ihnen, sich gesondert dieses Themas anzunehmen. Sie tun damit sich selbst *und* Ihren Mitmenschen einen Gefallen.

(Fast) Fehlanzeige: Zeitmanagement in der psychologischen Forschung

Da Sie offensichtlich ein Buch wie dieses hier lesen, besteht eine recht hohe Wahrscheinlichkeit, dass Sie auch mindestens ein Buch zum Thema Zeitmanagement im Bücherregal stehen haben. Diese verkaufen sich nach wie vor wie geschnitten Brot. Unter den erfolgreichsten Sachbüchern aller Zeiten finden sich viele Titel, die sich jenem Themenbereich widmen (z. B. Stephen Coveys „7 Wege zur Effektivität"[252], David Allens „Getting things done"[253] oder Küstenmachers und Seiwerts „Simplify your Life"). Auch wenn man einschlägige Seminarbörsen durchschaut, wird man überproportional viele Angebote aus eben jenem Themenbereich finden. In den letzten Jahren hat sich eine eigene Szene im Internet gebildet („Life Hacking"), die sich intensiv über Techniken und Werkzeuge zum Zeitmanagement und zur Produktivitätssteigerung austauscht. Einen erneuten Popularitätsschub hat das Thema in der jungen, internetaffinen Generation durch die „Vier-Stunden-Woche" von Timothy Ferriss (2011) erhalten.

Allerdings gibt es einen ziemlich eklatanten Widerspruch zwischen der Aufmerksamkeit, die das Thema Zeitmanagement in der Selbsthilfe- und Management-Literatur im Vergleich zur wissenschaftlichen Forschung genießt. Der großen Popularität in jenem Umfeld steht nämlich ein (Quasi-)Desinteresse der akademischen Psychologie gegenüber: Im Zeitraum zwischen Anfang der 1980er-Jahre und 2005 wurden kaum mehr als 30 bis 40 Studien zu dem Thema durchgeführt.[254] Die erfreuliche Nachricht ist aber: Es wirkt![255] Allerdings ein wenig anders, als die meisten Leute glauben. In einer Auswertung der verfügbaren Studien wurde aufgezeigt, dass Zeitmanagement folgende positive Konsequenzen haben kann[256]:

- Ein Mehr an (gefühlter) Kontrolle über die zur Verfügung stehende Zeit: D.h., Zeitmanagement-Techniken führen nicht zwingend dazu, dass man tatsächlich mehr Zeit hat. Es fühlt sich aber so an. Und das zählt.
- Verminderter (arbeitsbezogener) Stress: Das zuvor genannte Plus an wahrgenommener Kontrolle über die eigene Zeit führt wiederum dazu, sich weniger gestresst am Arbeitsplatz zu fühlen.
- Gesteigerte Zufriedenheit: Das verminderte Stresslevel wiederum schlägt sich (auf Dauer) in einem Plus an Arbeitszufriedenheit nieder.

Es konnte allerdings nicht nachgewiesen werden, dass sich Zeitmanagement-Techniken unmittelbar auf die Arbeitsleistung an sich auswirken. Zeitmanagement ist also eher Werkzeug zur Zufriedenheits- denn zur Leistungssteigerung. Wobei meine persönliche Meinung dazu ist: Ein gleiches Level an Performance bei a) weniger Stress, b) mehr Zufriedenheit und c) gesteigerter subjektiver Gesundheit ist ein überaus lohnenswertes Ziel.

Pretty Woman, Machiavelli und die Kunst des Eudaimonismus

Doch zurück zum Thema „die richtigen Dinge tun". Dieses ist eng verwandt mit dem Thema Strategieentwicklung. Als solches findet man es von je her in den großen Klassikern der Selbsthilfe- bzw. Managementliteratur (im weiteren Sinne). Wie man die zur Verfügung stehenden Mittel effizient einsetzt, um bestimmte Ziele zu erreichen, ist z. B. (auch) Thema im ca. 2500 Jahre alten „Die Kunst des Krieges"[257] von Sunzi oder auch in Machiavellis „Der Fürst" aus dem 16. Jahrhundert.[258] In modernerer Form lässt sich das bei Management-Guru Peter Drucker nachlesen, zuvorderst in „The Effective Executive".[259]

Aber was sind denn nun die wichtigen Dinge des Lebens? Abseits von Krieg und Politik hat Philosophen und Schriftsteller diese Frage immer schon bewegt. Dabei standen sich von Anfang an zwei Denktraditionen mehr oder weniger unversöhnlich gegenüber: Hedonismus und Eudaimonismus. Folgt man der Denkschule des Hedonismus, so glaubt man – vereinfacht gesagt –, dass das gute Leben ausschließlich darin bestehe, möglichst viele positive Gefühle zu erleben bzw. auf der anderen Seite Schmerzen zu vermeiden. Diese Philosophie wurde z. B. von Aristippos von Kyrene, einem Zeitgenossen des Aristoteles, vertreten.[260] Letztgenannter ist wiederum *der* klassische Vertreter des Eudaimonismus.[261] Kern des guten Lebens laut dieser Philosophie ist ein tugendhafter Lebenswandel. Ziel ist nicht primär das Erfahren von positiven Gefühlen, sondern ein Leben im Dienste der Selbstvervollkommnung und der Gemeinschaft. Dies ist zunächst ein bedeutender Unterschied, der auch in unterschiedlichen Handlungsmaximen resultiert: Wo der Hedonismus auf jeden Fall die Maximierung des persönlichen Glücks empfiehlt, würde der Eudaimonismus ggfs. zum Verzicht raten, wenn diese Entsagung einem höheren Gut dient. Dieser mehr als 2000 Jahre alte Widerspruch ist bis heute nicht ganz aufgelöst. Seit Anbeginn der Humanistischen bzw. Positiven Psychologie in der zweiten Hälfte des 20. Jahrhunderts streitet sich auch die Gemeinschaft der akademischen Psychologen um jenes Sujet. Erst in den vergangenen Jahren scheint sich ein Kompromiss bzw. eher eine Synthese abzuzeichnen: Man weiß mittlerweile um die Wichtigkeit von positiven Gefühlen für das einwandfreie Funktionieren der menschlichen Psyche. Auf der anderen Seite ist mehr als klar, dass das Streben nach Selbstvervollkommnung und auch der Dienst am höheren Gut eine eigene Klasse von positiven Gefühlen zur Folge haben können, die sich deutlich vom reinen Spaß an der Freude unterscheidet.[262] Im Idealfall verschmelzen beide Traditionen zu einem größeren Ganzen. So hat sich z. B. in diversen Studien gezeigt, dass aktives ehrenamtliches Engagement mit einer höheren Lebenszufriedenheit und anderen positiven Konsequenzen einhergeht.[263] Selbst Geld ausgeben kann mehr Spaß machen, wenn man es für andere Menschen als nur für sich selbst auf den Kopf haut.[264]

Aus den vielen, vielen Romanen, die das Sujet des richtigen Lebens in mehr oder weniger abstrakter Weise thematisieren, möchte ich hier noch mal die schon im Kapitel Vision erwähnte „Weihnachtsgeschichte"[265] aufgreifen. Hier wandelt sich der Geizhals Ebenezer Scrooge – letztlich durch Konfrontation mit seiner eigenen Sterblichkeit – auf seine alten Tage noch vom herzlosen Geizhals zum Altruisten.[266] Wenn Sie keine Leseratte sind, können Sie sich natürlich auch eine der vielen Verfilmungen der Geschichte anschauen. Ich mag am liebsten die Version mit den Muppets aus dem Jahre 1992 – immer noch sehr bewegend, aber deutlich lustiger als alle Realverfilmungen. Ergänzend findet sich im Kino die klassische Storyline, in der Menschen (meist Männer) ihres Reichtums überdrüssig werden und durch externe Umstände (meist Frauen) den Wert des wahren Lebens erkennen; so zu sehen im modernen Märchen „Pretty Woman" mit Julia Roberts und Richard Gere oder in Ridley Scotts herrlichem Film „Ein gutes Jahr" mit Russell Crowe und Marion Cotillard in den Hauptrollen.

Letztlich kann und will ich Ihnen keine Gebrauchsanweisung liefern, welche festhält, was denn nun die wichtigen Dinge in genau *Ihrem* Leben sind. Sie müssen – und ich bin sicher, Sie werden – für sich selbst herausfinden, worum es geht. Ich möchte Ihnen lediglich aufzeigen, wo nach meinem besten Wissen und Gewissen die gute Plätze zum Suchen sind – und wie Sie auf Spur bleiben, sobald Sie fündig geworden sind.

Was sagt die VIGOR-Studie zum Faktor ORGANISATION?

Der Faktor Organisation teilt sich in puncto Bedeutung für die Lebenszufriedenheit mit der Integration den zweiten Platz (eine Korrelation von 0.38 In der Vigor-Studie). Erneut lässt sich also festhalten: Je mehr ein Mensch zwischen den wichtigen und dringenden Angelegenheiten in seinem Leben unterscheidet und sein Selbstmanagement entsprechend ausrichtet, desto größer ist tendenziell auch seine Lebenszufriedenheit. Besonders interessant: Weiterführende Analysen verdeutlichen, dass dieser Faktor weitgehend unabhängig von den anderen Elementen des Vigor ist; eine Ausnahme bildet der Faktor Vision, hier gibt es eine stärkere Verbindung zur Organisation. Dies macht Sinn, weil es bei beiden Elementen um Prioritäten geht, zunächst um das Finden, hier schließlich um das Umsetzen derselben. Die gute Nachricht ist: Die wichtigsten Zeit- bzw. Selbstmanagement-Techniken sind recht einfach zu lernen und umzusetzen. Sie bieten demnach einen wirksamen und schnell umzulegenden *zusätzlichen* Hebel für Ihre Zufriedenheit.

Zwei interessante Befunde für das Element Organisation ergeben sich, wenn man die Unterschiede zwischen den verschiedenen demografischen Gruppen betrachtet. Zum einen: Die Riege der Unternehmer und jener Menschen mit einem Einkommen von über € 250.000 (es gibt hier naturgemäß Überschneidungen) in der Stichprobe zeigen besonders hohe Werte

> für diesen Faktor. Hier zeigt sich die Fähigkeit, über weite Strecken alle weiteren Angelegenheiten einem übergeordneten Ziel, in diesem Fall dem Aufbau eines eigenen Unternehmens, unterzuordnen. Auf der anderen Seite kann man bei Menschen ohne Ausbildung und bei Personen, die derzeit ohne Arbeit sind, besonders niedrige Werte ablesen. In dieser Hinsicht vermute ich, dass jene Menschen besonders von einem Training zum Selbstmanagement profitieren würden. Frau von der Leyen, übernehmen Sie bitte!
>
> Im Praxisteil zum Faktor ORGANISATION geht es auch weniger um klassische Zeitmanagement-Techniken (dafür gibt es wahrlich genug andere Literatur), sondern vornehmlich um die Frage, wie Sie Wichtiges von Dringendem in Ihrem Leben unterscheiden können – und wie Sie dafür sorgen können, dass die erstgenannte Kategorie zu ihrem Recht kommt.

4.2 ORGANISATION – die Praxis

Fallstudie 10 – Brigitte: „Ich komme immer zu nichts"

Brigitte, eine energisch wirkenden Frau Mitte 40 (zweifache Mutter von Teenagern), leitet das Vorstandsbüro einer lokalen Bank. Außerdem ist sie ehrenamtlich im Vorstand von zwei Vereinen tätig. Sie ist sportlich aktiv und benötigt weiterhin regelmäßig Zeit zur Betreuung ihrer dementen Mutter. Brigitte hat seit geraumer Zeit spürbar die Lust an ihrer Tätigkeit in der Bank verloren, möchte sich beruflich verändern. Relativ schnell wird deutlich, dass ihr Wunsch in Richtung einer selbstständigen Tätigkeit geht. Tatsächlich möchte sie selbst im Bereich Coaching und Kommunikationstraining aktiv werden. Ich werde beauftragt, sie über einen längeren Zeitraum auf dem Weg in Richtung Selbstständigkeit zu begleiten.

Wir erstellen gemeinsam einen Dreijahresplan, an dessen Ende die erfolgreiche Selbstständigkeit stehen soll. Erfolg bedeutet für Brigitte, eine ähnliche Summe wie in ihrem jetzigen Job zu verdienen, bei mehr persönlicher Freiheit und Leidenschaft für ihre Aufgaben. Finanziell abgesichert ist sie im Fall des Falles über ihren Mann. Wir denken vom Ende her, definieren nach und nach mögliche Produkte, Zielgruppen und Marketingaktivitäten. Von da arbeiten wir rückwärts und sammeln jene Kompetenzen, die Brigitte bereits für die zukünftige Aufgabe mitbringt; und auch solche, die sie sich in den nächsten 24 Monaten bis zum Markteintritt erarbeiten möchte. Wir identifizieren u. a. zwei anspruchsvolle Fortbildungen (eine Coaching- und eine Trainer-Ausbildung), die sie in diesem Zeitraum absolvieren möchte.

Nach knapp einem Jahr kommt sie sehr aufgelöst zu einer Sitzung und berichtet, dass sie kaum Zeit fände für die gebuchten Fortbildungen, vor allem nicht für das aufwendige Literaturstudium und die Übungsgruppen zwischen den Ausbildungswochenenden. Wir reden über ihre vielen Verpflichtungen und kommen zu dem Ergebnis, dass sie Schwierigkeiten hat, abseits des Berufslebens Prioritäten zu setzen. Das, was in ihrem bisherigen Job zu den Hauptaufgaben gehört (Wichtiges von Unwichtigem zu trennen und die Zeit ihres Chefs zu allokieren), gelingt ihr im Privatleben nur unzureichend. Deshalb male ich ihr die Wichtigkeit-Dringlichkeit-Matrix, die auch als Eisenhower-Matrix[267] bekannt geworden ist, auf ein Blatt Papier. Mithilfe dieses Werkzeugs sortieren wir alle ihre Aktivitäten nach Wichtigkeit und Dringlichkeit, insbesondere mit Blick auf ihr angestrebtes Ziel, die Selbstständigkeit. Im Endeffekt beschließt Brigitte, ihr Vorstandsamt in einem der Vereine niederzulegen. Sie delegiert zusätzliche Aufgaben an zwei Damen aus ihrem Team im Vorstandsbüro und kann so an zwei Tagen in der Woche bereits um 15:30 Uhr das Büro verlassen. Zur Unterstützung bei der Betreuung ihrer kranken Mutter wird eine mobile Altenpflege engagiert. Auch wenn sich Brigitte noch schwer mit dem Gedanken anfreunden kann, erwägt sie mittlerweile, ihre Mutter in einem Heim unterzubringen, sollte sich ihr Zustand weiter verschlechtern.

Zufriedenheitswerkzeug: Die 4-D-Matrix

Einführung

Vielen Menschen geht es so wie Brigitte: Sie sind überhäuft mit Verpflichtungen und wünschen sich daher, ihr Tag hätte 36 oder mehr Stunden. Es bleibt ihnen zu wenig Zeit für die wichtigen Dinge. Was dabei nicht berücksichtigt wird: Viele (aber nicht alle) dieser Verpflichtungen sind wir einmal freiwillig eingegangen. Trotzdem können wir uns irgendwann – meist aus Gewohnheit und insofern aus geistiger Trägheit – gar nicht mehr vorstellen, uns von einigen Angelegenheiten wieder zu trennen.

Einem breiten Publikum wurde dieses Werkzeug vor allem durch die Bücher von Stephen Covey und / oder David Allen bekannt. Ich selbst habe die Matrix jedoch in meinem ersten Job nach der Universität während eines Seminars in London kennengelernt. Daher stelle ich hier eine englische Variante vor, die gegenüber der deutschen den Vorteil besserer Einprägsamkeit bietet. Sie heißt dann – gemäß der Bezeichnungen ihrer vier Felder – 4-D-Matrix.

Sinn und Zweck

Die 4-D-Matrix kann einerseits, z. B. am Arbeitsplatz, als klassisches Zeitmanagement-Instrument eingesetzt werden. Sie hilft dann, den täglichen Arbeitsanfall (vor allem die sprichwörtliche E-Mail-Flut) in den Griff zu bekommen, um derart Zeit freizuschaufeln für wichtigere Angelegenheiten. Sie kann aber auch – auf der Meta-Ebene – als Werkzeug dienen, um eine Übersicht über Ihre Lebensthemen an sich zu bekommen.

Was Sie dafür benötigen
Schreibzeug und Papier. Für die Nutzung als Zeitmanagement-Instrument: Ihren Terminplaner, falls vorhanden und gepflegt; ggfs. Ihren E-Mail-Posteingang.

Was Sie besonders beachten sollten
Mir ist aufgefallen, dass einige Menschen den Unterschied zwischen Dringlichkeit und Wichtigkeit nicht erkennen können. Sollte Ihnen das ebenfalls unklar sein, können die folgenden Fragen helfen:

Dringlichkeit: Wie viel *Zeit* bleibt, bis die Aufgabe abzuschließen ist? Je kürzer der Zeitraum, desto größer die Dringlichkeit.

Wichtigkeit: Welche negative *Konsequenz* tritt ein (bzw. welche positive Konsequenz tritt *nicht* ein), wenn die Aufgabe nicht erledigt wird? Je gravierender, desto größer die Wichtigkeit.

Außerdem hier noch die Warnung vor einem klassischen Fehler: Manche Menschen haben die Tendenz, die durch Anwendung der Matrix gewonnene Zeit für „mehr desselben" zu nutzen. Sie erledigen noch mehr „Arbeit auf der Arbeit". Das ist zwar schön für Ihren Chef, aber nicht Sinn der Sache; insbesondere dann nicht, wenn jene Arbeit eigentlich nicht „das Wichtige" ist.

Was idealerweise dabei herauskommt
Als Zeitmanagement-Instrument: eine Sortierung Ihrer Prioritäten und damit ein aufgeräumter Kalender incl. Postfach. Und ein System für die Priorisierung zukünftiger Aufgaben.[268] Als Instrument fürs strategische Selbstmanagement: eine Priorisierung Ihrer Lebensthemen.

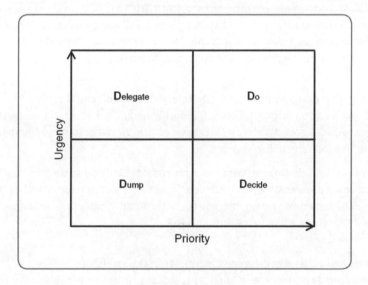

Abbildung 3: 4-D-Matrix

Konkreter Ablauf
Auf der X-Achse tragen Sie all Ihre Aufgaben/Lebensbereiche nach Wichtigkeit (engl. priority) sortiert ein; je wichtiger die Aufgabe, desto weiter rechts. Auf der Y-Achse tragen Sie all Ihre Aufgaben/Lebensbereiche nach Dringlichkeit (engl. urgency) ein; je dringlicher, desto weiter oben. Durch Halbierung der beiden Achsen ergeben sich vier Felder, die anzeigen, wie mit dem jeweiligen Inhalt zu verfahren ist.

Wichtig, dringend (Do) = zügig selbst erledigen
Beispiel alltägliches Zeitmanagement: Wenn Brigittes Chef sie mit einer wichtigen Aufgabe betraut, dessen Ergebnis er noch abends benötigt (z. B. eine Aufstellung wichtiger Daten für ein Treffen mit Kunden), so geht sie diese sofort selbst an.

Beispiel strategisches Selbstmanagement: Wenn eines ihrer Kinder sich verletzt hat und ins Krankenhaus gebracht wurde, so wird sie natürlich alles stehen und liegen lassen, ins Krankenhaus fahren und sich um ihr Kind kümmern.

Wichtig, nicht dringend (Decide) = Entscheiden, *wann* die Aufgabe selbst erledigt wird
Beispiel alltägliches Zeitmanagement: Brigitte blockt bei wichtigen Aufgaben, die nicht sofort erledigt werden müssen (z. B. das Korrekturlesen einer wichtigen Präsentation ihres Chefs im nächsten Monat), *sofort* ein adäquates Zeitfenster im Kalender. Dieses Eintragen ist entscheidend, da die Zeit ansonsten später für das Tagesgeschäft verbraucht wird. Während der eigentlichen Arbeitsperiode geht sie in ein anderes, ruhigeres Büro.

Beispiel strategisches Selbstmanagement[269]: Hier verfährt Brigitte nach dem gleichen Prinzip wie am Arbeitsplatz: Wann immer möglich, blockt sie sich Zeit im – mittlerweile etwas entrümpelten – privaten Kalender für das Literaturstudium und die Übungsgruppen zu ihren Ausbildungen. Außerdem vereinbart sie mit ihrem Mann, dass sie mindestens einmal im Jahr eine Woche allein in ein Hotel fährt, um sich ganz sich selbst und ihrer zukünftigen Entwicklung zu widmen.

Nicht wichtig, aber dringend (Delegate) = Delegieren, zur Erledigung abgeben
Beispiel alltägliches Zeitmanagement: Bei Aufgaben, die zeitkritisch, aber nicht sehr wichtig sind, greift Brigitte verstärkt auf das Prinzip Delegation zurück. Sie hat bestimmte Routineaufgaben *dauerhaft an ihre Stellvertreterin abgegeben*.

Beispiel strategisches Selbstmanagement: Auch im privaten Umfeld hat sie gelernt, stärker auf die Unterstützung anderer Menschen zu bauen. So wird ihre Mutter neuerdings beim Waschen und bei den Mahlzeiten von einem Pflegedienst unterstützt. Wenn etwas Außergewöhnliches passiert, steht sie aber nach wie vor Gewehr bei Fuß.

Nicht wichtig und auch nicht dringend (Dump) = Ersatzlos streichen
Beispiel alltägliches Zeitmanagement: Brigitte hat sich aus einigen regelmäßigen Meetings in ihrer Firma herausgezogen, weil diese nach ihrer Erfahrung kaum zu wichtigen Ergebnissen führen. Sie informiert sich nur noch über die im Anschluss verschickten Protokolle. Außerdem hat

sie sich angewöhnt, Mails von bestimmten Absendern, bei denen sie nur auf Cc gesetzt ist, gar nicht mehr zu lesen.

Beispiel strategisches Selbstmanagement: Brigitte hat bei näherem Hinsehen erkannt, dass ihr die Vorstandsarbeit in einem der Vereine nicht (mehr) so viel bedeutet. Dementsprechend leicht fällt es ihr[270], sich von dieser Aufgabe zu trennen. Die so gewonnene Zeit investiert sie stattdessen ins Literaturstudium für ihre Fortbildungen.

Fallstudie 11 – Stefan: „Nur perfekt ist gut genug"

Stefan, Anfang 30, ist ein schnittiger junger Mann und seit einigen Monaten leitender Key Account Manager bei einem Konsumgüterunternehmen. Er wird nach Absprache mit der Personalentwicklung von seinem Vorgesetzten zu mir geschickt. Nach Aussage des Chefs hat Stefan des Öfteren Schwierigkeiten, Terminvorgaben einzuhalten, z. B. bei der Vorbereitung von Jahresgesprächen mit dem wichtigsten Großkunden. Zwei seiner drei Mitarbeiter klagen außerdem über sein Führungsverhalten. Auf mein Nachfragen hin schildert Stefan, dass er regelmäßig Wochenendschichten schiebe, seit er die Führungsrolle übernommen hat. Dies verlange er dann bisweilen auch von seinem Team.

Wir stellen im Laufe des Gesprächs fest, dass Perfektion eine sehr hohe Stelle in Stefans Wertesystem einnimmt. Im Zuge dessen berichtet er auch sichtlich angespannt von seinem Elternhaus, insbesondere vom „überkritischen Vater". Wir vereinbaren, uns dieses Thema in einer späteren Sitzung genauer anzuschauen. Zuvor sprechen wir allerdings über sein Zeitmanagement sowie seinen Führungsstil und kommen dabei auf die 80/20-Regel zu sprechen. Stefan kennt diese noch als Pareto-Prinzip[271] aus dem BWL-Studium. Dass es auch im Kontext von Selbstmanagement eine Rolle spielen kann, wusste er allerdings bislang nicht.

Mit der Zeit lernt Stefan – auch wenn es ihm zu Beginn betont schwerfällt –, die 80/20-Regel auf sein Zeit- und Selbstmanagement anzuwenden. Er verinnerlicht nach und nach, dass (nur) gut häufig *gut genug* ist und nur wenige, wirklich eminent wichtige Dinge bis ins letzte Detail ausgearbeitet und von jedem möglichen Blickwinkel aus hinterfragt werden müssen. Mittlerweile haben sich seine Wochenendeinsätze – wie auch die seines Teams – auf ein Mindestmaß reduziert.

ÜBUNG

Zufriedenheitswerkzeug: 80/20-Denken im Selbstmanagement

Einführung

Das Pareto-Prinzip beschreibt das Phänomen, wonach eine kleine Anzahl von hohen Werten einer Wertemenge mehr zu deren Gesamtwert beiträgt als eine hohe Anzahl von kleinen Werten derselben Menge. Pareto untersuchte zu seiner Zeit die Vermögensverteilung in Volkswirtschaften und entdeckte, dass ca. 20 % der Marktteilnehmer etwa 80 % des Vermögens besitzen. Später stellte man fest, dass sich die Regel auf viele Wirtschaftsbereiche übertragen lässt: So verursachen in einer Fabrik ca. 20 % der Produkttypen etwa 80 % des Ausschusses. Viele Unternehmen erwirtschaften mit ca. 20 % ihrer Kunden etwa 80 % des Umsatzes. Ca. 80 % der Anfragen bei einer Telefonhotline entstehen durch etwa 20 % der Anfragetypen. Usw.

Sinn und Zweck

Mehr als 100 Jahre nach Paretos Entdeckung übertrugen Management-Vordenker, allen voran Richard Koch (2008)[272], die Denkweise auf das Selbstmanagement. Dabei geht es im Kern um die Überlegung, dass wir in der Regel mit ca. 20 % des Gesamtaufwands für eine Aufgabe etwa 80 % des Ergebnisses erzielen können. Die letzten 20 % bis zur Perfektion erfordern schließlich die restlichen 80 % an Zeit und/oder Anstrengung. Es bietet sich hier also ein Ausweg aus der Perfektionsfalle. Die Idee lässt sich allerdings noch wesentlich weiter spinnen: So ist es vorstellbar, dass ca. 20 % der Menschen und Dinge in unserem Leben für etwa 80 % unseres subjektiven Wohlbefindens sorgen. Letztendlich geht es schlicht darum, mehr Zeit und Energie genau dort einzusetzen – und alles andere weitestgehend sein zu lassen. Die so frei gewordene Zeit kann dann wiederum für die wahrhaft wertschöpfenden Elemente eingesetzt werden.

Was Sie dafür benötigen

Papier, Schreibzeug, den eventuell vorhandenen Terminkalender – und jede Menge Ehrlichkeit gegenüber sich selbst und den Menschen und Dingen in Ihrem Leben. Plus: Die Bereitschaft, sich unter Umständen von mehr oder weniger lieb gewonnenen Überzeugungen, Angewohnheiten und möglicherweise auch Jobs und Mitmenschen zu trennen.

Was Sie besonders beachten sollten

Lassen Sie sich nicht vom Zahlenwerk ablenken. Zum einen kommt es dabei häufig zu Fehlschlüssen[273], und zum anderen ist das auch gar nicht des „Pudels Kern". Es zählt der Leitgedanke, dass einige wenige Dinge, die Sie machen, mit großer Wahrscheinlichkeit um ein Vielfaches effektiver, zielführender und Zufriedenheit stiftender sind als viele andere.

Was idealerweise dabei herauskommt

Wenn Sie Ihre verschiedenen Lebensbereiche gründlich auf 80/20-Mechanismen hin untersuchen, entsteht am Ende mit großer Wahrscheinlichkeit eine explizite Liste von Dingen, Verhaltensweisen, aber auch von Menschen, die entweder in die überproportional wertschöpfende/zielführende/Zufriedenheit fördernde Gruppe gehören – oder eben nicht. Was Sie im

Anschluss konkret mit dieser Erkenntnis anfangen, überlasse ich Ihnen. Ich vertraue darauf, dass Sie die richtigen Schlussfolgerungen ziehen können.

Konkreter Ablauf
Sorgen Sie dafür, dass Sie wiederholt Zeit und Muße haben, Ihre verschiedenen Lebensbereiche gründlich zu reflektieren. Konzentrieren Sie sich dabei auf die jüngere Vergangenheit, sodass Sie mit möglichst konkreten Erinnerungen arbeiten können. Fahren Sie eine *kontrastierende Analyse*.

Beispiel Arbeitswelt: Vergleichen Sie das Ergebnis a) solcher Arbeitsprozesse, die Sie – z. B. aus Zeitmangel – nur notdürftig auf den letzten Drücker erledigt haben, mit b) weiteren, für die Sie alle Zeit der Welt hatten und somit eventuell 120 % gegeben haben; z. B. die Reaktionen Ihres Chefs oder von Kunden auf verschiedene Präsentationen. Mit großer Wahrscheinlichkeit wird der Unterschied nicht sehr ausgeprägt sein.[274] Und falls dem so ist: Stellen Sie sich einmal vor, wie es wäre, in Zukunft nur noch nach Muster a) zu verfahren und die so frei gewordene Zeit für andere Dinge zu nutzen. Arbeiten Sie außerdem möglichst konkret heraus, welche Elemente eines Arbeitsprozesses Ihnen den 80 / 20-Vorteil verschaffen. Das kann je nach Situation höchst unterschiedlich sein.

Bleiben wir noch mal beim Beispiel Präsentation: Für den einen Chef / Kunden mag es am zielführendsten sein, möglichst viel Zeit in die grafische Gestaltung zu stecken, während der eigentliche Inhalt nicht bis ins letzte Detail ausgefeilt sein muss. Für den anderen Chef / Kunden mag es genau umgekehrt sein. Sie kennen doch Ihre Pappenheimer. Nutzen Sie dieses Wissen!

1. Arbeitswelt
Wo und wie wirkt das 80 / 20-Prinzip in Ihren Arbeitsaufgaben?

2. Private Projekte
Wo und wie wirkt das 80 / 20-Prinzip in Ihren privaten Angelegenheiten?

3. Beziehungen
Wo und wie wirkt das 80 / 20-Prinzip in Ihren Beziehungen zu anderen Menschen?

4. Sie sind am Zug!
Überlegen Sie, welche weiteren Lebensbereiche (eventuell auf einer detaillierteren Ebene) Sie noch anhand des 80 / 20-Prinzips analysieren wollen.

Fallstudie 12 – Sigmar: „Aber für mich ist alles wichtig"

Sigmar, Ende 30, ist ein hagerer und etwas steif wirkender IT-Systemarchitekt bei einem Dienstleister im Energiesektor. Er hat mich ursprünglich beauftragt, mit ihm an seinem Zeitmanagement zu arbeiten. Seine Ehefrau beschwere sich zunehmend über ihn, weil er (nach ihrer Aussage) aufgrund zweier sehr zeitaufwendiger Hobbys (eine onlinebasierte Fußballmanager-Simulation und ein Fantasy-Rollenspiel) sowie regelmäßiger Treffen in einem Börsenclub zu wenig Zeit mit ihr und den beiden gemeinsamen Kindern verbringe. „Ich muss das alles besser unter einen Hut kriegen", sagt er zu Beginn unserer Arbeit.

In diesem Sinne führe ich Sigmar in die Arbeit mit der im vorigen Abschnitt beschriebenen 4-D-Matrix ein. Er verinnerlicht das Konzept auch schnell, und wir wollen die Zusammenarbeit an dieser Stelle eigentlich schon wieder beenden. Er meldet sich jedoch nach einigen Wochen wieder bei mir und berichtet, dass das Konzept bei ihm leider nicht funktioniere. „Ich habe es nicht wirklich geschafft, etwas zu ändern", erzählt er. „Für mich ist das *alles* wichtig – ich weiß nicht, was ich weglassen soll." Seine Frau sei nach wie vor sehr unzufrieden mit der Situation und habe schon damit gedroht, auszuziehen.

Daraufhin biete ich ihm an, in einer neuen Sitzung die im Folgenden beschriebene Übung mit ihm durchzuführen. In deren Verlauf erfährt er u. a., was es für ihn bedeuten würde, gänzlich ohne seine Frau und seine Kinder zu leben. Und er bekommt ein Gefühl dafür, was er durch die bisherige Art und Weise seiner Zeitallokation an wichtigen Erfahrungen verpasst. Dies macht ihn – zum ersten Mal in unserer gemeinsamen Arbeit – sichtlich betroffen. Ich kann ihn zwar im Folgenden nicht dazu bewegen, eines seiner Online-Hobbys komplett aufzugeben, weil diese in seiner persönlichen Hierarchie mit sehr wichtigen Werten aufgeladen sind. Aber er setzt sich seitdem sehr viel striktere Zeitlimits, was seine Internet-Aktivitäten betrifft. Seither verbringt er – auch aus Sicht seiner Frau – ausreichend Zeit mit ihr und den Kindern, was ihr Verhältnis als Paar wieder deutlich aufwertet.

ÜBUNG

Zufriedenheitswerkzeug: Schwarz-weiße Werte-Malerei

Einführung
So wie Sigmar in der Fallstudie haben manche Menschen Schwierigkeiten zu definieren, was *wirklich* wichtig ist in ihrem Leben. Die Konsequenz: Beim Sortieren der Lebensbereiche anhand der 4-D-Matrix landen alle Lebensbereiche in den beiden rechten Quadranten, es erscheint also alles sehr wichtig. Nach meiner Erfahrung ist dieser Befund das Ergebnis einer zu kopfgesteuerten Bewertung der verschiedenen Optionen. In diesem Fall ist es hilfreich, über die Wichtigkeit „nachzufühlen", anstatt darüber nachzudenken.

Sinn und Zweck
Unsere Tätigkeiten und Lebensbereiche sind mit mehr oder minder wichtigen (abstrakten) Motiven und Werten verknüpft, die (implizit) durch unser Handeln verwirklicht werden.[275] Solange aber nicht einschneidend und / oder langfristig gegen einen unserer Werte verstoßen wird, nehmen wir diese in der Regel nicht bewusst wahr.

Beispiel: Der wichtigste Wert für den Großteil der Menschen ist ihre persönliche Freiheit; daher ist langjähriger Freiheitsentzug auch die höchste Strafe, die westliche Rechtssysteme für schwere Verbrechen vorsehen. Die immense Bedeutung des Wertes Freiheit wird uns erst bewusst, wenn uns dieser Lebensaspekt genommen wird. Solange er gegeben ist, fällt er jedoch nicht besonders auf. In diesem Sinne spielt diese Übung bewusst mit den Extremen, mit ganz oder gar nicht, um die Wucht der unterliegenden Werte erlebbar zu machen.

Was Sie dafür benötigen
Ihre Imaginationsfähigkeit, Schreibzeug und einige Karteikarten oder DIN-A4-Blätter – und ein gutes Stündchen Zeit.[276]

Was Sie besonders beachten sollten
Achten Sie während dieser Übung besonders auf Ihre körperlichen Reaktionen, auf Aspekte wie Atmung (leicht bzw. schwergängig?), Druckgefühle im Nacken- oder Bauchraum oder Schweregefühle in Armen und Beinen. Unser Körper ist durchaus in der Lage, uns Hinweise in Bezug auf richtige Entscheidungen zu geben, insbesondere bei solchen, die aufgrund ihrer Komplexität nur schwer mit der Ratio fassbar sind. Was der Volksmund Bauchgefühl nennt, bezeichnen Neuropsychologen wie Antonio Damasio als Bewusstwerdung sogenannter somatischer Marker.[277]

Was idealerweise dabei herauskommt
Eine klare Hierarchie Ihrer Werte in Form eines Kontinuums von „wichtig" zu „weniger wichtig". Diese kann u. a. als Basis dienen, Ihre 4-D-Matrix aus dem vorigen Zufriedenheitswerkzeug zu befüllen.

Übersicht
1. Erste Vergleichsrunde
2. Vergleiche am oberen und unteren Ende
3. Sichtkontrolle und Testen durch Austauschen
4. Fragen, Fragen, Fragen
5. Zusätzliche Option

Konkreter Ablauf
Wählen Sie zwei konkrete Lebensbereiche aus und schreiben Sie diese auf verschiedene Karteikarten / Blätter.

Als Beispiel: Ihre derzeitige Arbeit und Ihre derzeitige Partnerschaft.
Und nun stellen Sie sich für einige Sekunden möglichst lebhaft vor, Sie dürften a) ab jetzt *nie mehr* Ihrer heutigen Beschäftigung nachgehen und müssten b) *für immer* mit Ihrem aktuellen Partner zusammenleben. Dann wiederholen Sie diese Imagination mit umgekehrten Vorzeichen; Sie haben also den Job *für immer und nie mehr* Ihren Partner. Mit großer Wahrscheinlichkeit werden Sie ein sehr klares Signal (rational und / oder emotional) erhalten, welcher Bereich der wichtigere ist – weil Ihnen eine der Optionen schier unmöglich erscheint. Wenn Sie möchten, überlegen Sie nun außerdem, welche Werte durch den jeweiligen Lebensbereich verwirklicht werden, und schreiben Sie diese zusätzlich auf die Karten.

Im Beispiel könnten das sein: Autonomie (durch das selbst verdiente Geld) bzw. positiv erlebte Bindung (durch das „In-Beziehung-Sein"). Legen Sie die Karten / Blätter nun in der entsprechenden Reihenfolge vor sich aus.[278]

Erste Vergleichsrunde
Verfahren Sie nun ebenso mit einem neuen Zweierpaar von Lebensbereichen und legen Sie, wenn Sie das Ergebnis erhalten haben, diese Karten / Blätter zunächst ebenfalls in eine eigene kleine Rangreihe – und zwar so lange, bis jeder Lebensbereich einmal gegen einen anderen getestet wurde. Im Ergebnis haben Sie nun eine Gruppe mit „Gewinnern" und „Verlierern".

Vergleiche am oberen und unteren Ende
Nehmen Sie nun nur die Gewinner der ersten Runde und testen Sie diese wie zuvor beschrieben paarweise gegeneinander. Anschließend machen Sie das Gleiche mit den Verlierern des ersten Durchgangs. Auf diese Weise ergibt sich nach und nach eine erste, vorläufige Hierarchie Ihrer Lebensbereiche (bzw. Werte).

Sichtkontrolle und Testen durch Austauschen
Legen Sie nun alle Karten / Blätter auf Basis der bisherigen Ergebnisse in eine vorläufige gemeinsame Rangreihe. Sie haben zu diesem Zeitpunkt noch nicht alle Lebensbereiche direkt gegeneinander getestet; das wird aber auch nicht notwendig sein. Oft wird der Unterschied in der

Wichtigkeit schon intuitiv derart stark sein, dass Sie bestimmte Zweiertests gar nicht physisch durchführen müssen. Trauen Sie sich also ruhig, eine erste, gesamthafte Hierarchie auszulegen.

Lassen Sie nun Ihre Augen über die erstellte Hierarchie schweifen: Was fühlt sich stimmig an, was irritiert Sie noch? Wenn Sie das Gefühl haben, dass zwei Karten/Blätter in falscher Reihenfolge liegen, tauschen Sie sie testweise gegeneinander aus. Wenn sich die neue Reihenfolge besser anfühlt, arbeiten Sie mit diesem Ergebnis weiter. Machen Sie mit diesem Verfahren weiter, bis sich eine eindeutige Reihenfolge aller Lebensbereiche bzw. unterliegenden Werte ergeben hat. Nur noch dann, wenn Sie sich in puncto Wichtigkeit auf Sicht partout nicht zwischen zwei Aspekten entscheiden können, greifen Sie erneut auf die oben beschriebene Extremvergleichsmethode zurück.

Fragen, Fragen, Fragen

Was ist nun anzufangen mit der gewonnenen Erkenntnis? Einerseits sollte es Ihnen leichter fallen, die zuvor erwähnte 4-D-Matrix zu befüllen, wenn Sie noch mit diesem Werkzeug weiterarbeiten möchten. Die Wertehierarchie kann aber auch als Ausgangspunkt für weitere Selbstexploration dienen. Beginnen können Sie z. B. mit folgender Frage: „Bin ich überrascht von der Rangreihe, die sich ergeben hat – oder hat sich alles ergeben wie erwartet?" Und sollte sich eine überraschende Reihenfolge gezeigt haben: Was genau überrascht Sie und wieso?

Weiterhin kann es sehr spannend sein, diesen Prozess als Partnerübung durchzuführen. Hier ist das Ziel, dass sich die Partner nach separater Vorarbeit ihre (Werte-)Welt erläutern: Wo liegen die Unterschiede, wo die Gemeinsamkeiten? Was können Sie nachvollziehen, wo fällt es Ihnen schwer, mitzugehen?

Ebenfalls eine spannende Option: Vergleichen Sie Ihre Wertehierarchie mit der Ihrer Eltern (selbst, wenn Sie sich die Wertehierarchie Ihrer Eltern nur vorstellen). Auch hier wieder die Fragen: Wo liegen die Unterschiede, wo die Gemeinsamkeiten? Was können Sie nachvollziehen, wo fällt es Ihnen schwer, mitzugehen? Und wie hat sich dies möglicherweise in der Beziehung zu Ihren Eltern ausgewirkt? In der Kindheit, in Ihrer Jugend – und heutzutage?

Zusätzliche Option

Wenn Sie experimentierfreudig sind, probieren Sie, nachdem Sie Ihre Wertehierarchie herausgearbeitet haben, einmal das Folgende: Tauschen Sie am oberen Ende des Kontinuums zwei der Karteikarten bewusst gegeneinander aus.

Beispiel: Wenn Ihre Arbeit auf Platz eins gelandet ist und Ihre Partnerschaft auf Platz zwei: Tauschen Sie die Karteikärtchen/Blätter physisch gegeneinander aus, legen Sie also Ihre Partnerschaft auf Platz eins und den Job auf zwei. Lassen Sie dieses neue Bild eine Zeit lang wirken. Wie fühlen Sie sich dabei? Welche Gedanken gehen Ihnen durch den Kopf? Und einmal angenommen, die Reihenfolge wäre tatsächlich so: Was würde das für Ihr Leben bedeuten? Was wäre dann anders? Welche Möglichkeiten würden sich ergeben, die derzeit unmöglich erscheinen?

Wichtig: Stellen Sie im Anschluss an das Experiment die Originalreihenfolge wieder her, es sei denn, Sie haben sich sehr, sehr wohl mit der veränderten Rangreihe gefühlt.

4.3 ORGANISATION: Zusammenfassung

Grundlage dieses Kapitels ist der Unterschied zwischen a) „die Dinge richtig tun" und b) „die richtigen Dinge tun". Während klassische Zeitmanagement-Techniken vor allem beim Thema a) ansetzen, geht es beim Thema b), Selbstmanagement, stärker um die Frage der übergreifenden Relevanz unserer verschiedenen Tätigkeiten und Lebensbereiche. Wenn Zeitmanagement dazu genutzt wird, mehr desselben zu tun (z. B. noch mehr Zeit auf der Arbeit zu verbringen), führt es unmittelbar in eine Negativspirale. Menschen hingegen, die klar zwischen den (ausschließlich) dringenden und den langfristig wirklich wichtigen Aspekten ihres Lebens unterscheiden können, profitieren von einer höheren Lebenszufriedenheit.

Weitere Tipps und Tricks

Klassisches Zeitmanagement

- Belegen Sie nach Möglichkeit maximal 60 % Ihres Kalenders mit konkreten Terminen. Die restliche Zeit geht erfahrungsgemäß – insbesondere in größeren Firmen – für das Tagesgeschäft, Störungen und Klatsch und Tratsch drauf.
- Sofern Sie gerade nichts anderes Dringendes zu tun haben: Wenn Sie eine neue Aufgabe bekommen, die maximal zwei Minuten dauert (z. B. eine kurze Antwort auf eine Mail): Erledigen Sie das sofort. Derart verhindern Sie das demotivierende Anhäufen von Aufgabenstapeln. Außerdem: Es fühlt sich immer gut an, etwas weggeschafft zu haben.[279]
- Konfigurieren Sie Ihr E-Mail-Postfach derart, dass Mails, in denen Sie nur auf Cc stehen, in ein eigenes Eingangsfach umgeleitet werden. Cc-Mails sind meist nur „zur Info" und daher für Sie nicht dringend und in der Regel auch nicht wichtig. Lesen Sie diese Mails am Stück, wenn sich ein passendes Zeitfenster ergibt. Vieles ist mit großer Wahrscheinlichkeit direkt zu löschen. Diese Vorgehensweise sorgt – bei regelmäßiger Anwendung – dauerhaft für ein hübsch aufgeräumtes Postfach. Was wiederum hilft, mental abzuschalten, wenn Sie Ihren Arbeitsplatz verlassen.
- Wenn Sie Zeit für bestimmte Aufgaben im Kalender blocken: Teilen Sie die Zeit eher knapp ein, vielleicht sogar absichtlich ein wenig zu kurz. Studien[280] zeigen, dass Arbeit die Angewohnheit hat, sich auf die verfügbare Zeit auszudehnen. Sprich: Wenn Sie sich vier Stunden für etwas nehmen und pünktlich fertig werden, besteht eine große Wahrscheinlichkeit, dass Sie es auch in drei Stunden geschafft hätten.

Strategisches Selbstmanagement

An dieser Stelle möchte ich auf konkrete Tipps verzichten. Stattdessen folgt – vor den obligatorischen Literaturtipps zu Ende jedes Hauptkapitels – eine weitere Buchempfehlung (leider noch nicht in deutscher Sprache erschienen). Bronnie Ware war eine australische Krankenschwester, die lange Zeit in der Palliativmedizin gearbeitet hat. Sprich: Sie hat viele, viele Menschen auf dem Weg des Sterbens begleitet – und zumeist aufgeschrieben, was jene Sterbenden ihr in den letzten Wochen oder Tagen anvertraut hatten.[281] Insbesondere hat sie festgehalten, was diese Personen nach eigenen Angaben am meisten bereuen. Die fünf am häufigsten genannten Punkte sind:

- Ich wünschte, ich hätte den Mut gehabt, mein eigenes Leben zu leben – nicht jenes, das von mir erwartet wurde.
- Ich wünschte, ich hätte nicht so viel gearbeitet.
- Ich wünschte, ich hätte den Mut gehabt, meine Gefühle auszudrücken.
- Ich wünschte, ich hätte den Kontakt zu meinen wahren Freunden gehalten.
- Ich wünschte, ich hätte mir *erlaubt*, glücklicher zu sein.

Buchtipps zur weiteren Vertiefung

COVEY, S. R. (2012): Die 7 Wege zur Effektivität: Prinzipien für persönlichen und beruflichen Erfolg (24. Aufl.). Offenbach: Gabal.
Der Klassiker zum Thema persönliche Effektivität. Pflichtlektüre. Genug gesagt.

KOCH, R. (2008): Das 80/20-Prinzip: Mehr Erfolg mit weniger Aufwand (3. Aufl.). Frankfurt a. M.: Campus.
Richard Koch ist ein amerikanischer Management-Vordenker, der meines Wissens als Erster die konkrete Anwendung des Pareto-Prinzips auf das Thema Selbstmanagement beschrieben hat. Fernab von Zeitmanagement-Techniken wie z. B. „Listen pflegen" versucht er, den Leser zum übergreifenden 80/20-Denken zu bewegen, also für alle Lebensbereiche zu prüfen, wie durch Konzentration auf wenige wirksame Aspekte mehr Erfolg (im weiten Sinne) in weniger Zeit erreicht werden kann.

O'KELLEY, E. (2006): Auf der Jagd nach dem Tageslicht. Wie mit meinem bevorstehenden Tod ein neues Leben begann. München: FinanzBuch.
Es gibt viele Bücher von Menschen, die kürzlich erfahren haben, dass sie bald sterben müssen. Dieses ist insofern besonders, als dass der Autor nicht „irgendwer", sondern zu seiner Zeit der weltweite CEO der Wirtschaftsprüfungsgesellschaft KPMG war. Es ist fast befremdlich, aber auch wieder anrührend zu lesen, wie der Mann jene Kompetenzen, die ihn in seiner Karriere erfolgreich gemacht haben (vor allem systematische Planung), auf die Ausgestaltung der ihm noch verbleibenden Zeit angewendet hat.

Exkurs: Nützliche Angewohnheiten zur Steigerung der Lebenszufriedenheit

Wie Sie mittlerweile wissen, beschreibe ich zum Ende jedes Hauptkapitels einige Übungen, die Ihnen helfen können, den jeweils vorgestellten Faktor Ihres VIGOR spezifisch zu stärken, was sich wiederum positiv auf Ihre Lebenszufriedenheit auswirken sollte. Nicht vorenthalten möchte ich Ihnen allerdings einige Verhaltensweisen, die Ihrer Lebenszufriedenheit auf eine unspezifische Art und Weise zuträglich sein können. Vielleicht werden Sie gleich ein wenig schmunzeln, wenn Sie sehen, worum es geht. Und bitte: Schmunzeln Sie ruhig. Manche Dinge können so einfach sein ...

Ich glaub, ich geh im Wald

Diese Nummer ist wirklich einfach: Gehen Sie öfter raus ins Grüne – insbesondere als Stadtmensch. Viele Studien zeigen, dass es einen stressreduzierenden Effekt hat, sich regelmäßig in der freien Natur aufzuhalten. Es scheint sich hier wie so oft um eine Wirkung unseres evolutionsbiologischen Erbes zu handeln. Dabei gilt: Je unberührter und naturbelassener (konkret: je grüner) die Natur, desto besser. Ergo: Der Stadtwald ist besser als der Stadtpark, das großflächige Naturschutzgebiet wiederum ist noch förderlicher. Jede Woche einige Stunden dürften einen spürbaren Effekt haben. Aber einmal im Monat ist auch besser als gar nichts.[282] Zusätzlich: Unabhängig von der konkreten Umgebung ist regelmäßiger Zugang zu Sonnenlicht bedeutender für unser psychisches Wohlbefinden. Direkte Sonneneinstrahlung auf unsere Haut ist von großer Bedeutung für die Synthese von Vitamin D im Körper. Und ein hoher Vitamin-D-Spiegel ist wiederum ein wichtiger Faktor zur Prävention von depressiven Verstimmungen.[283] Da haben wir also auf wundersame Weise etwas gemeinsam mit unseren Photosynthese praktizierenden pflanzlichen Verwandten: Ohne einen Platz an der Sonne verwelken wir langsam, aber sicher. Ergo: Versuchen Sie, am besten jeden Tag mindestens 20 bis 30 Minuten unter freiem Himmel zu verbringen. Es ist dabei im Prinzip unerheblich, ob die Sonne scheint oder der Himmel bewölkt ist. Jede Art von Tageslicht ist nützlich.

Kuscheln, bis der Arzt (nicht mehr) kommt

Dies ist meine persönliche Lieblingsgewohnheit: Kuscheln, knuddeln und streicheln Sie (aktiv wie passiv), was das Zeug hält – Ihren Partner, Ihre Kinder, die beste Freundin, Hund, Katze, Maus. Ist (fast) egal. Und wenn Sie niemanden zum Kuscheln haben, dann gehen Sie sofort los und besorgen Sie sich jemanden.[284] Im Gegensatz zu Sport und Meditation (s. u.), also Tätigkeiten, die nicht wenige Menschen als anstrengend und daher wenig angenehm empfinden, kenne ich kaum Menschen, die nicht gerne kuscheln – auch wenn es einige harte Männer vielleicht nicht zugeben würden. Und es ist ein wahrer Jungbrunnen. Regelmäßige Streicheleinheiten senken unter anderem den Blutdruck und vermindern nachhaltig den Level von Stresshormonen wie Cortisol im Blut. Alles in allem ein richtig gesunder Glücklichmacher.[285]

Essen hält Leib *und* Seele zusammen

Ich möchte Ihnen hier keine Predigt über gesunde Ernährung halten. Die Bestsellerlisten quellen eh schon über von Koch- und Diätbüchern. Und dass eine Handvoll Äpfel am Tag auf Dauer gesünder ist als die gleiche Handvoll Big Macs, dürfte Ihnen auch ohne mein Geschreibsel klar sein. Was den meisten Menschen jedoch nicht direkt einleuchtet (obwohl die Volksweisheit in der Überschrift es klar und deutlich sagt), ist die Tatsache, dass eine ausgewogene Ernährung nicht nur den Körper gesund und leistungsfähig hält, sondern auch unseren Geist. Ernährungsforscher finden regelmäßig Zusammenhänge zwischen einem Mangel an bestimmten Vitalstoffen und depressiven Störungsbildern. Deshalb an dieser Stelle nur eine wichtige Empfehlung: Essen Sie viel Fisch (vor allem Lachs), am besten mehrmals die Woche. Die darin reichlich enthaltenen Omega-3-Fettsäuren schützen nicht nur Ihr Herz, sondern auch Ihr Gehirn vor Verschleißerscheinungen. Im Ergebnis sind regelmäßige Fischesser im Schnitt mental gesünder als die maritimen Kostverächter unter uns.[286]

Sport ist Mord – für Ihre schlechte Laune

Ähnlich wie bei der gesunden Ernährung gilt auch für den Sport: Die meisten Menschen wissen (wenn auch oftmals nur in der Theorie), dass regelmäßige sportliche Betätigung, insbesondere Ausdauersport bei moderater Pulsfrequenz, gesundheitsfördernd und somit lebensverlängernd wirkt. Allerdings ist vielen Mitbürgern noch nicht bewusst, dass körperliche Betätigung auch unser Gehirn in Schuss hält: Entspanntes Jogging ist zum Beispiel ein regelrechter Depressionskiller. „First of all: No sports!", soll der große britische Staatsmann Winston Churchill angeblich auf die Frage eines Journalisten nach dem Geheimnis seines hohen Lebensalters gesagt haben.[287] Dazu würde zumindest passen, dass Churchill Zeit seines Lebens immer wieder unter teils schweren depressiven Episoden litt (er nannte diese Beschwerden seinen „Black Dog" = schwarzen Hund). Wer rastet, der rostet, weiß der Volksmund. Das gilt für Körper *und* Geist.[288] Also kramen Sie Ihre Laufschuhe raus oder Ihr Mountain-Bike oder die Rollerblades oder auch die Nordic-Walking Stöcke.[289] Idealerweise mindestens dreimal pro Woche für ein Stündchen. Auf diese Weise kriegen Sie auch gleich Ihre Ration Tageslicht ab (s. o.).

Ich möchte einfach hier sitzen

Diesen berühmten Satz sagt Knollennase Hermann zu Knollennäsin Berta im Sketch-Klassiker „Feierabend" des 2011 verstorbenen Genies Loriot. Während die in der Küche hantierende Ehefrau ihren Gatten zu allerlei Aktivitäten anstiften will, möchte der Ehemann einfach nur im Sessel sitzen und „nichts" machen. Und er möchte laut eigener Aussage auch „nichts Besonderes" denken. Obschon sich Hermann am Ende doch von seiner Frau in Rage bringen lässt: Möglicherweise war er ein richtig schlaues Kerlchen. Denn einfach nur sitzen und an nichts Besonderes denken ist schon eine recht gute Beschreibung für das, was man in vielen Spielarten der *Meditation* macht: Man sitzt still und konzentriert sich auf einen bestimmten

Aspekt seines Körpers oder Geistes (z. B. auf das Kommen und Gehen des Atems), ohne sich begrifflich daran festzuhalten. Alles, was da ist, darf auch sein – um dann wieder zu gehen, so wie es gekommen ist.

Während Meditation in den 60er- und 70er-Jahren des vorigen Jahrhunderts noch eine esoterische Anmutung hatte und dementsprechend kritisch vom Establishment beäugt wurde, hat sie durch systematische Erforschung seit Beginn der 80er langsam, aber sicher Einzug als nützliches Werkzeug in die westliche Medizin und Psychotherapie gehalten. Es lässt sich heute durch bildgebende Verfahren nachweisen, dass regelmäßiges Meditieren einen direkten Einfluss auf unsere Gehirnchemie hat.[290] Insbesondere erhöht sich durch kontinuierliche Meditationspraxis dauerhaft (also auch außerhalb des konkreten Übens) die Aktivität im linken Frontallappen.[291] Und dies geht wiederum mit einer Reihe von positiven Folgen für die allgemeine geistige Verfassung einher. Menschen, die regelmäßig meditieren, sind im Schnitt ausgeglichener und zufriedener als Otto Normalverbraucher. Außerdem lässt sich eine Reihe von positiven Effekten auf die physische Gesundheit feststellen, z. B. verminderter Blutdruck oder gestärkte Aktivität des Immunsystems.

Es gibt heutzutage eine große Bandbreite an meditativen Praktiken: Das Kontinuum reicht von deutlich religiös geprägt (hierzu zählt für mich auch die christliche Kontemplation, eine spezifische, sehr tiefe Form des Gebets) bis hin zu vollkommen säkular. Wenn Sie es möglichst neutral mögen, empfehle ich „Mindfulness-Based Stress Reduction" (MBSR), eine Form der Achtsamkeitsmeditation, die von einem Pionier der westlichen Meditation, Jon Kabat-Zinn, in den 80er-Jahren etabliert wurde. Sie ist heute die wahrscheinlich am besten wissenschaftlich untersuchte Variante.[292]

Wer schreibt, der bleibt ... happy

Last, but not least: Wenn es so etwas wie eine Geheimwaffe gibt, die eigentlich alle Vertreter meiner beruflichen Zunft überflüssig machen sollte, dann ist es – tadaa! – schreiben. Bevor Sie nun innerlich zusammenzucken, weil irgendwo in Ihrem Hinterkopf die verhasste Deutschlehrerin aus der achten Klasse mit schriller Stimme „Hefte raus – Klassenarbeit!" kräht: Es geht hier nicht darum, einen möglichst fehlerfreien und bedeutungsschwangeren Aufsatz zu Papier zu bringen. Die Sache ist wesentlich einfacher: Sollte es derzeit etwas geben, das Sie emotional belastet, nehmen Sie Papier und Bleistift zur Hand (wenn Sie lieber am Rechner tippen, ist das aber auch o. k.) und schreiben Sie einfach drauflos: Beschreiben Sie, was genau Sie belastet, was Sie dabei fühlen und welche Gedanken Ihnen begleitend durch den Kopf gehen. Scheren Sie sich nicht um Rechtschreibung und Interpunktion. Versuchen Sie stattdessen, „in den Fluss" zu kommen, sodass sie 20 bis 30 Minuten am Stück durchschreiben können.

Forscher konnten nachweisen, dass diese Form des emotionalen Schreibens eine erstklassige Strategie zur Selbsthilfe bei diversen Arten von Stress sein kann. Schreiben ist eine sehr spezifische Art der Bewältigung: Durch das „Be-Schreiben" schaffen wir ein gesundes Maß an Distanz zwischen uns selbst und dem Problem; wir können kaum im Problem stecken und gleichzeitig darüber schreiben. Ein weiterer positiver Effekt: Was einmal niedergeschrieben ist, ist ein gutes Stück weit raus aus dem Kopf. Wir können das Problem dann zum Beispiel in eine Schublade legen und es wieder hervorholen, wenn wir uns erneut damit beschäftigen wollen. In der Zwischenzeit ist der Kopf jedoch frei für das, was sonst noch ansteht.[293] Empfehlung: Falls Sie derzeit etwas akut belastet, sollten Sie über einen Zeitraum von mehreren Wochen wenigstens alle paar Tage etwa eine halbe Stunde für diese Strategie reservieren. Die Feder ist deutlich mächtiger als das Schwert.

Fazit

Der perfekte Tag zur Erhaltung Ihrer Zufriedenheit sieht also ungefähr so aus:
- Vor dem Aufstehen noch zehn Minuten Kuscheln mit dem Partner,
- nach einem ausgewogenen Frühstück dann mit dem Rad zur Arbeit ...,
- ... die Ihren Neigungen und Stärken entspricht und Ihnen ein hohes Maß an Autonomie bietet.
- In der Mittagspause den Lachs der Currywurst vorziehen,
- nachmittags 15 bis 20 Minuten meditieren,
- nach getaner Arbeit folgt noch ein leichter Waldlauf.
- Falls Sie tagsüber etwas belastet hat: 15 bis 20 Minuten schriftliche Beschäftigung mit dem Thema vorm Zubettgehen;
- und später natürlich noch mehr kuscheln.

Klingt doch einfach, oder? Aber mal im Ernst: Das Leben ist bekanntlich kein Ponyhof; und die wenigstens Menschen sind so diszipliniert, einen entsprechenden Lebenswandel von vorne bis hinten durchzuziehen. Das muss aber auch gar nicht sein. Picken Sie sich jene Verhaltensweisen raus, die Ihren Neigungen entsprechen und die sich gut in Ihren Lebenswandel einfügen lassen: Ich selbst meditiere nur unregelmäßig, obwohl ich um die positive Wirkung weiß. Bei meinem derzeitigen Lebensrhythmus würde es eigentlich nur morgens vor der Arbeit reinpassen, aber da bin ich einfach zu muffelig.

Außerdem bin ich nicht der allergrößte Fischfreund auf dieser Erde (Sushi mal ausgenommen, aber das gibt es in meiner verschlafenen Heimatstadt nicht in genießbarer Qualität). Die Sache mit den Omega-3-Säuren ist mir allerdings so wichtig, dass ich hier mit hochwertigen Fischöl-Kapseln nachhelfe. Ebenso helfe ich seit geraumer Zeit bei meiner Tageslicht-Ration nach: Seit einigen Jahren steht auf meinem Nachtisch ein Tageslichtwecker. Dieser simuliert vor dem Aufwachen einen 30-minütigen Sonnenaufgang über meinem Kopf; die letzten Minuten strahlen mir viele, viele LEDs mit annähernder Tageslichtstärke direkt ins Gesicht. Im Ergebnis bin ich immer noch ein Morgenmuffel, aber doch weitaus zugänglich als früher. Und ich brauche keinen nervigen Weckton mehr. Durch die sich langsam steigernde Lichteinstrahlung wache ich fast immer von allein auf.[294]

Und bevor Sie jetzt denken: Der Rose ist einer, der Wasser predigt, aber ständig Wein trinkt: Kuscheln tun meine Frau und ich wie die Weltmeister![295]

5. | RIGOROSITÄT

Das Schöpferische wirkt erhabenes Gelingen, fördernd durch Beharrlichkeit.
(Aus dem „I Ging")

Mund abwischen. Weitermachen.
(Oliver Kahn)

Ein etwa vier Jahre alter Junge wird von einem freundlichen älteren Herrn in einem Raum an einen Tisch geführt und gebeten, sich auf den davor platzierten Stuhl zu setzen. Auf dem Tisch steht ein Teller mit zwei herrlich fluffigen Marshmallows.[296] *Nun erklärt der Mann dem Kind Folgendes: „Ich werde nun den Raum verlassen und dich für einige Minuten allein lassen. Wenn du Lust hast, darfst du die Marshmallows gerne essen, während ich weg bin. Wenn du aber so lange mit dem Essen wartest, bis ich wiederkomme, lege ich nochmal zwei drauf, und du bekommst alle vier." Anschließend verlässt er den Raum.*

5.1 Einführung

Wissen Sie noch, wie Sie drauf waren mit vier Jahren? Hätten Sie sich sofort auf die Süßigkeiten gestürzt – oder hätten Sie durchgehalten? Die Antwort auf diese Frage kann unter Umständen eine ganze Menge darüber aussagen, wie erfolgreich und zufrieden Sie heutzutage sind. Die zuvor geschilderte Situation ist nämlich Teil eines Experiments, das sich der Psychologe Walter Mischel Ende der 1960er-Jahre ausgedacht hatte und welches seitdem auf dem ganzen Erdball vielfach wiederholt wurde. Tatsächlich wird im Anschluss an die oben geschilderte Situation durch einen einseitigen Spiegel beobachtet, wie lange das Kind widerstehen kann, bevor sein Durchhaltevermögen es verlässt und es sich auf die Leckereien stürzt. Was dadurch gemessen wird, ist eine relativ stabile Facette unserer Persönlichkeit, die Fähigkeit zum Belohnungsaufschub.[297] Je länger ein Kind warten kann, desto stärker ist diese Eigenschaft ausgeprägt. Doch wozu ist es gut, das zu wissen?

Warum Verzichten-Können mitunter eine Tugend ist

Etwa ein Jahrzehnt nach dem ursprünglichen Experiment suchte Mischel seine mittlerweile adoleszenten Probanden erneut auf und sammelte Daten über deren Sozialverhalten, ihre schulischen Leistungen und ihre Reaktion auf stressige Situationen. Und siehe da: Es zeigte sich ein deutlicher statistischer Zusammenhang. Jene Kinder, die in dem ursprünglichen Experiment überdurchschnittlich lange durchhielten, waren als Jugendliche typischerweise stressresistenter, zeigten bessere Soft Skills und waren im Durchschnitt auch erfolgreicher in der Schule. Die Erklärung liegt auf der Hand, denn das Prinzip Belohnungsaufschub zieht sich bis zu einem gewissen Grad durch unser ganzes Leben. Die Frage nach dem Spatz in der Hand im Vergleich zur Taube auf dem Dach müssen wir uns viele, viele Male beantworten: Soll ich lieber noch ein wenig für die morgige Klausur lernen und so die Wahrscheinlichkeit auf eine gute Note erhöhen (Belohnung in der Zukunft) oder doch lieber ein paar Runden Playstation spielen (Belohnung sofort)? Beginne ich eine Ausbildung und verdiene somit postwendend einen gewissen Geldbetrag (Belohnung sofort) oder verzichte ich während eines Studiums vorerst auf den Verdienst, um mit abgeschlossenem Studium deutlich mehr einstreichen zu können (Belohnung in der Zukunft)? Und gehe ich danach endlich ordentlich Kohle machen (Belohnung sofort) oder hänge ich noch den Doktor hintenan, verzichte weitere Jahre auf Gehalt, um mir die Tür für die oberen Etagen und Gehälter offen zu halten (Belohnung in der Zukunft)?[298] Vermutlich hat dieses Prinzip schon in der Steinzeit eine herausragende Bedeutung gehabt: Haue ich mir mit den vielen gesammelten Nüssen augenblicklich den Wanst voll oder teile ich mir den Vorrat für den kommenden Winter ein?

Da der Unterschied in puncto Fähigkeit zum Belohnungsaufschub schon bei kleinen Kindern sehr ausgeprägt ist, kann man davon ausgehen, dass er zum Teil auf unseren Genen, unserem angeborenen Charakter beruht. Schon früher in diesem Text (im Kapitel „Einklang") habe ich von den Big Five, den großen übergreifenden Persönlichkeitseigenschaften berichtet, anhand derer sich alle Menschen stabil klassifizieren lassen.[299] Konkret habe ich beschrieben, wie Menschen, die hohe Werte für Neurotizismus aufweisen, im Durchschnitt unzufriedener und anfälliger für bestimmte psychische Störungen sind. Eine weitere dieser fünf Eigenschaften wird im Fachjargon Gewissenhaftigkeit genannt. Menschen, die hohe Werte auf dieser Dimension aufweisen, sind typischerweise erfolgreicher im Leben, weil sie – unabhängig von anderen Faktoren wie z. B. allgemeiner Intelligenz – ausdauernder an ihren Aufgaben arbeiten. Sie lassen sich weniger leicht ablenken und können sich besser für eher unangenehme Dinge motivieren, z. B. das Lernen für eine Prüfung[300] – oder auch das Abarbeiten einer Liste von Vertriebskunden.[301] Seit einigen Jahren erforschen Psychologen darüber hinaus eine verwandte, aber etwas spezifischer formulierte Persönlichkeitseigenschaft, die im Englischen „Grit" genannt wird, was sich am besten mit Entschlossenheit übersetzen lässt. Menschen mit hohem Grit scheinen ein ganz natürliches Interesse und eine hohe Begabung für das Verfolgen von langfristigen Zielen zu haben, was sie wiederum erfolgreicher in Schule und Beruf werden lässt.[302]

Auch hier gilt allerdings: Unsere Gene machen nur etwa die Hälfte der Miete aus. Wenn Sie von Natur aus also nicht mit allzu viel Willensstärke gesegnet sind, ist das nicht weiter tragisch. Im Laufe des Kapitels „werden Sie definitiv geholfen". Vorher aber noch einige verblüffende Infos zum Thema Willensstärke.

Warum Sie vor Prüfungen Schokokekse anstatt Radieschen essen sollten

Stellen Sie sich vor, Sie kommen in einen Raum und nehmen an einem Tisch Platz. Vor Ihnen stehen frisch gebackene, herrlich duftende Schokokekse. Der Mann, der Sie hierher eingeladen hat, verbietet Ihnen allerdings rigoros, diese anzufassen. Neben den Keksen gibt es aber noch einen weiteren Teller mit Radieschen; hier dürften Sie sehr gerne zugreifen, wenn Sie denn wollten. Nach einer Wartezeit von etwa zehn Minuten werden Sie in einen weiteren Raum gebeten, um einen Test zu absolvieren; Sie sollen z. B. Anagramme entziffern. Was Sie nicht wissen, ist Folgendes: Die Anagramme, die Ihnen vorgesetzt werden, sind a) gar nicht lösbar. Dafür wird aber b) die Zeit gemessen, die verstreicht, bis Sie entnervt aufgeben. Außerdem gibt es c) noch eine ganze Reihe anderer Personen, die das gleiche Schicksal erleiden wie Sie selbst – sie alle sind nämlich Teil eines psychologischen Experiments geworden. Und d) gibt es gemeinerweise innerhalb aller Teilnehmer eine Unterteilung: Andere Menschen sollen ebenfalls die unlösbaren Anagramme bearbeiten, allerdings wurde diesen *ausdrücklich erlaubt*, sich vorher an den Keksen gütlich zu tun. Was ist die Konsequenz dieser Ungleichbehandlung? Die Antwort: Die Menschen, die nicht auf die Kekse verzichten mussten, werden im Durchschnitt etwa doppelt so lange an der unlösbaren Aufgabe arbeiten wie jene ihrer Leidensgenossen, die sich vorher (vermutlich) zwingen mussten, die Finger von den Leckereien zu lassen.[303]

Seit diesem Experiment aus den 1990er-Jahren haben Forscher wieder und wieder zeigen können, dass Willensstärke im Kern wie eine Art Muskel funktioniert.[304] Und so, wie ein Muskel durch Gebrauch nach und nach ermüdet – z. B. beim Fitness-Training –, ermüdet auch unsere Willenskraft durch Beanspruchung derselben.[305] Wenn wir also über eine gewisse Zeit unsere *Gedanken* („Denken Sie jetzt nicht an einen rosa Elefanten!"), *Gefühle* („Sie dürfen jetzt auf keinen Fall lachen!"), *Impulse* (s. o.: „Finger weg von den Keksen!") oder *Handlungen* („Fernsehen gibt's erst wieder, wenn du dein Zimmer aufgeräumt hast!") kontrollieren mussten, dann brauchen wir danach eine Erholungsphase – oder wir laufen Gefahr, dass unsere Selbstregulation versagt. Ahnen Sie langsam, warum sich die Abteilungen für Süßwaren, Knabberzeug und Alkohol meist in der Nähe des Supermarktausgangs befinden?

Roy Baumeister, der Entdecker des Phänomens, nennt diesen Effekt „Ego Depletion", zu Deutsch in etwa „Erschöpfung des Selbst". Gott sei Dank lässt sich der Willenskraftmuskel – wie auch unsere physischen Muskeln – ein gutes Stück weit trainieren.[306] Alternativ ermöglicht Ihnen die Kenntnis um diesen psychologischen Zusammenhang, Ihre Ziele, Ihren Lebenswandel und auch Ihre Umwelt derart zu gestalten, dass Ihnen aus der unvermeidlichen Willenserschlaffung kein Nachteil entstehen muss. Nehmen Sie z. B. die „Entwickler" der großen Weltreligionen; diese wussten offenbar intuitiv um den Selbsterschöpfungseffekt. Die meisten Religionen kennen so etwas wie eine Fastenzeit, also eine mehrere Wochen andauernde Periode, in welcher die Gläubigen ganz bewusst auf bestimmte Annehmlichkeiten des Lebens (z. B. Alkohol, Süßigkeiten) verzichten sollen. Im Christentum sind dies die 40 Tage vor Ostern. Und was liegt genau vor diesen 40 Tagen? Richtig, Karneval. Um worum geht's beim Karneval (bzw. Fassnacht, Mardi Gras etc.)? Genau! Da darf jeder noch mal so richtig die Sau rauslassen. Der Alkohol fließt in Strömen, und das Ehegelübde gilt an den „tollen Tagen" auch nicht ganz so viel wie sonst. Ist es ein Zufall, dass diese beiden Institutionen genau aufeinander folgen? Ich glaube nicht. Eher vermute ich, dass unsere Vorfahren auch ohne Laborexperimente erkannt haben, dass sich zukünftige Entbehrungen leichter durchhalten ließen, wenn man vorher noch mal „alles geben" durfte.

Von schlechten Angewohnheiten – oder: Es wird gegessen, was auf den Tisch kommt

Apropos „alles geben": In einem Vorstadtkino sitzt eine Gruppe von Menschen und schaut sich einen mittelprächtigen Actionfilm an. Ohne es zu ahnen, sind sie Teilnehmer eines Experiments geworden: Man hat ihnen vor Beginn des Films kostenlos einen Soft-Drink und eine Schachtel Popcorn in die Hand gedrückt – genauer gesagt: fünf Tage altes Popcorn, das absolut fürchterlich schmeckt. Trotzdem greifen die meisten Menschen immer wieder beherzt in die Tüte und knabbern, was das Zeug hält. Als wäre das nicht schon schlimm genug, dass Menschen schier ungenießbares Popcorn verdrücken, haben die Forscher als Teil des Experiments verschieden große Schachteln an die einzelnen Kinobesucher verteilt. Nach der Vorstellung sammeln sie die zurückgelassenen Behälter ein und wiegen, wie viel jeder Teilnehmer vertilgt hat. Ich nehme an, Sie ahnen, was passiert ist? Ganz richtig: Jene Personen, denen ein großer anstelle eines mittelgroßen Popcorn-Vorrats überreicht wurde, hatten deutlich mehr vertilgt. Im Schnitt über 50 % mehr![307] Auch dieses Experiment wurde bereits in vielen verschiedenen Versionen an unterschiedlichen Orten der Welt durchgeführt. Für eine andere Studie mit Tomatensuppe in einem Restaurant hatten Forscher extra Teller gebastelt, bei denen durch ein Loch im Boden unmerklich immer wieder Suppe nachgefüllt werden konnte.[308] Und da sag nochmal einer, wir Psychologen wären eine unnütze Berufsgruppe ...

An diesem und ähnlichen Experimenten lässt sich erkennen, dass wir weitaus weniger Herr im eigenen Haus sind, als wir gemeinhin glauben. Die Teilnehmer der Popcorn-Studie behaupteten in einer anschließenden Befragung praktisch durchweg, dass sie so viel gegessen hätten, weil sie es so *wollten*. Stattdessen wird unser Verhalten – beziehungsweise schon vorab die Aktivierung von Motiven und Zielen – in praktisch allen Situationen maßgeblich davon beeinflusst, wie unser Umfeld strukturiert ist. Und meistens passiert das auch noch ganz automatisch, also jenseits unserer Aufmerksamkeit.³⁰⁹ Menschen sind bekanntlich Gewohnheitstiere. Vieles von dem, was wir tagtäglich tun, folgt festen Routinen³¹⁰: Einmal angestoßen, laufen diese wie ein Computerprogramm im Hintergrund von selbst ab.³¹¹ Zum Guten wie zum Schlechten, je nachdem, um was für eine Art von Angewohnheit es sich handelt. Marketing- und Verkaufsstrategen wissen nur zu gut um dieses Faktum: Denken Sie einmal mehr an die berühmt-berüchtigte „Quengelzone" an Supermarktkassen, also an jenen Bereich kurz vor dem Ausgang, wo die Süßigkeiten en masse „rein zufällig" auf Kinderaugenhöhe präsentiert werden. Die kleinen Racker greifen hier ganz spontan zu, ihre Impulskontrolle ist noch nicht so gut ausgeprägt wie die von Erwachsenen. Und weil Menschen an der Kasse unter Beobachtung und Zeitdruck stehen, geben die Erziehungsberechtigten leicht nach und lassen ihre Kinder gewähren. Allerdings funktioniert das bei den älteren Semestern fast genauso gut. Oder was glauben Sie, warum die teuren Markenprodukte immer genau auf Augen- bzw. Greifhöhe im Regal liegen, während man sich für die günstigeren Varianten meistens bücken muss? Der Geist ist willig, aber das Fleisch ist schwach. So steht es schließlich schon in der Bibel.

Der große Unterschied zwischen wollen und wollen *wollen*

Nun ist in diesem Kapitel schon des Öfteren der Begriff Willenskraft gefallen. Aber was ist denn das überhaupt? Und wofür ist sie gut? Stellen Sie sich bitte Folgendes vor: Sie erhalten – etwas überraschend – die Einladung, eine heiße Nacht mit Scarlett Johansson³¹² zu verbringen. Niemand würde je davon erfahren – und Sie würden auch noch € 100.000 dafür bekommen. Wie viel Willenskraft erforderte es, Sie hier zum Handeln zu bewegen? Aha! Das, was Sie da erleben, nennen Emotionsforscher Motivation. Wie schon im Kapitel zur INTEGRATION angerissen, ist es ein Kennzeichen von echter (intrinsischer) Motivation, dass Sie nicht wirklich Energie bereitstellen müssen, um sich zum Handeln zu bewegen. Das Ziel ist an und in sich so verlockend, dass es Sie ins Handeln hineinzieht. Die Tatsache, dass hier zur intrinsischen Motivation auch noch ein externer Reiz hinzukommt, ist eigentlich ein unnötiges i-Tüpfelchen. Ich jedenfalls würde mich hier auch für deutlich weniger Geld opfern.³¹³

Und nun stellen Sie sich bitte vor, ich würde Sie (als Mann) bitten, sich ein ganzes Wochenende lang den Actionknaller „Jenseits von Afrika" in einer Dauerschleife anzusehen³¹⁴: Na, sehe ich schon das Leuchten in Ihren Augen? Nein? Wie viel Geld müsste ich Ihnen denn bieten, damit Sie hier mitmachen? Doch lassen wir den schnöden Mammon mal für einen Augenblick aus dem Spiel. Einmal weiter angenommen, es gäbe einen wirklich, wirklich guten Grund, sich „Jenseits von Afrika" mehrere Male anzusehen.³¹⁵ Z.B. müssten Sie als Student eine Seminararbeit über den Film verfassen. Wären Sie jetzt motiviert, sich Robert Redford und Meryl Streep bis zum Erbrechen zu geben? Nein? Gut so! Würden Sie es trotzdem tun? Ja? Umso besser (zumindest fürs hypothetische Studium)! Allerdings spricht die Emotionspsychologie in diesem Fall eigentlich nicht mehr von Motivation, sondern von *Volition*.[316] Sie geben sich dieses Feuerwerk der Langeweile nicht, weil Sie wollen, sondern weil Sie wollen *wollen*. Oder wollen sollten. Im Gegensatz zur hineinziehenden Qualität eines intrinsisch motivierenden Ziels müssen Sie sich hier einen ordentlichen Schubs geben, Sie müssen sich selbst in den Hintern treten, wie man so schön sagt. Sie setzen die menschliche Fähigkeit zur Selbstregulation ein, um sich zu etwas zu motivieren, für das Sie eigentlich nicht ausreichend (intrinsisch) motiviert sind – und lösen damit auch mögliche Spannungen auf, die entstehen können, bevor man sich selbst zum Handeln überredet hat.[317] Das ist die Art von Willenskraft, die auch tatsächlich eine Mobilisierung von psychischer Energie erfordert – und die darum auch nach und nach versiegt, wenn wir ihren Gebrauch überstrapazieren. Doch sie ist eine eminent wichtige Fähigkeit, denn vieles von dem, was wir im Leben erreichen wollen, ist – wenn überhaupt – nur zu einem Teil intrinsisch motivierend. Ich kenne jedenfalls kaum Leute, die intrinsisch für Mathe-Arbeiten, Steuererklärungen oder von mir aus auch Budgetplanung motiviert sind.[318]

Odysseus und die Sirenen:
Am einfachsten ist es, gar nicht wollen zu müssen

An dieser Stelle schließt sich nun auch ganz wunderbar der Kreis zum ersten Kapitel über Vision. Dort habe ich berichtet, dass Menschen, die sich selbst-konkordanten (also zu den eigenen Neigungen, Stärken und Werten passenden) Zielen verschreiben, diese leichter erreichen und außerdem glücklicher damit werden. Dies ist gewissermaßen die begrüßenswerte Kehrseite der Erkenntnisse aus dem Kapitel zur Rigorosität. Wer sich stimmige Ziele aussucht, muss weniger kämpfen, muss weniger wollen *wollen*. Dies ist im Übrigen generell ein gute Strategie, wenn es um Willenskraft geht: Am einfachsten ist es, wenn man sie gar nicht benötigt. Schon im Vaterunser bitten wir Gott, uns nicht in Versuchung zu führen. Das ist eine ziemlich clevere Taktik, denn jede Versuchung, der wir gar nicht ausgesetzt werden, stellt auch nicht unsere Willenskraft auf die Probe.[319] Schon Odysseus wendet diese List bei den Sirenen an. Er weist seine Mannschaft an, sich die Ohren mit Wachs zu verstopfen, um deren todbringenden Gesang nicht hören zu können, während er selbst sich an einen Mast binden lässt.[320] Meine ganz persönlichen Sirenen sind eine bestimmte Sorte von Kartoffelchips. Ich kann ihnen einfach nicht widerstehen. Deswegen kaufe ich sie einfach nicht mehr. Außer ganz selten: dann als Belohnung.

Der zweite Weg, nicht wollen zu müssen, ist das Ausbilden von förderlichen Gewohnheiten.[321] Wie schon weiter oben ausgeführt, laufen wir einen Großteil des Tages auf einer Art Autopilot. Handlungen, die in unserem Bordcomputer abgespeichert sind

(z. B. Zähneputzen), laufen weitgehend ohne unsere bewusste Aufmerksamkeit ab – dafür kosten sie aber praktisch auch keine psychische Energie. Warum also diesen nützlichen Mechanismus nicht auch für langfristige Ziele nutzen? Wir lieben zwar die Rocky Balboas oder John McClanes dieser Welt, oder die Frodos und Luke Skywalkers – wie sie in Ausnahmesituationen ihren Körper und Geist überwinden und sich mit schier übermenschlicher Willenskraft zum finalen Erfolg kämpfen. Doch im echten Leben liegt die wahre und zielführende Willenskraft wohl eher darin, einfach nützliche Gewohnheiten auszubilden und diesen zu folgen. Z. B. sind Schriftsteller, die es sich zur Gewohnheit gemacht haben, jeden Tag mindestens ein bisschen zu schreiben, im Durchschnitt deutlich produktiver als jene ihrer Kollegen, die eher ab und zu oder auf den letzten Drücker – dann aber in einem Ausbruch von Energie – über ihren Manuskripten sitzen.[322] Lieber Verleger: Ich muss da noch ein wenig an mir arbeiten!

Bevor es mit den Ergebnissen der VIGOR-Studie zum Faktor RIGOROSITÄT und dem zugehörigen Praxisteil weitergeht, möchte ich Ihnen noch mit auf den Weg geben, wo Sie – falls das einmal notwendig werden sollte – ein wenig Inspiration zum Thema Durchhaltevermögen und Willenskraft finden können, wenn Sie nicht gerade auf Actionfilme stehen, sondern sich lieber am wahren Leben orientierten möchten: Lesen Sie die Biografie von Abraham Lincoln. Er verlor im Alter von 23 Jahren seinen ersten Job und seinen ersten Wahlkampf. Mit 27 erlitt er einen Nervenzusammenbruch und verlor mit 29 seinen zweiten Wahlkampf. Zwei seiner Söhne starben im Kindesalter. Mit 34 Jahren unterlag er im Kongress, ein weiteres Mal mit 39. Im Alter von 45 und 49 Jahren verlor er weitere Wahlkämpfe um das Amt eines Senators. Mit 47 scheiterte er an seinem Ziel, Vizepräsident zu werden. Mit 52 Jahren wurde er schließlich einer der bis heute beliebtesten Präsidenten der Vereinigten Staaten.[323] Wenn das keine RIGOROSITÄT ist, dann weiß ich's nicht ...

> **Was sagt die VIGOR-Studie zum Faktor RIGOROSITÄT?**
>
> Auch für den Faktor RIGOROSITÄT, das fünfte und letzte Element des VIGOR, ergibt die Studie (Korrelation zwischen dem Faktor RIGOROSITÄT und der Lebenszufriedenheit: 0.37): Je mehr Durchhaltevermögen ein Mensch – auch und gerade im Angesicht von Schwierigkeiten auf dem Weg der Zielverwirklichung – aktivieren kann, desto größer ist tendenziell auch seine Lebenszufriedenheit. Allerdings verschwindet der statistische Zusammenhang zwischen der RIGOROSITÄT und der Zufriedenheit fast völlig, wenn man die wechselseitige Beeinflussung der VIGOR-Faktoren berücksichtigt (siehe Abb. 12 in Anhang A): Dann schrumpft der Wert auf 0.01. Was hat das zu bedeuten? Meine Erklärung: Willenskraft und Durchhaltevermögen sind nur dann relevant, wenn mindestens eines der weiteren VIGOR-Elemente (insbesondere INTEGRATION und / oder GENERALKONSENS) noch nicht in ausreichendem Maße

vorhanden ist. Konkret: Wer auf ein bestimmtes Ziel bezogen starke innere Konflikte verspürt bzw. glaubt, das Ziel gar nicht erreichen zu dürfen, muss wahrscheinlich sehr viel psychische Energie (Willenskraft) aufwenden, um sich in der Spur zu halten. Ohne diese hinderlichen Faktoren läuft es hingegen fast wie von selbst – man muss sich nicht noch zusätzlich in den Hintern treten, um das Ziel weiter zu verfolgen. Die gute Nachricht ist also: Wenn Sie sich intensiv mit den Themen der vorangegangenen Kapitel auseinandergesetzt haben, ist es sehr gut möglich, dass der folgende Abschnitt nicht mehr von großer Bedeutung für Sie ist. Die Daten lassen vermuten, dass Menschen mit hohen Werten für INTEGRATION und GENERALKONSENS kaum Probleme haben werden, sich im entscheidenden Moment auf ihr Ziel zu konzentrieren und zur Not die Extrameile zu gehen.

Es gibt unzählige Motivationstrainer bzw. -Seminare da draußen, aber die Forschung (so auch meine Studie) zeigt immer wieder, dass Motivation nichts ist, was man künstlich erzeugen kann.[324] Wenn ich mich in der „Szene" so umschaue, gewinne ich häufig den Eindruck, als sähe man Motivation dort als etwas, das man in den Menschen hineinfüllen könne, so wie man ein Auto betankt, wenn der Sprit alle ist. Motivation entsteht jedoch a) durch das Verfolgen stimmiger Ziele. Dann können Sie sich b) noch bemühen, die Umwelt so zu gestalten, dass diese Sie möglichst wenig von Ihrem eigentlichen Ziel ablenkt. Und für den Fall der Fälle gibt es dann c) auch noch ein paar psychologische Tricks, um Sie wieder auf Spur zu bringen. Darum wird es im letzten Übungsteil dieses Buches gehen.

Zuvor schildere ich allerdings noch, was ein Geschlechtervergleich der Korrelationswerte zwischen den VIGOR-Elementen und der Zufriedenheit zutage gefördert hat: Es ist so, dass die Korrelationen für die ersten vier Elemente bei den Männern spürbar höher sind als bei den Frauen in der Stichprobe (z. B. 0.43 gegenüber 0.34 für das Element INTEGRATION). Nur beim Element RIGOROSITÄT wird dieses Muster gebrochen; hier ist der Wert der Frauen mit 0.42 deutlich höher als jener der Männer (0.31). Was hat das zu bedeuten? Die absoluten Zufriedenheitswerte zeigen, dass Männer und Frauen im Durchschnitt eine in etwa gleich hohe Zufriedenheit aufweisen. Männer sind demnach nicht per se zufriedener als Frauen; sie erreichen diese Zufriedenheit anscheinend *anders*. Konkret: Das Thema Durchhaltevermögen, die Notwendigkeit, hart gegen sich selbst zu sein, spielt bei ihnen eine geringere Rolle. Ich möchte hier nicht zu spekulativ werden, aber dieses Faktum könnte darauf hindeuten, dass Frauen es – unspezifisch ausgedrückt – insgesamt etwas schwerer im Leben haben; vermutlich weil die Aufgaben- und Zielstrukturen, die die (westliche) Welt für uns bereithält, immer noch sehr stark auf die Bedürfnisse und Motive der Herren der Schöpfung zugeschnitten sind.[325]

5.2 RIGOROSITÄT – die Praxis

Fallstudie 13 – Lena: „Ich lasse mich immer so leicht ablenken"

Lena, Ende 20, ist eine attraktive ehrgeizige Einkäuferin bei einem Automobilzulieferer. Nach den ersten Berufsjahren hat sie sich dem anspruchsvollen Ziel verschrieben, nebenberuflich zu promovieren, um ihre Aufstiegschancen zu vergrößern. Sie konsultiert mich, weil sie nach den ersten Monaten festgestellt hat, dass ihr regelmäßig zu wenig Zeit bleibt, um ihre Dissertation ausreichend voranzutreiben. Nachdem wir zuvor abgeklärt haben, dass es sich bei der Promotion um ein echtes authentisches Ziel von Lena handelt, finden wir recht schnell des Pudels Kern: Sie hat eine ausgeprägte Schwäche für amerikanische Fernsehserien wie CSI, Grey's Anatomy, Desperate Housewives und dergleichen. Tatsächlich strukturiert sie bisher ihr abendliches Leben ein gutes Stück weit nach dem Fernsehprogramm; d. h., viele Abende sind fest mit zwei bis drei Stunden vor der Glotze belegt.

Ergo schlage ich Lena spontan (und etwas ketzerisch) vor, sie möge doch für den Zeitraum der Promotion ihren Fernseher einmotten. Ich rechne ihr aus, dass ihr das in Konsequenz etwa zwölf bis 15 Stunden zusätzliche Schreibzeit pro Woche verschaffen würde. Dies erscheint ihr jedoch nicht machbar. Im Endeffekt finden wir eine gute Zwischenlösung: Sie ordnet zunächst alle Serien in „geht nicht ohne" und „zur Not verzichtbar" ein und kauft sich zusätzlich einen Festplattenrekorder. Die unverzichtbaren Serien nimmt sie nun auf und nutzt die Aufzeichnungen als positive Verstärkung: Für drei Stunden konzentrierte Arbeit an der Dissertation darf sie eine Serienfolge anschauen (die durch die Aufzeichnung eingesparte Werbung sichert ihr zusätzliche Schreibzeit).

> **ÜBUNG**
>
> **Zufriedenheitswerkzeug: Mach kaputt, was dich kaputt macht**
>
> **Einführung**
>
> „Allem kann ich widerstehen, nur der Versuchung nicht", hat Oscar Wilde geschrieben. In diesem Sinne ist eine der besten Strategien gegen besagte Versuchungen, sich ihnen gar nicht erst auszusetzen. Die bewusste Manipulation unserer Umgebung ist daher eine der wirksamsten Methoden überhaupt zur Steuerung unseres Verhaltens.
>
> **Sinn und Zweck**
>
> Wenn Sie sich leicht von Ihren Zielen ablenken lassen, sorgen Sie dafür, dass Ihr externes Umfeld wie auch Ihre mentale Umgebung möglichst frei von Reizen bleiben, die das nicht gewünschte Verhalten aktivieren. Oder verhindern Sie anderweitig, dass Sie das ungewollte Verhalten aus-

führen können.[326] Platzieren Sie stattdessen möglichst Reize in Ihrer Umgebung, die in direktem Zusammenhang mit Ihrem Ziel stehen.

Was Sie dafür benötigen
Entschlossenheit und möglicherweise ein bisschen Härte gegen sich selbst – aber nur am Anfang. Lassen Sie sich ggfs. von einem Freund oder Ihrem Partner unterstützen – diesen fällt es sicherlich leichter, sich von Dingen in *Ihrem* Leben zu trennen.

Was Sie besonders beachten sollten
Es mag sein, dass Ihnen dieses Werkzeug banal vorkommt, aber lassen Sie sich nicht täuschen: Es ist eines der effektivsten und effizientesten in diesem Buch. Die meisten Menschen glauben – korrekterweise – zu wissen, dass wir alle Gewohnheitstiere sind, aber nur wenige sind sich der Entstehungsbedingungen und Konsequenzen dieser Tatsache bewusst.

Was idealerweise dabei herauskommt
Eine veränderte Umgebung (und damit ein gutes Stück weit neue Gewohnheiten), die in Zukunft *für* Sie statt gegen Sie arbeitet.

Verschiedene Beispiele
Wenn Sie abnehmen wollen und Kartoffelchips Ihre große Schwäche sind: Kaufen Sie einfach keine mehr (machen Sie am besten einen großen Bogen um die entsprechende Sektion des Supermarkts)! Kaufen Sie stattdessen kalorienarme Nahrungsmittel, die man gut nebenbei knabbern kann (z. B. Möhren).

Wenn Sie mit dem Rauchen aufhören wollen, halten Sie sich von Raucherecken fern und meiden Sie solche Situationen, die Sie typischerweise mit Rauchen assoziieren (z. B. Kneipenabende, die Pause im Büro etc.)! Wenn Sie sich doch in eine entsprechende Situation begeben müssen, sorgen Sie dafür, dass Ihr Mund schon belegt ist, z. B. mit einem Kaugummi.

Wenn Sie sich durch den Fernseher von wichtigen Aktivitäten abhalten lassen, schmeißen Sie ihn aus der Wohnung.[327] Für all jene, denen das zu hart ist: Stöpseln Sie für die Zeit, in der Sie an etwas anderem arbeiten wollen, den Stecker aus. Allein der zusätzliche Aufwand, den Stecker wieder einzustöpseln, wird dafür sorgen, dass Sie deutlich besser durchhalten!

Ihr Beispiel?

Fallstudie 14 – Sophie: „Manchmal bin ich nicht Herr der Lage"

Sophie ist eine etwas fahrig wirkende Bürokauffrau Ende 30. Sie berichtet von einem Problem, das mir so in meiner Praxis noch nicht begegnet ist: Sophie leidet unter Kaufsucht. Sie hat sich bereits zweimal bis über beide Ohren verschuldet, weil sie kaum an (hauptsächlich) nobleren Geschäften für Schuh- und Lederwaren vorbeikommt: Pumps und passende Taschen haben es ihr einfach angetan. Und die Tatsache, dass man diese Artikel seit einigen Jahren auch praktisch auf Knopfdruck im Internet bekommen kann, hat ihr das Leben nicht leichter gemacht.

Sophie hat bereits eine Psychotherapie hinter sich, die ihr geholfen hat, die Kaufsucht in ihrer akuten Ausprägung zu bewältigen. Ihr Kontostand ist zumindest im niedrigen grünen Bereich, und bis auf eine hat sie alle ihrer einst vielen Kreditkarten entsorgt – und muss nur noch einen Konsumkredit mittlerer Höhe regelmäßig abzahlen. Ihr Ziel ist es, „nie wieder in die roten Zahlen" abzurutschen. Trotz der aktuell beschwerdefreien Lage sieht sich Sophie als „nicht geheilt" an. Sie ist sich ihrer „inneren Dämonen" bewusst und spürt noch regelmäßig „die Versuchung". „Ich will wirklich, wirklich nicht mehr ausgeben, als ich habe", beteuert sie, „aber manchmal merke ich, dass ich nicht mehr Herr der Lage bin."

Da ich nur eine Sitzung mit Sophie arbeiten kann, ist es leider nicht möglich, in der Tiefe die genaue Motivlage ihrer Kaufsucht zu ergründen. Daher bemühe ich mich, ihr rein auf der Verhaltensebene eine Strategie an die Hand zu geben, möglichst ohne allzu viel Aufwand ihren Konsumdämon zu bändigen. Wir besprechen ausführlich, wie sie das im Folgenden beschriebene Werkzeug für ihre Zwecke einsetzen kann.

Sophies Ziel ist es (neben dem langfristigen Aufbau einer Altersvorsorge), immer mindestens zwei Monatsgehälter auf dem Girokonto zu haben. Daher schreibt sie diese Zahl in grüner Farbe auf mehrere selbstklebende Zettel. Einer kommt direkt ins Portemonnaie, sodass sie diesen sieht, wenn sie es aufklappt. Eine zusätzliche kleine Version klebt sie direkt auf ihre Kreditkarte. Weitere Zettel kommen an den Bildschirm ihres stationären PCs und neben die Tastatur ihres Laptops – sowie an den Badezimmerspiegel und jenen im Flur, in dem sie ihren Look überprüft, bevor sie das Haus verlässt. Bisher hat Sophie laut eigener Aussage keinen ernstzunehmenden Rückfall gehabt.

5. RIGOROSITÄT · 139

ÜBUNG

Zufriedenheitswerkzeug: Die Denk-Zettel

Einführung

Menschen in der westlichen Welt sind heutzutage einer unglaublichen Informationsflut ausgesetzt. Praktisch überall buhlen verschiedenste Reize um unsere Aufmerksamkeit. Der Trend geht zum Zweithandy und zum Drittfernseher; das flächendeckend verfügbare Breitbandinternet mit Attraktoren wie Facebook, YouTube und allerlei Online-Spielen schafft zusätzliche, manchmal durchaus willkommene Ablenkung von jenen Dingen, die (eigentlich) für uns anstehen mögen. Hier kann uns die ein wenig altmodische Denkzettelkultur unterstützen, uns wichtige Dinge im wahrsten Sinne des Wortes immer wieder vor Augen zu führen.

Sinn und Zweck

Warum nicht die Mechanismen der Werbung nutzen, um „für Ihr Ziel zu werben"? Es hat seine Gründe, warum bestimmte Produkte z. B. nicht nur einmal pro Abend, sondern in fast jeder Werbepause präsentiert werden, manchmal sogar zweimal in einem Werbeblock: „Redundanz ist die Mutter der Pädagogik", lautet eine alter Sinnspruch. Heißt konkret: Was wir häufiger wahrnehmen, prägen wir uns in der Regel leichter ein und können es in der Folge auch einfacher wieder abrufen.[328] Ein weiterer positiver Nebeneffekt: Wir tendieren dazu, das, was wir häufig betrachten, positiver zu bewerten.[329] Dieses Potenzial gilt es zu nutzen.

Was Sie dafür benötigen

Schreibzeug, Post-its und ähnliche Merkwerkzeuge – sowie ein bisschen Phantasie.

Was Sie besonders beachten sollten

Ähnlich wie die vorige Übung mag Ihnen die Nummer mit den Post-its etwas trivial vorkommen. Deshalb möchte ich nochmals darauf hinweisen, wie ungeheuer stark wir durch unsere unmittelbare Umgebung beeinflusst werden. Wenn Sie sich näher mit diesem Sujet beschäftigen wollen, dann empfehle ich Ihnen – zusätzlich zu den Literaturempfehlungen am Ende dieses Kapitels – das Buch „Nudge: Wie man kluge Entscheidungen anstößt".[330] Die Autoren beschreiben lehrreich und amüsant, wie man auf der Mikroebene (also z. B. bei sich selbst) wie auch der Makroebene (z. B. bei ganzen Bevölkerungsschichten) durch eher kleine Manipulationen der Umwelt nachhaltig dafür sorgt, dass Menschen bessere Entscheidungen für ihr Leben treffen.

Was idealerweise dabei herauskommt

Ein Lebensumfeld, in welchem Sie gar nicht anders können, als sehr regelmäßig (mindestens vorbewusst) an Ihr Ziel erinnert zu werden.

Konkreter Ablauf

Die schlichte Durchführung betrachtend, ist dies sicherlich die leichteste Übung des gesamten Buches: Nehmen Sie sich einen Block mit Post-its oder ähnlichen Hilfsmitteln und beschriften Sie diese mit einem Wort, einem kurzen Satz oder auch einem Symbol, der oder das Ihr gegenwärtiges Ziel beschreibt. Verteilen Sie diese moderne Form des Knotens im Taschentuch möglichst weitläufig in Ihrem Lebens- und Arbeitsraum; die optimale Menge lautet: so viele wie möglich, ohne dass Ihr ästhetisches Empfinden für Ihre Umgebung „über die Wupper geht". Bedenken Sie dabei vor allem solche Orte, an denen Sie definitiv mehrere Male pro Tag vorbeikommen. Einige Beispiele: der Badezimmerspiegel, die Kühlschranktür, die Garderobe neben der Wohnungstür, der Platz an der Decke über Ihrem Kopfkissen. Es geht auch gar nicht so sehr darum, dass Sie diese Zettel genau betrachten sollen – es reicht, dass sie da sind und Sie ab und zu vorbewusst an Ihre Ziele erinnern. [331]

Ich selbst trage z. B. auch immer einen kleinen Zettel in meinem Portemonnaie mit mir herum, auf dem ich ein aktuelles Ziel vermerkt habe. Wir öffnen unsere Geldbörse an typischen Tagen diverse Male, und bei jedem Akt des Aufklappens werde ich (mindestens vorbewusst) einmal mehr an mein derzeitiges Ziel erinnert. Persönlich mag ich auch das Gefühl, dass mich meine Ziele überallhin begleiten.

Wenn Sie es etwas technischer mögen, können Sie z. B. auch Ihren Bildschirmschoner oder den Displayhintergrund Ihres Handys entsprechend einrichten. Oder Sie richten sich via Handy oder Computer einen regelmäßigen Alarm ein, der Sie zurück ins Boot holt. Oder … oder … oder. Seien Sie kreativ!

Fallstudie 15 – Hendrik: „Ich kann mich einfach nicht mehr motivieren"

Hendrik ist ein lediger, etwas unkonventionell aussehender Mann Ende 30. Er ist leitender Angestellter in einer mittelständischen IT-Beratung. Sein Job ist mit viel Reisetätigkeit verbunden und spannt ihn schon seit einigen Jahren mit regelmäßigen 12- bis 14-Stunden-Tagen ein. Er liebt seinen Job jedoch und empfindet dies keineswegs als Belastung. Ins Coaching kommt er stattdessen wegen einer „geheimen Leidenschaft": Er ist ein großer Fan von Fantasy-Epen wie „Herr der Ringe", und einer seiner Lebensträume ist es, selbst einmal ein ähnlich gelagertes Werk zu veröffentlichen. Er hat bereits einige Kurzgeschichten geschrieben und viel positives Feedback erhalten; dies bestärkt ihn zusätzlich in seiner Vision.

Trotz der großen Leidenschaft für sein Projekt kann Hendrik sich abends oder an den Wochenenden häufig nicht dazu motivieren, die Schreibarbeit an seinem Buch fortzuführen. Er hat zwar bereits einige Kapitel geschrieben; in seiner Vorstellung wird sein Werk jedoch viele Hundert Seiten haben. Er schildert, dass er manchmal gar nicht erst anfange zu schreiben, weil ihm das ganze Unterfangen „zu groß" vorkomme und es „einfach zu viel" sei. Außerdem könne man ja nie sicher sein, ob sich später ein Verlag und somit ein Publikum finden lasse. Auf der anderen Seite schreibe er das Ganze ja eigentlich „für sich", einfach um zu wissen, ob er es „in sich" habe.

In einer gesonderten Sitzung führe ich Hendrik durch die im Folgenden beschriebene Übung. Diese hilft ihm, die tieferen Motive hinter seinem Buchprojekt zu spüren. Neben dem bereits bewussten Aspekt der Selbstverwirklichung wird noch ein weiterer, ihm bis dato nicht zugänglicher Motivator zutage gefördert: Hendrik, der selbst keine Kinder bekommen kann, möchte durch sein eigenes Stück Literatur etwas schaffen, „das bleibt", etwas, was der Welt erhalten bleiben wird, wenn er schon lange den Weg alles Irdischen gegangen sein wird. Wenn er in Zukunft wieder Schwierigkeiten hat, sich „selbst in den Hintern zu treten", dann macht er sich erneut die Bilder und Gefühlswelten bewusst, die er im Rahmen der Übung wahrgenommen hat. Dies gibt ihm (an den meisten Tagen) den nötigen Kick, wenigstens noch für ein oder zwei Stunden in die Tasten seines Laptops zu hauen.

Zufriedenheitswerkzeug: Die Motivleiter hochsteigen

Einführung
Entgegen aller Beteuerungen von sogenannten Motivationstrainern ist es kaum möglich, Motivation künstlich zu erzeugen. Diese Erkenntnis ist einerseits uralt und wird andererseits durch die jüngeren Erkenntnisse der Neurowissenschaft untermauert.[332] Es ist allerdings möglich, sich zumindest für eine gewisse Zeit Motivation zu „borgen" – dergestalt, dass man etwas, für das man sich nur schwer motivieren kann, in einen Kontext stellt, der so wert-voll ist, dass es praktisch unmöglich ist, nicht motiviert zu sein. In diesem Sinne spannt diese letzte Übung auch eine sehr tragfähige Brücke zum Eingangskapitel VISION.

Sinn und Zweck
Ziel der Übung ist es, das „große Ganze" ins Blickfeld zu rücken.[333] Im Wust des Alltags ist es häufig schwierig, ausreichend Energie für die nächsten Schritte zu finden, sei es, weil das Ziel noch so weit weg erscheint, weil der Weg beschwerlich daherkommt – oder auch, weil das Anstehende wichtig, aber nicht besonders erbaulich ist. Dann ist es hilfreich, sich der Motive hinter Ihren Motiven bewusst zu werden. Diese unterliegenden Motive spenden eine derartige Kraft, dass es Ihnen leichtfallen sollte, Ihren Weg fortzusetzen.

Was Sie dafür benötigen
Nichts. Ruhe, Abgeschiedenheit und ein „sicherer Ort" sind allerdings sehr wünschenswert. Wiederum hilfreich, aber nicht zwingend notwendig ist ein Partner, der Sie durch die Übung führt. Dessen Aufgabe ist es (wie schon mehrfach bei vorhergehenden Übungen), Ihre Antworten beharrlich nach dem unten beschriebenen Schema zu hinterfragen.

Was Sie besonders beachten sollten
Bleiben Sie hartnäckig, sprich: Hören Sie nicht zu früh auf mit dem Hinterfragen(-Lassen). Es wird möglicherweise eine Tendenz geben, kurz vor dem eigentlichen Endpunkt auszubüchsen. Doch trauen Sie sich noch weiter, es lohnt sich. Plus: Legen Sie für den Fall der Fälle ein paar Taschentücher bereit. Ich brauchte jedenfalls einige, nachdem ich die Übung zum ersten Mal in aller Konsequenz absolviert hatte.

Was idealerweise dabei herauskommt
Das Ergebnis sollte ein sehr starkes Gefühl sowie ein begleitendes inneres Bild und/oder ein innerer Klang sein, das/der Ihr höchstes Motiv repräsentiert.

Übersicht
1. Den Ausgangspunkt formulieren
2. Das vordergründige Motiv herausarbeiten
3. Das Motiv hinter dem Motiv erfragen
4. Wiederholung von Schritt 3, bis Sie am höchsten Motiv angekommen sind
5. Verankerung
6. Kopplung

Konkreter Ablauf
Folgen Sie bitte einfach den u.g. Schritten.

1. Den Ausgangspunkt formulieren
Beschreiben Sie Ihr Ziel verbal.

Beispiel: „Ich sollte jetzt meine Abschlussarbeit Korrektur lesen."

2. Das vordergründige Motiv herausarbeiten
Stellen Sie sich nun die folgende Frage: Wofür ist es gut, diese Aufgabe zu beenden? Alternative Formulierung: Was ist sichergestellt, wenn ich diese Aufgabe abschließe?

Beispiel: „Dann kann ich die Arbeit drucken lassen und sie endlich einreichen."

3. Das Motiv hinter dem Motiv erfragen
Greifen Sie nun die Antwort der vorigen Frage auf und hinterfragen Sie diese nach dem folgenden Schema: Und was ist *darüber hinaus* für mich erfüllt, indem ich ... (Antwort auf vorige Frage)?

Im Beispiel bleibend: Und was ist darüber hinaus für mich erfüllt, indem ich die Arbeit drucken lasse und einreiche? „Wenn ich die Arbeit eingereicht habe, kann ich mein Studium abschließen."

4. Wiederholung von Schritt 3, bis Sie am höchsten Motiv angekommen sind
Beispielfrage: Und was ist darüber hinaus für mich erfüllt, indem ich mein Studium abschließe?

Beispielantwort: „Wenn ich das Studium abgeschlossen habe, bekomme ich einen Job und verdiene mein eigenes Geld."

Frage: Und was ist darüber hinaus für mich erfüllt, indem ich mein eigenes Geld verdiene?
Antwort: „Wenn ich mein eigenes Geld verdiene, bin ich unabhängig."
Frage: Und was ist darüber hinaus für mich erfüllt, indem ich unabhängig bin?
Antwort: „Wenn ich unabhängig bin, fühle ich mich selbstbewusst."

FRAGE: Und was ist darüber hinaus für mich erfüllt, indem ich mich selbstbewusst fühle?
ANTWORT: „Wenn ich mich selbstbewusst fühle, ..."
Etc. ... Und wie gesagt: Seien Sie hartnäckig!

5. Verankerung
Wenn Sie am höchsten Motiv angekommen sind, achten Sie darauf, welches Körpergefühl Sie erleben. Wo genau im Körper spüren Sie das Gefühl? Und welches innere Bild ergibt sich möglicherweise dazu? Was genau sehen Sie? Und: Gibt es ein bestimmtes Wort, welches das Motiv beschreibt? Wie lautet es und wie klingt es, wenn Sie es in Ihrem Kopf hören? Je sinnlich-konkreter und vielfältiger Sie den Zustand erfassen, desto besser.

6. Kopplung
Machen Sie sich nun intensiv bewusst, dass jene Aufgabe, mit der Sie bei Schritt 1 begonnen haben, der nächste Schritt in einem Prozess ist, der Sie den Zustand von Schritt 5 erleben lässt. Was ändert sich an Ihrer Motivation für die Aufgabe aus Schritt 1?

5.3 RIGOROSITÄT: Zusammenfassung

Die Fähigkeit, beharrlich an seinen Zielen zu arbeiten, sich unter Umständen sogar zu quälen – über lange Zeiten und auch bei Gegenwind –, ist eine wichtige Fähigkeit auf dem Weg zu nachhaltigem Erfolg. Unzählige Beispiele aus dem Sport, der Musik und dem Geschäftsleben bestätigen dies; bestes Beispiel ist wahrscheinlich Thomas Edisons Ausspruch, sein Erfolg beruhe *zu einem Prozent auf Inspiration und zu 99 % auf Transpiration*. Weiterhin zeigt sich ein Zusammenhang zwischen unserer Willensstärke und der Lebenszufriedenheit. Allerdings ist hier auch ein gewisses Maß an Vorsicht geboten: Sich für lange Zeit außerordentlich für ein Ziel quälen zu müssen kann auch ein Zeichen dafür sein, dass man sich dem (für sich persönlich) falschen Traum verschrieben hat, einem Streben, das fern der eigenen Talente und Neigungen liegt. Bei stimmigen, d.h. zur eigenen Persönlichkeit passenden Ambitionen gilt hingegen: Der Weg ist das eigentliche Ziel, das glücklich macht!

Weitere Tipps und Tricks

- Wie schon im Kapitel zu Vision ausgeführt: Werden Sie konkret – und bedenken Sie vorab, was Sie aufhalten könnte! Definieren Sie Ihre Handlungsschritte im Stile sogenannter Wenn-Dann-Absichten (engl. implementation intentions).[334] Dabei legen Sie im Vorfeld fest, a) wann genau Sie ein bestimmtes Veralten ausführen wollen und wodurch dies getriggert (angestoßen) werden soll; und b) wie Sie reagieren werden, wenn Sie Ihre ursprüngliche Absicht nicht umsetzen können. *Ein Beispiel zum Thema Abnehmen durch Ausdauersport:* „Ich werde Donnerstag *direkt nach der Arbeit noch* 45 Minuten im Stadtpark Joggen gehen. Meine Sportkleidung dafür werde ich mir schon morgens rausgelegt haben. Sollte das Wetter am Donnerstagabend zu schlecht sein, gehe ich *stattdessen* auf das Laufband im Fitness-Studio."
- Schauen Sie ab und zu zurück auf das, was Sie in der Zwischenzeit erreicht haben – und belohnen Sie sich immer wieder einmal für Ihre Teilerfolge, in dem Sie sich etwas Schönes gönnen! Dies wird Sie für weitere Schritte motivieren.[335] Behalten Sie aber trotzdem das langfristige Ziel im Auge, damit Sie nicht in Versuchung geraten, sich auf Ihren Lorbeeren ausruhen.[336]
- Da Willenskraft wie zuvor beschrieben nicht unbegrenzt zur Verfügung steht[337]: Machen Sie nicht zu viele Ihre Volition fordernde Dinge auf einmal. Die meisten Menschen machen z. B. eine ganze Liste mit Vorsätzen für das neue Jahr. Schreiben Sie stattdessen nur eine einzige, wirklich wichtige Sache auf – und ziehen Sie diese bis zum Ende durch, bevor Sie sich einem neuen Projekt widmen.
- Essen Sie regelmäßig gesund und schlafen Sie genug! Beides ist an sich schon gut, aber es gibt hier noch einen Aspekt, der für das Thema besonders relevant ist: Das Wort Willenskraft scheint dahingehend gut gewählt zu sein, als dass diese von der uns rein physisch zur Verfügung stehenden Energie (vor allem Glucose) abhängt. Ein niedriger Blutzuckerspiegel lässt uns nicht nur körperlich erschlaffen, sondern schwächt auch unseren „Ego-Muskel".[338] In diesem Sinne ist es z. B. auch keine gute Idee, parallel zu weiteren persönlichen Veränderungsprojekten eine Diät zu machen.
- Achten Sie darauf, mit welchen Menschen Sie sich umgeben. Neuere Forschungsergebnisse zeigen, dass bestimmte Verhaltensweisen und daraus resultierende Zustände (z. B. Übergewicht oder subjektives Glücksempfinden) ansteckend sein können, ähnlich wie Viren.[339] Abgesehen davon, dass Zufriedenheit an sich also offenbar „virulent" ist, halte ich es für plausibel, dass auch Zielorientierung und Durchhaltevermögen sozial übertragbar sind. Plus: Nutzen Sie Ihr Netzwerk systematisch, um Ihnen nahestehenden Menschen von Ihren Zielen zu erzählen. Menschen haben ein Bedürfnis nach Konsistenz (in der Wahrnehmung anderer); wir wollen konsequent und glaubwürdig erscheinen. Bedeutet: Wenn wir einen

z. B. Neujahrsvorsatz vor anderen Menschen statt im stillen Kämmerlein fassen, besteht eine höhere Wahrscheinlichkeit, dass wir auch durchhalten.[340]
- Wenn Sie eine Spielernatur sind: Auf Internetseiten wie ↗ http://www.stickk.com können Sie Wetten auf Ihren Erfolg abschließen. Im Prinzip ist es nicht dumm, für ein wenig zusätzliche externe Motivation zu sorgen. Wichtig ist jedoch, dass dieser externe Motivator nicht in den Vordergrund tritt – das würde auf Dauer mit großer Wahrscheinlichkeit Ihre intrinsische Motivation beeinträchtigen.
- Schließlich lässt sich Willenskraft auch einfach trainieren, und zwar so ähnlich, wie sich auch unsere Muskeln trainieren lassen.[341] Um Muskeln aufzubauen, bewegen wir diese kontinuierlich gegen einen Widerstand, z. B. ein Gewicht. Wenn wir dieses Gewicht gut bewältigen können, nehmen wir mehr Gewicht. Usw. Für Willenskraft gilt: Bringen Sie sich dazu, über einige Wochen regelmäßig ein bestimmtes Verhaltensmuster bewusst zu ändern. Wenn Sie sich z. B. gerne fläzen, anstatt gerade im Stuhl zu sitzen, achten Sie zwei Wochen darauf, sich besonders aufrecht zu halten. Oder: Sie machen als Rechtshänder bewusst zwei Wochen lang regelmäßig einige alltägliche Dinge mit links (z. B. Türen aufschließen, Zähne putzen). Experimente zeigen, dass die Effekte dieser Art von Wollens-Schulung auch über die Trainingszeit hinaus anhalten und sich außerdem auf weitere Lebensbereiche ausweiten.[342]

Buchtipps zur weiteren Vertiefung

BAUMEISTER, R. F. & TIERNEY, J. (2012): Die Macht der Disziplin: Wie wir unseren Willen trainieren können (2. Aufl.). Frankfurt a. M.: Campus.
Das Buch belegt eindrucksvoll, wie wichtig das Thema Disziplin für nachhaltigen Lebenserfolg ist. Der interessanteste Aspekt ist – wie schon zuvor berichtet –, dass unser Reservoir für Willenskraft nicht unbegrenzt gefüllt ist, sondern sich durch Gebrauch entleert wie eine Batterie. Die Autoren zeigen deshalb, dass und wie man Willenskraft – ähnlich einem Muskel – trainieren kann.

HEATH, C. & HEATH, D. (2011): Switch: Veränderungen wagen und dadurch gewinnen. Frankfurt: Scherz.
Ein wissenschaftlich fundiertes und trotzdem sehr eingängiges Buch über das Wesen von erfolgreicher Veränderung. Ein besonderer Fokus liegt auf dem Thema Nachhaltigkeit von Veränderungen – und wodurch wir diese sicherstellen können.

LEONHARD, G. (2006): Der längere Atem: Die fünf Prinzipien für langfristigen Erfolg im Leben (2. Aufl.). München: Heyne.
Ein wohltuend angenehmer (und kurzer) Gegenentwurf zum „Schneller – Höher – Weiter – und das am besten sofort" vieler moderner Motivationsbücher. Inspiriert von asiatischer Philosophie lehrt dieses Buch die Kunst des Erfolgs durch Üben und Durchhalten.

6. Die Günther-Jauch-Theorie der Persönlichkeitsentwicklung

Du musst dein Leben ändern. (R. M. Rilke) – Du musst dein Ändern leben. (Anonym)

Ich bin immer noch verwirrt, aber auf einem höheren Niveau.
(Enrico Fermi)

Sie haben nun alle Elemente des VIGOR kennengelernt. Ich hoffe, dass Ihnen die Übungen, die zugehörigen Fallbeispiele, die wissenschaftlichen Hintergründe und ergänzenden Literaturhinweise zu jedem Aspekt des VIGOR Lust und Mut gemacht haben, auch die potenziell anstehenden Veränderungen in Ihrem Leben nach und nach anzugehen. Bevor sich der Haupttext des Buchs langsam, aber sicher dem Ende zuneigt, möchte ich Ihnen noch einige übergreifende Gedanken zum Thema Persönlichkeitsentwicklung mit auf den Weg geben. Beim Wort Entwicklung steht z. B. implizit die Frage im Raum: Ist man damit irgendwann fertig? Ist irgendwann der ganze Persönlichkeitsfaden „ent-wickelt"? Und: Ist man dann ewiglich glücklich und zufrieden? Dazu folgende Geschichte: Einem der für mich prägendsten Ausbilder wird manchmal am Anfang von neuen Coaching-Fortbildungen ehrfürchtig folgende Frage (so oder ähnlich) gestellt: „Du machst doch jetzt schon seit 30 Jahren Coaching. Sag mal: Hast *du* eigentlich noch Probleme?!" Er lächelt dann meist einen Moment in sich hinein, guckt den betreffenden Teilnehmer freundlich an und sagt: „Mein Freund, ich habe genauso viele Probleme wie du. Aber meine sind *besser* als deine ..."

In diesem Sinne habe ich mal eine Zeit darüber nachgedacht, ob ich mein Business nicht in „Praxis für bessere Probleme" umbenennen sollte; es wäre auf jeden Fall ein treffender Titel. Aber ich fürchte, dass das doch nicht so einladend klingt. Früher habe ich jedenfalls gedacht, ich würde den Leuten zu *Lösungen* verhelfen (was bisweilen auch stimmen mag ...). Allerdings hat schon Goethe erkannt: *Jede Lösung eines Problems ist ein neues Problem*. Das klingt zunächst etwas pessimistisch – soll es aber gar nicht sein. Solange es sich bei den neuen Problemen um *bessere* Probleme handelt. Was ist damit genau gemeint? Manchmal melden sich ehemalige Klienten bei mir und schildern – bisweilen ziemlich aufgelöst –, sie hätten einen Rückfall erlitten, was hier konkret bedeuten soll: Ein Problem, für das im Coaching bereits eine Lösung gefunden wurde, hat sich unversehens wieder gemeldet. Nun mag das durchaus vorkommen; manchmal vergessen Menschen einfach wieder, dass sie ein Problem eigentlich gar nicht mehr haben. Deutlich häufiger passiert allerdings Folgendes:

Das Problem kehrt eine Oktave höher wieder zurück

Hinter der Idee des Rückfalls steht die Annahme, dass ein Problem irgendwann vollständig abgeschlossen sein müsse. Und das gibt es auch, z. B. in der Mathematik: Wenn Sie da zwei und zwei zusammenrechnen sollen und zu dem Ergebnis gekommen sind, dass das vier ergibt, haben Sie das Problem für alle Zeiten erschlagen. Beim Thema Persönlichkeitsentwicklung ist das aber ungleich schwieriger. Wenn da ein Klient mit der „Komplett-Fertig-Hypothese" kommt, male ich mit ein paar Strichen zwei Abbildungen auf ein Blatt Papier:

6. Die Günther-Jauch-Theorie der Persönlichkeitsentwicklung · 149

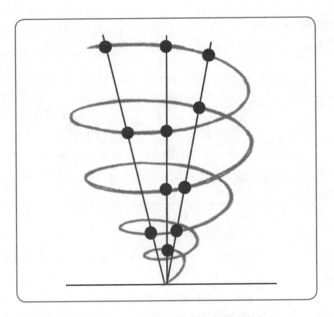

Abbildung 4: Entwicklung von Lebensthemen

Das erste Bild (Abb. 4) verdeutlicht, wie sich Themen (die geraden Linien) durch das Leben eines Menschen ziehen (die spiralförmige Kreisbahn). Dahinter steckt die Annahme, dass jeder Mensch einige Kernthemen in seinem Leben zu bearbeiten hat, die sich häufig um grundlegende Parameter wie Selbstwert, Selbstliebe oder das Nähe-Distanz-Spiel drehen. Diese Themen kreuzen immer wieder einmal unsere Bahnen. Hat jemand z. B. ein Problem mit dem Selbstwert, so wird sich das in vielen verschiedenen Bereichen des Lebens manifestieren: in der Schule, am Arbeitsplatz, in der Partnerschaft, in der Beziehung zu den eigenen Kindern usw. Wenn wir uns dem Problem auf einer Ebene gestellt und es bewältigt haben, drehen wir eine Runde, in der das Problem kaum spürbar ist. Und irgendwann kreuzt es wieder unseren Weg. Dann müssen wir uns ihm erneut stellen. Und wenn wir es dort bewältigt haben, bekommen wir eine etwas längere Auszeit. Und dann kehrt es wieder ... Usw. Das bedeutet nicht unbedingt einen Rückfall!

Die 16.000-Euro-Grenze

Die folgende Grafik macht das oben Beschriebene noch etwas deutlicher:

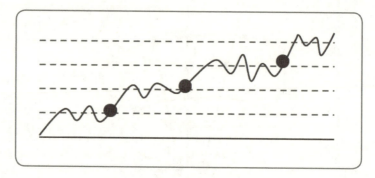

Abbildung 5: Lebensgrundgefühl in Abhängigkeit von gelungener Persönlichkeitsentwicklung

Abbildung 5 zeigt, wie es um die subjektive Wohlbefindenskurve der meisten Menschen bestellt ist, die sich intensiv mit ihrer Persönlichkeit auseinandersetzen. Jeder Mensch steckt zunächst in seinem ganz alltäglichen Auf und Ab. Mal gewinnt man, mal verliert man. Mal ist man krank, meistens aber doch halbwegs gesund. Usw. Das alles beeinflusst ständig, wie wir uns fühlen. Darunter gibt es aber noch etwas, das unabhängig ist von diesen täglichen Schwankungen: das Lebensgrundgefühl (LGG). Darunter versteht man die „gefühlte" Antwort auf Fragen wie: Bin ich o.k. oder bin ich nicht o.k.? Ist diese Welt ein guter oder ein schlechter Ort für mich? Was kann „einer wie ich" vom Leben erwarten?[343] Und die gute Nachricht ist: Wenn man sich einem seiner Themen auf einer Ebene (Abbildung 4) erfolgreich gestellt hat, gelangt man nach meiner Erfahrung mit hoher Wahrscheinlichkeit nachhaltig auf ein höheres Befindlichkeitsniveau (Abbildung 5). Die alltäglichen Probleme bleiben, aber sie werden *besser*, weil sich bestimmte grundlegende Fragen nicht mehr – oder zumindest deutlich weniger – stellen. Daher auch der Name dieser Theorie. Es ist ein bisschen so wie mit der 16.000-Euro-Frage bei Günther Jauch: Wenn Sie die geknackt haben, fallen Sie schlimmstenfalls auf diesen Wert zurück. Aber die 200-Euro-Fragen sind dann nicht mehr Ihre Sorge!

Konkret heißt das für mich: Ich habe trotz Tausender von Stunden in Seminaren, verbunden mit Unmengen an Selbsterfahrung[344], dann und wann Ärger mit meiner Frau. Manchmal bin ich ohne Grund missmutig. Meine Verdauung könnte hier und da besser funktionieren – und der DAX entwickelt sich gerade auch nicht nach meinen Vorstellungen. Aber: Die Frage, ob ich mich selbst liebe, kann ich seit Jahren uneingeschränkt mit Ja beantworten. Mein Selbstwertgefühl liegt an den meisten Tagen deutlich näher an 100 als an 0 – im Gegensatz zu früher. Ich bin weitestgehend glücklich und zufrieden mit dem, was ich tue und wer ich bin. Sollte mir ein Marktforscher jemals diese etwas merkwürdige Frage stellen, so könnte ich mit Fug und Recht behaupten: Ich kann mein Leben uneingeschränkt einem guten Freund oder Bekannten empfehlen!

Durch Krisen über den Tipping-Point in die Aufwärtsspirale: der erblühende Mensch

Ich möchte Sie jedoch nicht mit meinem möglicherweise etwas sentimentalen Gewäsch, sondern einmal mehr mit wissenschaftlichen Fakten von der Richtigkeit meiner Ausführungen überzeugen.

- Zum einen haben Forscher – wie bereits in den Ausführungen zum Thema Sinn im Kapitel VISION angerissen – aufzeigen können, dass es durchaus möglich ist, nicht nur unbeschadet, sondern deutlich gestärkt aus Krisen hervorzugehen. Dies geschieht in der Regel allerdings nicht von selbst, sondern erfordert Ihre gezielte (und begleitete) Auseinandersetzung mit dem Geschehen. Dann aber tritt genau der zuvor beschriebene Effekt ein: Sie begeben sich auf ein neues, qualitativ höher angesiedeltes emotionales Niveau. Was Sie nicht umbringt, macht Sie härter – und im besten Fall auch weiser.[345]
- Sie müssen jedoch nicht auf eine schwere Krise in Ihrem Leben warten, um das nächste Level zu erreichen. Vielmehr gilt zusätzlich: Steter Tropfen höhlt den Stein. Dem Erleben positiver Gefühle wohnt empirisch bewiesen eine Art „Tipping-Point" (ein kritischer Umschlagpunkt) inne.[346] Genauer gesagt geht es um das Verhältnis Ihrer positiven und negativen Gefühlserlebnisse auf ganz alltäglicher Basis. Psychologen konnten nachweisen, dass „die Magie" bei ca. 3:1 beginnt: Menschen, die im Durchschnitt für je eine negative Gefühlsregung (Enttäuschung, Trauer, Wut etc.) mindestens drei positive Gemütsbewegungen (Freude, Dankbarkeit, Liebe etc.) erfahren, liegen jenseits dieses Punktes.[347] Sie stoßen damit die Tür zu einem Zustand auf, den Martin Seligmann, der „Papst" der Positiven Psychologie, „Flourishing" nennt, also das nachhaltige Aufblühen unseres menschlichen Potenzials.[348] Noch ein letztes Mal sei gesagt: Aufgrund seiner positiven Konsequenzen ist Zufriedenheit zugleich Weg und Ziel. Und ausnahmsweise gilt also: Quantität schlägt Qualität! Zwar ist es durchaus hilfreich und wünschenswert, die großen Momente des Lebens zu suchen, zu genießen und in Ehren zu halten. Noch wichtiger für Ihr dauerhaftes Wohlbefinden wird es allerdings sein, sich immer wieder auch an den (mehr oder weniger) kleinen alltäglichen Dingen zu erfreuen. Diese öffnen Ihnen, ebenso wie Krisen, das Tor für weiteres Wachstum.[349]

- Und dieses Wachstum erfolgt – auch in den Worten der akademischen Psychologie – in einer Art Aufwärtsspirale.[350] Sie können der Wirkung Ihrer Gene wie auch der hedonischen Tretmühle (der Gewöhnung an neue positive Umstände) entkommen, indem Sie beständig Ihre Runden drehen und durch das richtige Denken, Fühlen und Handeln den Weg bahnen für weiteres Wachstum.[351] Sie können diesen sich selbst verstärkenden Prozess in Gang setzen. Sie können. Wenn Sie wollen. Und wollen *dürfen*.

Ausklang

Zum Ende des Buches halte ich es für angemessen, Sie, geneigter Leser, noch mal auf eine kurze Reise zu den frühen Anfängen dieses Werks mitzunehmen, also in die Zeit der Entstehungsgeschichte der VIGOR-Studie. Ich werde also doch noch sentimental. Aber aus gutem Grund, weil sich die Inhalte des Buches auf eine fast ironisch anmutende Art und Weise in seiner Entstehungsgeschichte widerspiegeln.

Die Idee und auch die Motivation, die VIGOR-Studie (die zu diesem Zeitpunkt natürlich noch nicht diesen Namen trug) durchzuführen, reiften in mir irgendwann im Sommer 2008. Zu diesem Zeitpunkt befand ich mich mitten in der empirischen Datenerhebungsphase für meine Doktorarbeit an einem Lehrstuhl für Controlling einer renommierten privaten Business School. Diese Doktorarbeit hatte inhaltlich nichts, aber auch gar nichts mit der Studie gemeinsam, deren Ergebnisse Sie in diesem Buch nachvollziehen können. Ich habe dieses Projekt (also VIGOR) im Grunde aus der gleichen Gefühlslage eines schlechten Gewissens heraus begonnen, die uns die Wohnung aufräumen oder bügeln lässt, wenn wir eigentlich ganz dringend die Steuererklärung machen müssten. Nun fragen Sie sich sicher zu Recht: Was macht ein an Positiver Psychologie und Coaching interessierter Mensch an einem Lehrstuhl für Controlling einer elitären Business School? Die Antwort: Ich weiß es (heute) selbst nicht mehr so genau. Jedenfalls erscheinen mir alle Gründe, die ich mir in der Rückschau vage zusammenreimen kann, als sehr bedenklich:

- Weder war es mein sehnlichster Wunsch, jemals im Bereich Controlling zu arbeiten; das Thema interessiert mich bis heute nicht besonders. Ich erinnere mich, dass es mir damals wichtig war, Karriere zu machen – und da könne ein Doktortitel von einer Elite-Uni bestimmt nicht schaden, habe ich mir wohl gedacht.

- Noch war es offensichtlich das Ziel meines inneren Teile-Konsortiums, mich diese Arbeit schreiben zu lassen. Sonst hätten die tonangebenden Instanzen wohl kaum dafür gesorgt, dass ich häufiger mehrmonatige Pausen einlegte, um mich stattdessen in die Weisheiten Buddhas und ähnliche Literatur zu vertiefen – oder gleich ein komplett anderes Forschungsvorhaben zu beginnen.

- Auch meine Lizenz zur Zufriedenheit habe ich durch diese Arbeit nicht bekommen. Ganz im Gegenteil: Ich habe sie erst bekommen (zumindest in Teilen), als mir meine Eltern die „Erlaubnis zum Aufhören" erteilten. Mir ist heute klarer denn je, dass ich diese Doktorarbeit auch und vor allem „für meine Eltern" geschrieben habe. Für mich gab es da immer eine gefühlte, wenn auch unausgesprochene Erwartungshaltung. Wie viele Kinder, deren Eltern noch im Nachkriegsklima aufgewachsen sind, habe ich häufiger den Satz gehört: „Du *sollst* es mal besser haben als wir!" Je nachdem, wie man den Modaloperator „sollen" auffasst, versteht sich dieser Satz als ein aus Liebe ausgesprochener Wunsch – oder aber als eine unmissverständliche *Aufforderung*, welche implizit die Frage nach sich zieht: „Und was ist, wenn ich es *nicht* schaffe?" Diesen Druck habe ich immerzu gespürt: Wenn ich an der Arbeit schrieb und umso mehr, wenn ich es nicht tat. Trotzdem schien es mir an vielen quälenden Tagen unendlich schwierig, auch nur das entsprechende Dokument auf meinem Rechner zu öffnen. Etwa im Jahresrhythmus der insgesamt etwa 55 Monate hatte ich den unbändigen Wunsch, die Doktorarbeit ad acta zu legen. Was mich dann doch immer wieder bewog, weiterzumachen: Ich wollte meine Eltern nicht enttäuschen. Und: Ich wollte keiner sein, „der es nicht gepackt hat". Ein knappes Jahr vor dem Ende fand ein (auf beiden Seiten) ziemlich tränenreiches, etwa dreistündiges Gespräch zwischen meinen Eltern und mir statt, in dem sie mir schließlich die „Lizenz zum Aufhören" gaben: Sie versicherten mir (und ich verstand!): Auch ohne Doktortitel würde ich ein „guter Sohn" bleiben. Danach war die Arbeit in null Komma nichts fertig geschrieben.

- Kontrastierend muss ich meine Fähigkeit, mich auf die *wirklich* wichtigen Dinge in meinem Leben zu konzentrieren – wenn auch etwas augenzwinkernd –, sehr lobend erwähnen. Ich habe schließlich die Ressourcen aufgebracht, die Doktorarbeit zu vollenden, ohne von jenem Thema Abstand zu nehmen, das mich wirklich antreibt. Jedoch geschah diese Steuerung weitaus „bewusstloser", als es nun, in der Rückschau aufgeschrieben, anmuten mag.

- Bleibt schließlich das Thema Durchhaltevermögen. Heute ist mir klar: Sich für ein Ziel über Gebühr quälen zu müssen ist ein sicherer Indikator und gleichzeitig der Preis dafür, sich einer falschen Sache verschrieben zu haben – einem Streben, das jenseits der eigenen Talente und Neigungen liegt. Im Ergebnis weiß ich heute, dass ich offenbar in der Lage bin, mich weit über meine psychische Schmerzgrenze hinaus anzutreiben, vorausgesetzt das Schreckgespenst, die Furcht vor dem Scheitern, ist gruselig genug. Wofür auch immer das gut ist – ich werde es nie wieder so weit kommen lassen.[352]

Damit Sie mich bitte nicht falsch verstehen – ich bereue es keineswegs, diese Doktorarbeit geschrieben zu haben: Ich habe während dieser Zeit tolle Freunde gefunden, mir neue und wichtige Fähigkeiten aneignen können, und den Doktortitel möchte ich auch nicht zurückgeben, nur weil die unterliegende Motivation ungesund war. Letztlich finde ich es auf eine sehr beruhigende Art und Weise wunderbar, dass sich – auch wenn es mir damals das Leben nicht angenehmer gemacht hat – meine wahre Natur unaufhörlich und mit Nachdruck ihren Weg gebahnt hat. C. G. Jung sagte einmal, es sei leichter, zum Mars vorzudringen als zu sich selbst. Gott sei Dank irrte er hier. In diesem Sinne: Ich hoffe, dass mein Buch Ihnen Mut gemacht und hilfreiche Werkzeuge an die Hand gegeben hat, auf dass auch Sie in Zukunft Ihrer wahren Natur mehr und mehr Raum geben können. Es gibt kein *zu frieden stellenderes* Ziel als dieses.

Hamm, Wangerooge und Portimão im Frühsommer 2012

Nico Rose

Anhang A | Bericht zur VIGOR-Studie

Die VIGOR-Studie untersucht, welche Faktoren Menschen darin unterstützen bzw. daran hindern, längerfristige Ziele zu verwirklichen. Konkret beschreibt sie, wie die Ausprägung dieser Faktoren mit der übergreifenden Lebenszufriedenheit der Studienteilnehmer zusammenhängt.

Synopsis

Anhand einer Befragung von 1158 Menschen werden fünf Faktoren identifiziert, die beeinflussen, inwieweit Menschen ihre Ziele verwirklichen und wie zufrieden sie übergreifend mit ihrem Leben sind:
- VISION
- INTEGRATION
- GENERALKONSENS
- ORGANISATION
- RIGOROSITÄT

Hinter diesen Faktoren verbergen sich – vereinfacht ausgedrückt – folgende Fragen:
- Weiß ein Mensch überhaupt, welche Ziele für ihn ganz persönlich erstrebenswert sind? (V)
- Will er als Ganzes diese Ziele verwirklichen, oder neigt er zu innerer Zerrissenheit? (I)
- Hat er die innere Erlaubnis, seine Ziele zu verwirklichen? (G)
- Setzt er die notwendigen Prioritäten, um seine Ressourcen zielgerichtet einzusetzen? (O)
- Zeigt er die Beharrlichkeit, um seine Ziele über lange (Durst-)Strecken zu verfolgen? (R)

Die wichtigsten Ergebnisse:
- Menschen mit hoher Ausprägung auf den VIGOR-Faktoren sind spürbar zufriedener mit ihrem Leben.
- Menschen mit hoher Ausprägung auf den VIGOR-Faktoren erzielen ein höheres Einkommen.
- Der Faktor GENERALKONSENS (G) zeigt den stärksten statistischen Zusammenhang mit der Lebenszufriedenheit. Hier ist offenbar eine starke „sich selbst erfüllende Prophezeiung" am Werk. Pointiert ausgedrückt: Zufrieden ist vor allem, wer glaubt, dass er zufrieden sein *darf*.

Die Motivation zur VIGOR-Studie

Menschen haben Ziele. Den ganzen Tag über, ihr ganzes Leben lang. Was zeichnet die menschliche Existenz aus, wenn nicht eine unablässige Folge von kleinen oder größeren Zielen und Absichten, die wir verwirklichen wollen? Nicht immer sind uns diese Ziele bewusst; die meisten sind zu unbedeutend, als dass sie unser Bewusstsein überhaupt beschäftigen. Während ich z. B. diese Zeilen schreibe, merke ich, wie es mich am Hinterkopf juckt. Mein Ziel ist es nun, diesen Juckreiz zu beseitigen. Ich kratze mich an der richtigen Stelle: Mission erfüllt. Das war weder anstrengend, noch musste ich mich lange vorbereiten.

Andererseits gibt es aber auch Ziele, die nicht so einfach zu erreichen sind. Z. B.: Ein Buch veröffentlichen. Ein Studium erfolgreich abschließen. Profi-Musiker oder -Sportler werden. Eine Firma aufbauen und erfolgreich machen. Vorstand einer Aktiengesellschaft werden. All diesen Zielen ist gemeinsam, dass es in der Regel einen langen Zeitraum und ein hohes Maß an koordinierter Anstrengung erfordert (für viele verschiedene aufeinanderfolgende und/oder parallele Arbeitsschritte), sie zu verwirklichen. Diese Art von Zielen ist es auch, die Menschen bisweilen dazu bewegt, sich Unterstützung zu holen, z. B. durch einen Coach. Weil sie möglicherweise das Gefühl haben, an einem Punkt des Zielerreichungsprozesses festzustecken, nicht mehr weiterzuwissen. Die Aufgabe des Coaches ist es dann, in einem dialogischen Prozess mit dem Klienten dafür zu sorgen, dass Letzterer gute Lösungen für anstehende Problemstellungen findet. Obwohl Coaching somit per Definition ein ziel- und zukunftsorientierter Prozess ist (im Gegensatz zu: problem- und vergangenheitsorientiert), lohnt es sich aus meiner Erfahrung als Coach, folgende Frage zu stellen: Gibt es typische, verallgemeinerbare Widerstände und Stolperfallen, die Menschen daran hindern, Ziele wie die zuvor genannten zu verwirklichen? Gibt es also wiederkehrende Problemmuster?

Zunächst lässt sich beobachten, dass Menschen ein unterschiedliches Maß dessen besitzen, was ich *Manifestationskraft* nennen möchte. Hiermit ist die Fähigkeit gemeint, Dinge in die Tat umzusetzen, Wirkungen zu erzielen, Resultate hervorzubringen. Man nehme z. B. drei Autoren gleicher Begabung, und einer wird vielleicht 30 Bücher in seinem Leben veröffentlichen, der zweite nur drei – und der dritte schafft es nicht einmal, sein Erstlingswerk zu vollenden. Was unterscheidet diese Menschen voneinander? Die Antwort lautet: Sie verfügen über ein unterschiedliches Maß an Manifestationskraft. Bei gleicher Ausgangslage machen einige Menschen mehr aus ihrem Leben als andere. Und ich gehe zusätzlich davon aus, dass diese Fähigkeit mit einer höheren *Lebenszufriedenheit* einhergeht, weil uns das Erreichen von Zielen mit positiven Emotionen wie Stolz und/oder einem gesteigerten Selbstwert belohnt.

Durch das Studium vieler verschiedener praktischer Coaching-Methoden und psychologischer Theorien, zuvorderst aber durch die Erfahrungen mit meinen eigenen Coaching-Klienten, habe ich über die Zeit beobachten können, dass – bei aller Verschiedenartigkeit der Menschen – die Gründe für fehlende Manifestationskraft recht ähnlich sind. Das bedeutet, sie lassen sich klassifizieren und auf wenige grundlegende Faktoren zurückführen. Was mir wieder und wieder in Theorie und Praxis begegnete, ist das *Fehlen* eines oder mehrerer der folgenden Faktoren:

- VISION
- INTEGRATION
- GENERALKONSENS
- ORGANISATION
- RIGOROSITÄT

VIGOR stammt aus dem Lateinischen und bedeutet so viel wie *Lebenskraft*. Im Folgenden werde ich darlegen, was es mit diesem Akronym auf sich hat.

VISION

Spätestens durch die Bücher Viktor Frankls und die von ihm entwickelte Logotherapie ist einer breiteren Öffentlichkeit bekannt geworden, wie wichtig *Sinn* ist. Menschen sind fähig, jegliche Strapazen auf sich zu nehmen, wenn „das Ganze" für sie Sinn hat. In Zeiten wie den unseren, wo dieser Sinn nicht mehr zwangsläufig durch religiöse Anschauungen oder gesellschaftliche Konventionen gegeben ist, muss er von jedem Individuum gesucht und selbst gewählt werden. Sinn wird heutzutage häufig in übergeordneten Lebenszielen gesucht und gefunden. Langfristige Projekte im Job, das Finden und Verwirklichen der eigenen Berufung, vielleicht sogar das Schaffen von etwas, das bleibt, wenn der Mensch selbst nicht mehr da ist.

Deshalb frage ich viele meiner Klienten, vor allem solche, die über eine Mangel an Lebensfreude klagen: „Was wollen Sie denn wirklich erreichen in Ihrem Leben?" Oder: „Was wäre für Sie so verlockend, dass Sie auch zahlen würden, um es tun zu dürfen?" Von manchen ernte ich dann nur leere Blicke und ein Schulterzucken. Abgesehen von Allgemeinplätzen wie „ein gutes Leben führen" oder „glücklich sein" wissen sie nicht wirklich, was sie in diesem Leben erreichen wollen, was sie tief aus ihrem Inneren heraus antreibt. Ihnen fehlt ihre eigene, ganz persönliche VISION.

INTEGRATION

Einer der erfolgreichsten Sachbuchtitel der letzten Jahre stammt von Richard David Precht und lautet: „Wer bin ich – und wenn ja wie viele?" Das ist eine berechtigte Frage. Menschen sagen (auch und gerade im Coaching) häufig Sätze wie „Ich will X!" oder „Ich möchte nie wieder Y!". Das kleine Wort *Ich* hat es allerdings in sich. Denn Menschen sind sich nur selten „mit sich selbst einig". Bei Goethe heißt es: „Zwei Seelen wohnen, ach! in meiner Brust!" Und der Volksmund kennt den Kampf mit dem *inneren Schweinehund,* der nicht so will wie das restliche Ich.

Frage ich solche Klienten: „Gibt es da vielleicht etwas oder jemanden in Ihnen, der *dagegen* ist, dass Sie Ihr Ziel erreichen?", wird manchmal sehr schnell deutlich, dass es Instanzen in ihnen gibt, die das eingangs genannte Ziel gar nicht erreichen wollen, vielleicht sogar genau das Gegenteil anstreben. Erlebt wird dies typischerweise als Energielosigkeit oder innere Blockade. Diesen Menschen fehlt die INTEGRATION ihrer verschiedenen Persönlichkeitsanteile.

GENERALKONSENS

Eine weitere typische Ursache für das Nichterreichen von Zielen sind einschränkende Glaubenssätze über den eigenen *Selbstwert*, über Erfolg, über das Leben an sich. Nicht selten kommt es vor, dass Klienten durchaus eine genaue Vorstellung davon haben, was sie möchten. Dies bedeutet aber noch lange nicht, dass der Weg zum Ziel auch wirklich frei ist. Wenn ich diese Vermutung hege, dann bitte ich den Klienten um Folgendes: „Stellen Sie sich bitte vor, Sie hätten das Ziel schon erreicht. Alles ist genau so, wie Sie es sich wünschen ..." Wenn ich dann eine sogenannte Zielphysiologie (z. B. körperliche Entspannung und ein Strahlen im Gesicht) sehe, frage ich: „Und? *Darf* das überhaupt sein?" Nicht immer ernte ich auf diese Frage ein eindeutiges „Ja!". Häufig wird der Blick des Klienten ausweichend, und die Antwort lautet in etwa: „Hmm ... eigentlich schon ... oder?"

Diesen Menschen fehlt die *innere Erlaubnis,* die uneingeschränkte Zustimmung zu Erfolg und Zufriedenheit; in meinen Worten: der GENERALKONSENS. Die Gründe hierfür liegen meist nicht im Klienten selbst (als Individuum), sondern in seinem Herkunftssystem. Wir alle werden – ohne dass wir uns dagegen wehren könnten – durch die Werte und Weltanschauungen unserer Eltern (bzw. der Erziehungsberechtigten) außergewöhnlich stark geprägt; sie stehen zeitlebens auf einem „moralischen Podest". Viele Menschen lösen sich zwar im Laufe des Lebens zumindest teilweise von den Vorstellungen und Einschärfungen ihrer Eltern. Manchmal ist die meist unbewusste Anhaftung an die Eltern aber auch so stark, dass Menschen sich lieber ihr eigenes Leben vermasseln, als diese schädliche Form der Bindung aufzugeben.[353]

Ein Beispiel: Ein Klient kämpft als Freiberufler für seinen finanziellen Erfolg und ist bereits auf einem guten Weg; jedoch verliert er auch immer wieder aus (vermeintlich) unerklärlichen Gründen wichtige Aufträge und Kunden. Auf Nachfrage schildert er, dass er aus einer Arbeiterfamilie stamme, wo häufig über „die da oben" geschimpft wurde, die alle „Bonzen und Gauner" seien. Somit steckt er in einer Zwickmühle: Erreicht er sein Ziel (z. B. ein bestimmtes avisiertes Jahreseinkommen), wird er in den Augen der inneren Eltern[354] zum Bonzen – und verliert so gefühlt die Bindung an sein Herkunftssystem. Im Coaching erlebe ich, dass Menschen mit dieser Art von schädlicher Bindung – solange sie unbearbeitet bleibt – nach ersten Erfolgen unweigerlich in alte Muster zurückfallen.

ORGANISATION

Oft höre ich von Klienten, die Schwierigkeiten haben, ein langfristiges Ziel zu verfolgen, Sätze wie: „Ja, wenn ich genug Zeit hätte, dann würde ich ..." Oder: „Wenn ich abends nicht so kaputt wäre, dann ..." Solche Aussagen zeigen, dass ein Mensch sich noch nicht genügend Klarheit über seine Prioritäten verschafft hat. Es gibt viele Bücher und Seminare zum Thema Zeitmanagement. Doch: Zeit lässt sich nicht managen. Sie tickt einfach vor sich hin, 60 Sekunden pro Minute, 60 Minuten pro Stunde, 24 Stunden am Tag.

Was sich jedoch sehr wohl managen lässt, sind die eigenen Prioritäten, die *Entscheidung über Dringlichkeit oder Wichtigkeit* von anstehenden Aufgaben bzw. ganzen Lebensbereichen. Wofür verwende ich wie viel von meiner (Lebens-)Zeit? Was fällt unter den Tisch, wenn ich zwischen mehreren Aufgaben wählen muss? Und anhand welcher *Wertmaßstäbe* treffe ich diese Entscheidung? Bin ich bereit, kurzfristig auf Annehmlichkeiten zu verzichten, um langfristig betrachtet Erfolg zu haben? Menschen, die diese Fragen noch nicht für sich geklärt haben, fehlt die innere und äußere Organisation.

RIGOROSITÄT

Wenn man dieses Wort im Lexikon nachschlägt, findet man zunächst negative Bedeutungen wie Strenge oder Rücksichtslosigkeit. Aber letztlich steht Rigorosität auch für die *Bestimmtheit* und die notwendige *Fähigkeit zur Motivation,* im Angesicht von Schwierigkeiten, von Rückschlägen und viel Arbeit beharrlich weiter an der Verwirklichung der eigenen Ziele zu arbeiten.

Gerade wenn es darum geht, übergreifende langfristige Ziele zu erreichen, fehlt manchen Menschen der Wille, die Ausdauer, weiterzumachen, dranzubleiben, wirklich alles zu geben.** Allerdings fällt uns nur selten das Glück in den Schoß. Eher noch, so sagt ein Sprichwort, „ist es mit den Tüchtigen", den Menschen mit einer hohen Fähigkeit zur Selbstregulation. Menschen, die nicht bereit sind, die berühmt-berüchtigte Extrameile zu gehen, fehlt die notwendige RIGOROSITÄT.

Ablauf, Methodik und Stichprobe der Studie

Nachdem der eher praxisorientierte Coach in mir diese fünf unterschiedlichen Aspekte identifiziert hatte, ist auch der akademisch ausgebildete Psychologe in mir neugierig geworden. Ich wollte wissen, ob die verschiedenen Komponenten des VIGOR empirisch nachweisbar sind. Und ich wollte natürlich wissen, ob eventuell vorhandene Unterschiede bei den VIGOR-Werten tatsächlich mit dem subjektiven Wohlbefinden der Menschen zusammenhängen; konkret: Ob eine höhere Ausprägung der VIGOR-Werte auch mit einer höheren Lebenszufriedenheit einhergeht.

Anhand eines Vortests mit knapp 300 Teilnehmern entwickelte ich auf Basis wissenschaftlicher Forschungsmethoden einen Fragebogen, um die Elemente des VIGOR zu messen.[355] Einige Beispielfragen:
- Ich habe eine Art VISION für mein Leben, d. h., ich richte meine Handlungen an klar definierten, übergeordneten Zielen aus. (V)
- Manchmal habe ich das Gefühl, dass ich mir selbst im Weg stehe, wenn es um das Erreichen meiner Ziele und Wünsche geht. (I)
- Manchmal glaube ich, dass es mir irgendwie nicht erlaubt sein könnte, meine Wünsche und Ziele wirklich zu erreichen. (G)
- Ich kann gut zwischen wichtigen und dringenden Aufgaben in meinem Leben unterscheiden und richte meine Planung daran aus. (O)
- Ich glaube manchmal, dass ich nicht genug Energie habe, um meine Wünsche und Ziele wirklich zu erreichen. (R)

Hinzu nahm ich drei Fragen aus der „Satisfaction With Life Scale" (SWLS) von Ed Diener, einem seit Jahrzehnten etablierten Instrument zur Messung von übergreifender Lebenszufriedenheit, z. B.:
- Mein Leben entspricht in den meisten Lebensbereichen meinen Idealvorstellungen.

Zur Beantwortung der Fragen stand jeweils die gleiche siebenstufige Skala zur Verfügung, mit den jeweils gleichen Polen „1 = stimme überhaupt nicht zu" und „7 = stimme vollkommen zu". Die Antworten der Teilnehmer wurden für die Auswertung so umkodiert, dass hohe Werte gleichbedeutend mit einer hohen Ausprägung auf den VIGOR-Elementen waren. Ergänzt wurden diese Fragen durch demografische

Angaben wie Einkommen, Ausbildung, Berufsgruppe, Geschlecht und Alter; sowie um einige Kontrollfragen zu den Themen Partnerschaft, soziale Kontakte und Spiritualität. Der finale VIGOR-Fragebogen wurde über ein Online-Befragungsportal bereitgestellt. Hauptsächlich via XING wurden Menschen eingeladen, an der Befragung teilzunehmen. Die Teilnahme erfolgte freiwillig. Als Gegenleistung wurde die Zusendung des Ergebnisberichts zugesichert. Innerhalb von zehn Wochen hatten 1249 Menschen den Fragebogen ausgefüllt. Nach der Bereinigung (z. B. Entfernung von Teilnehmern mit nicht verwertbaren Angaben) sind 1158 Personen in der Stichprobe enthalten. Mit 52,7 % Frauen bzw. 47,3 % ist das Teilnehmerfeld bezogen auf das Geschlecht recht ausgeglichen (siehe Abb. 6).[356]

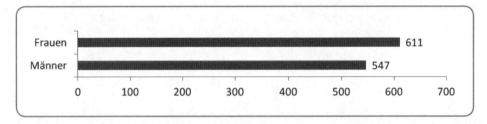

Abbildung 6: Verteilung nach Geschlecht

Auch die verschiedenen Altersklassen sind gut besetzt (siehe Abb. 7). Der geringe Anteil Jugendlicher bzw. Senioren erklärt sich durch die Rekrutierung der Teilnehmer über ein beruflich orientiertes Netzwerk.

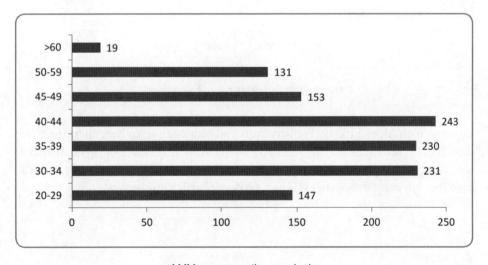

Abbildung 7: Verteilung nach Alter

Bezüglich der Themen Ausbildungsgrad (siehe Abb. 8), Berufsgruppen (siehe Abb. 9) und Einkommen (siehe Abb. 10) zeigt sich ebenfalls eine zufriedenstellende Verteilung der Teilnehmer.

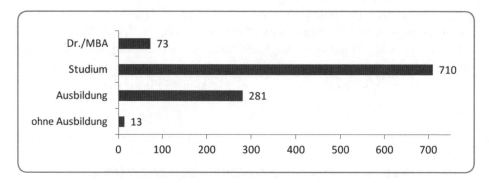

Abbildung 8: Verteilung nach Ausbildungsgrad

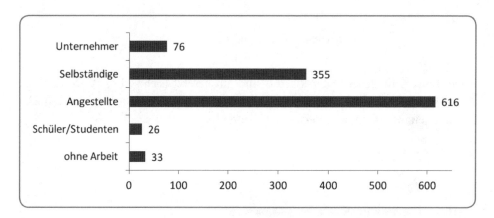

Abbildung 9: Verteilung nach Berufsgruppe

Der Anteil an Akademikern, Freiberuflern und Selbstständigen liegt allerdings über dem Bundesdurchschnitt. Im Gegenzug ist der Anteil an Beamten (14) und Arbeitern (12) (nicht in der Grafik enthalten) zu niedrig, was auf die Akquise der Teilnehmer über ein berufsbezogenes Online-Netzwerk zurückzuführen ist.

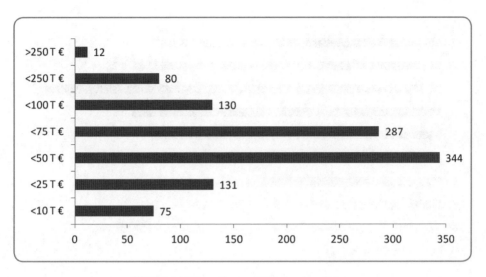

Abbildung 10: Verteilung nach Einkommensklasse

Hauptergebnisse der Studie

Zu Klärung der Frage, ob und wie die Elemente des VIGOR[357] mit der Lebenszufriedenheit zusammenhängen, wurde eine *lineare Korrelationsanalyse* durchgeführt. Anschließend wurde der VIGOR in einer *multiplen, linearen Regression* zur statistischen Vorhersage der Lebenszufriedenheit verwendet.[358]

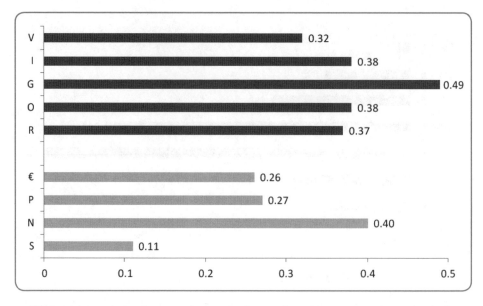

Abbildung 11: Korrelation der VIGOR-Elemente und Kontrollvariablen mit der Lebenszufriedenheit

Alle Elemente des VIGOR zeigen einen deutlichen Zusammenhang mit der Lebenszufriedenheit (siehe Abb. 11), die Korrelationen liegen durchweg über einem Wert von 0.30. Somit gilt: Höhere Werte auf den Elementen des VIGOR gehen mit höherer Lebenszufriedenheit einher. Der stärkste Zusammenhang zeigt sich mit einem Wert von 0.49 für den GENERALKONSENS, die innere Erlaubnis zur Zufriedenheit. Für die Kontrollvariable Einkommen kann ebenfalls ein deutlicher Zusammenhang nachgewiesen werden (0.26), ebenso wie für die Frage, ob die Person in einer stabilen Partnerschaft lebt (0.27). Noch wichtiger für die Zufriedenheit ist allerdings die Frage, ob der Mensch über ein stabiles Netzwerk von sozialen Kontakten verfügt (0.40). Der Aspekt Spiritualität spielt indessen keine herausgehobene Rolle.

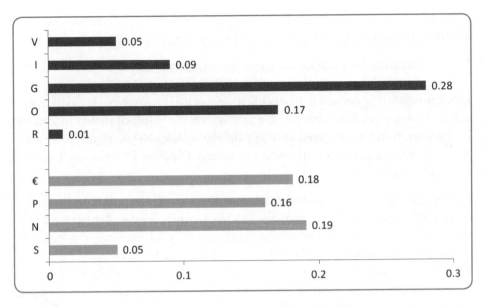

Abbildung 12: Regression der VIGOR-Elemente und Kontrollvariablen auf die Lebenszufriedenheit

Die Regressionsanalyse (siehe Abb. 12) bestätigt die besondere Rolle des GENERALKONSENS für die Lebenszufriedenheit. Die Regression beleuchtet nicht den Zusammenhang jedes *einzelnen* VIGOR-Elements mit der Zufriedenheit. Stattdessen betrachtet sie den Zusammenhang mit dem *gesamten* VIGOR-Ensemble in einem Schwung. Da die einzelnen Elemente sich auch wechselseitig beinflussen, verschiebt sich ihre Bedeutung für die Zufriedenheit im Vergleich zur individuellen Betrachtungsweise. In diesem Fall nimmt der GENERALKONSENS viel Erklärungskraft der weiteren VIGOR-Elemente auf.[359] Insbesondere das Element RIGOROSITÄT verliert zugunsten des GENERALKONSENS an Bedeutung. Die Elemente INTEGRATION und insbesondere ORGANISATION sind jedoch weiterhin von unabhängiger Bedeutung. Außerdem zeigt sich, dass die Kontrollvariablen, konkret: a) das Einkommen; b) die Frage, ob die Person sich (gefühlt) in einer stabilen Partnerschaft befindet; und c) die Frage, ob die Person sich durch ein stabiles Netzwerk aus Freunden unterstützt fühlt, einen unabhängigen Einfluss auf die Lebenszufriedenheit haben; während das Thema Spiritualität weiterhin kaum eine Rolle für die Zufriedenheit spielt.

Ingesamt erklärt das VIGOR-Modell inklusive der o. g. Kontrollvariablen die Lebenszufriedenheit der Studienteilnehmer zu ca. 41 % (das sogenannte R^2 des Regressionsmodells beträgt demnach 0.41). Wie im Einleitungskapitel erläutert, beruht unser subjektives Wohlbefinden zu ca. 50 % auf unseren Genen und zu ca. 10 % auf unseren Lebensumständen. Das genetische Profil der Studienteilnehmer war mir natürlich nicht bekannt. Außerdem gibt es es immer eine Art „natürliches Rauschen" aufgrund von nicht zu kontrollierenden Fehlerquellen in den Daten. In diesem Sinne ist die Erklärungskraft meines Modells als recht anständig zu bewerten.

Zusammenfassend lässt sich sagen: Wenn ein Mensch die innere Erlaubnis zum Erreichen seiner Ziele hat, wird vieles andere zweitrangig. Insbesondere die Frage nach ausreichend Motivation und Beharrlichkeit stellt sich dann kaum noch: Sie ist in diesem Fall einfach gegeben. Eine gute ORGANISATION bleibt jedoch weiterhin wichtig. Unabhängig vom VIGOR tragen auch ein stabiles soziales Netzwerk inklusive einer funktionierenden Partnerschaft sowie ein höheres Einkommen tendenziell zur Lebenszufriedenheit bei.

Die Resultate der Regressionsanalyse lassen außerdem vermuten, dass es eine gewisse Hierarchie unter den Elementen des VIGOR gibt. Insbesondere der Faktor GENERALKONSENS scheint eine vorgeordnete Bedeutung für die Erreichung von Zielen zu haben. Dies erscheint logisch: Wer die innere Erlaubnis für Erfolg und Zufriedenheit nicht hat, demnach also glaubt, gar nicht am gewünschten Ziel ankommen zu dürfen, braucht sich über innere Zerrissenheit (INTEGRATION) oder das notwendige Durchhaltevermögen (RIGOROSITÄT) erst gar keine Gedanken zu machen. Ermutigend ist, dass die von vielen Menschen geschmähte Fähigkeit, sich zu quälen und hart gegen sich selbst zu sein, keine zentrale Rolle zu spielen scheint – zumindest dann nicht, wenn die anderen Elemente im grünen Bereich sind. Dies stellt auch die Wirkung von notorischen Seminaren infrage, wo den Teilnehmern Motivation künstlich eingeimpft werden soll. Eher bestätigt sich die Erfahrung von Menschen, die ihre wahre Berufung gefunden haben – und diese mit voller Lebenskraft verwirklichen: Plötzlich scheint alles ganz leicht ...

Profilvergleiche der VIGOR-Werte

Ein Geschlechtervergleich (siehe Abb. 13) der VIGOR-Werte und der Lebenszufriedenheit fördert keine bemerkenswerten Unterschiede zutage. Männer äußern minimal höhere Zufriedenheitswerte und haben bei den Elementen INTEGRATION[360], GENERALKONSENS und RIGOROSITÄT leicht die Nase vorn. Frauen hingegen zeigen sich als etwas zielgerichteter, was den Ressourcen-Einsatz betrifft. Die Unterschiede sind jedoch statistisch nicht bedeutend.

Anhang A: Bericht zur VIGOR-Studie · 169

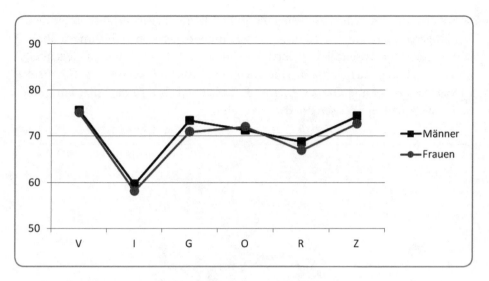

Abbildung 13: VIGOR-Werte nach Geschlecht

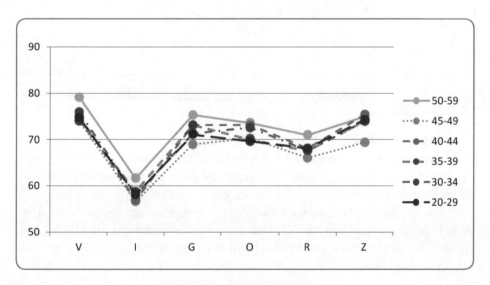

Abbildung 14: VIGOR-Werte nach Alter

Eine Differenzierung nach Lebensalter (siehe Abb. 14) zeigt einen recht gleichförmigen Profilverlauf für die verschiedenen Altersgruppen. Man kann also anhand der vorliegenden Daten nicht per se sagen: Ältere Menschen sind zufriedener oder mehr mit sich im Reinen als jüngere Menschen. Was jedoch schwach erkennbar wird, ist ein Hinweis auf eine Art Midlife-Crisis. Die Zufriedenheitswerte wie auch die VI-

GOR-Werte von Menschen zwischen 45 und 49 Jahren liegen sichtbar unter denen von jüngeren Menschen – und insbesondere unter denen von Teilnehmern über 50 Jahren. Nach der Krisenzeit berichten diese Menschen die höchsten Zufriedenheitswerte aller Teilnehmer. Auffällig sind auch die deutlich höheren Werte für VISION, GENERALKONSENS und ORGANISATION. Es scheint, als bringe das Alter ein großes Maß an Klarheit: ein Wissen um das, was zählt.

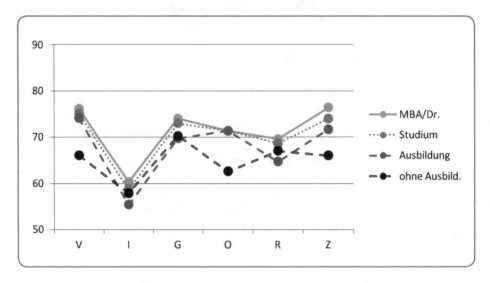

Abbildung 15: VIGOR-Werte nach Ausbildungsgrad

In Abbildung 15 wird deutlich: Je höher der Ausbildungsstatus eines Menschen, desto höher ist auch seine Lebenszufriedenheit. Menschen mit einem Doktor-Titel oder MBA sind noch etwas zufriedener als solche, die „nur" ein Erststudium absolviert haben. Diese sind wiederum zufriedener als jene, die lediglich eine Ausbildung oder gar keine Ausbildung durchlaufen haben. Bei der letztgenannten Gruppe springt der Ausschlag nach unten beim Wert für ORGANISATION besonders ins Auge. Es scheint, als fehle diesen Menschen (im Mittel) der Fokus, die Fähigkeit, ihre Ressourcen zielführend einzusetzen.

Ein Vergleich nach Berufsgruppen (siehe Abb. 16) fördert interessante Unterschiede zutage. Auffällig sind insbesondere die Kurven für Unternehmer und Menschen ohne Arbeit. Unternehmer erzielen herausragende Werte bei den Elementen VISION und insbesondere ORGANISATION und RIGOROSITÄT. Sie gehen auf ihre Zielen mit einem stärkeren Fokus und größerer Ausdauer zu. Dafür werden sie mit der höchsten Lebenszufriedenheit aller Gruppen belohnt. Bei Menschen, die ohne Arbeit sind, springen insbesondere die Ausreißer für die Elemente INTEGRATION und wiederum RIGOROSITÄT ins Auge. Die Zahlen scheinen darauf hinzudeuten, dass diese Gruppe von Menschen ein höheres Maß an innerer Zerrissenheit erlebt, was mit einer Art Energielosigkeit einhergeht. Man sollte allerdings vorsichtig sein, hier von einer Kausalität auszugehen. Möglicherweise führt die Arbeitslosigkeit erst zu diesem Zustand.

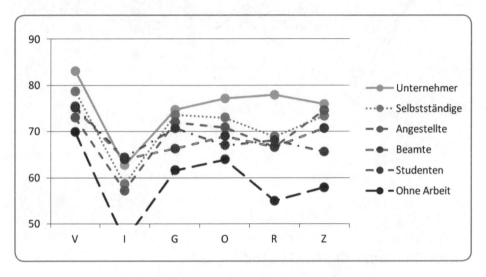

Abbildung 16: VIGOR-Werte nach Berufsgruppen

Abschließend ergibt sich ein interessanter Profilvergleich, wenn man die Studienteilnehmer nach Einkommensklassen betrachtet. Zunächst ist erkennbar, dass bis auf wenige Ausnahmen mit höherem Einkommen jeweils auch höhere VIGOR-Werte einhergehen. Besonders herausstechend ist die Kurve für die Topverdiener in der Stichprobe. Hier scheinen sich einige Klischees zu bewahrheiten: Finanziell besonders erfolgreiche Menschen haben eine klarere VISION für ihr Leben. Außerdem profitieren sie von einem Plus an ORGANISATION, sie gehen zielgerichteter mit den gegebenen Ressourcen um. Insbesondere der letzte Punkt scheint auch den Unterschied zu machen bei Menschen mit hohem und sehr hohem Einkommen.

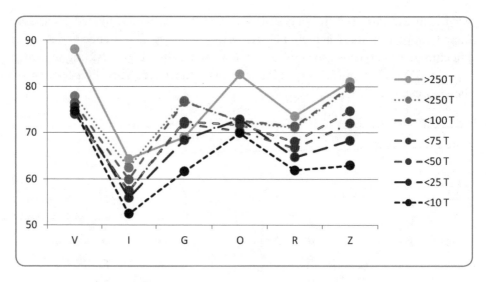

Abbildung 17: VIGOR-Werte nach Einkommensklasse

Einschränkungen der VIGOR-Studie

- Es handelt sich hierbei um eine Studie mit mehr als 1100 Teilnehmern, die größtenteils über das Online-Netzwerk XING geworben wurden. Die Teilnehmergruppe kann somit trotz ihrer Größe nicht als repräsentativ bezeichnet werden. Es ist z. B. nicht auszuschließen, dass sich vor allem Menschen beteiligt haben, die sich besonders für die Themen der Studie (Zielverwirklichung und Lebenszufriedenheit) interessieren – womit sich diese Gruppe vom „Otto Normalverbraucher" unterscheiden würde. Aufgrund des hohen Anteils an gut ausgebildeten Menschen liegt der durchschnittliche Zufriedenheitslevel außerdem vermutlich über dem Durchschnittsniveau der gesamten Bevölkerung in Deutschland.
- Weiterhin ist zu berücksichtigen, dass der Fragebogen zur Messung des VIGOR vom Autor komplett neu entwickelt wurden. Die Bedeutsamkeit dieser Konstrukte, ihr Zusammenhang mit der Lebenszufriedenheit und ebenso der Zusammenhang mit ähnlichen, bereits etablierten Konstrukten sollte also in weiteren Studien validiert werden.
- Ferner ist anzumerken, dass es sich bei den vorliegenden Daten lediglich um korrelative Zusammenhänge handelt, aus denen nicht automatisch auf eine Kausalität geschlossen werden kann. D. h., es ist auf Basis der Daten z. B. genauso argumentierbar, dass höhere Lebenszufriedenheitswerte ein Plus an ORGANISATION bewirken – und nicht umgekehrt. Ich glaube jedoch, dass meine Ausführungen

auf sachlogischer Basis und insbesondere auf Basis der Erkenntnisse aus der wissenschaftlich-psychologischen Literatur die Realität korrekt abbilden.
- Ebenso ist erwähnen, dass alle Messgrößen in der Studie auf subjektiven Fragebogendaten, also auf Selbstauskunft der Teilnehmer, beruhen. In diesem Sinne ist es denkbar, dass die Daten verschiedene Verzerrungen enthalten, z. B. Auskünfte, die auf „sozialer Erwünschtheit" beruhen, also dem Impuls, sich selbst in einem positiven Licht darzustellen. Aufgrund der starken Spreizung der Daten zwischen den verschiedenen Teilnehmern glaube ich aber, dass dieses Problem hier keine besondere Rolle gespielt hat.
- Schließlich gibt es diverse Faktoren mit Einfluss auf die Lebenszufriedenheit, welche in dieser Studie außer Acht gelassen wurden. So wurde im Haupttext des Buches ausgeführt, dass die genetische Konstitution – unabhängig von konkreten Lebensereignissen und Verhaltensweisen – das Zufriedenheitsniveau nachhaltig mitbestimmt. Auch der Einfluss, den der Gesundheitszustand von Menschen auf ihre Zufriedenheit haben kann, wurde hier nicht abgefragt.
- Trotz dieser verschiedenen Einschränkungen glaube ich, dass die VIGOR-Studie einen interessanten und nützlichen Einblick in das vielschichtige Gefüge von Zielverwirklichung, deren Vorbedingungen und die übergreifende Lebenszufriedenheit von Menschen bietet.

Anhang B | Der VIGOR-Test

Auf den folgenden Seiten finden Sie die 18 Fragen des VIGOR-Tests. Zur Beantwortung der Fragen steht Ihnen jeweils die gleiche siebenstufige Skala mit den Endpunkten „stimme absolut nicht zu" über „weder noch" bis „stimme voll zu" zur Verfügung. Im Anschluss an den Fragebogen finden Sie die Anleitung zur Auswertung und Interpretation Ihrer Ergebnisse.

Hinweise zur Bearbeitung

- Wenn hier von Zielen und Wünschen die Rede ist, so sind damit übergreifende Lebensziele gemeint, also *langfristige Ziele* bezogen auf den Beruf, die allgemeine Lebensplanung etc.
- Für eine sinnvolle Interpretation füllen Sie den Fragebogen bitte unbedingt *vollständig* aus.
- Am stärksten profitieren Sie von dem Test, wenn Sie die Fragen *zügig und ohne großes Überlegen* ausfüllen. Je spontaner die Antworten, desto bedeutsamer werden die Ergebnisse sein.
- Dies gilt gleichermaßen für den folgenden Punkt: Seien Sie *ehrlich mit sich selbst*. Die Versuchung wird groß sein, das Bild bei der einen oder anderen Antwort zu beschönigen. Auch das ist einem hilfreichen Ergebnis nicht zuträglich.

Die Fragen

1. Ich habe eine Art Vision für mein Leben, d.h., ich richte meine Handlungen an klar definierten übergeordneten Zielen aus.
2. Ich kann gut zwischen wichtigen und dringenden Angelegenheiten in meinem Leben unterscheiden.
3. Ich bin zufrieden mit meinem Leben.
4. Ab und zu habe ich das Gefühl, dass ich mir selbst im Weg stehe, wenn es um das Erreichen meiner Ziele und Wünsche geht.
5. Manchmal zweifle ich daran, dass ich meine Wünsche und Ziele wirklich erreichen darf.
6. Ich bin nicht sicher, ob ich genügend Motivation aufbringen kann, um meine Wünsche und Ziele wirklich zu erreichen.
7. Gelegentlich habe ich das Gefühl, es gäbe zwei verschiedene Personen in mir, und die eine sagt „hü", und die andere „hott".
8. Zuweilen glaube ich, dass es mir nicht vergönnt ist, meine Ziele und Wünsche wirklich zu erreichen.
9. Ich richte meine Zeiteinteilung und Terminplanung konsequent nach meinen wichtigsten Prioritäten aus.
10. Mein Leben entspricht in den meisten Lebensbereichen meinen Idealvorstellungen.
11. Ich glaube manchmal, dass ich nicht genug Energie habe, um meine Wünsche und Ziele wirklich zu erreichen.
12. Ich habe eine klare Vorstellung davon, was ich in meinem Leben erreichen will.
13. Manchmal glaube ich, dass es mir irgendwie nicht erlaubt sein könnte, meine Wünsche und Ziele wirklich zu erreichen.
14. Ich zweifle ab und zu daran, dass ich am Ende genug Durchhaltevermögen besitze, um meine Wünsche und Ziele wirklich zu erreichen.
15. Manchmal habe ich das Gefühl, als hätte ich zwei Herzen in meiner Brust, und das eine will meine Ziele und Wünsche erreichen, und das andere nicht.
16. Meine Lebensbedingungen sind ausgezeichnet.
17. Ich weiß ziemlich gut, was ich am Ende meines Lebens erreicht haben möchte.
18. Ich gestalte meine Zeitplanung so, dass ich regelmäßig Zeit finde, wirklich an meinen Wünschen und Zielen zu arbeiten.

Anhang B: Der VIGOR-Test · 177

	stimme absolut nicht zu			neutral			stimme voll zu
zu 1.	☐	☐	☐	☐	☐	☐	☐
zu 2.	☐	☐	☐	☐	☐	☐	☐
zu 3.	☐	☐	☐	☐	☐	☐	☐
zu 4.	☐	☐	☐	☐	☐	☐	☐
zu 5.	☐	☐	☐	☐	☐	☐	☐
zu 6.	☐	☐	☐	☐	☐	☐	☐
zu 7.	☐	☐	☐	☐	☐	☐	☐
zu 8.	☐	☐	☐	☐	☐	☐	☐
zu 9.	☐	☐	☐	☐	☐	☐	☐
zu 10.	☐	☐	☐	☐	☐	☐	☐
zu 11.	☐	☐	☐	☐	☐	☐	☐
zu 12.	☐	☐	☐	☐	☐	☐	☐
zu 13.	☐	☐	☐	☐	☐	☐	☐
zu 14.	☐	☐	☐	☐	☐	☐	☐
zu 15.	☐	☐	☐	☐	☐	☐	☐
zu 16.	☐	☐	☐	☐	☐	☐	☐
zu 17.	☐	☐	☐	☐	☐	☐	☐
zu 18.	☐	☐	☐	☐	☐	☐	☐

Auswertung des VIGOR-Tests

Die Auswertung des Tests ist sehr einfach und benötigt lediglich das kleine Einmaleins. Den Antworten werden immer die gleichen Zahlenwerte zugeordnet. Die Antwort „stimme überhaupt nicht zu" erhält immer 1 Punkt, „stimme nicht zu" erhält immer 2 Punkte, „stimme weniger zu" erhält 3 Punkte, „neutral" erhält 4 Punkte usw. bis hin zur Antwort „stimme voll zu", die immer 7 Punkte erhält. Diese Punktwerte werden nach dem weiter unten beschriebenen Schema addiert. Bitte beachten Sie: Teilweise ist der addierte Wert selbst das Ergebnis, und teilweise muss der so erhaltene Wert noch von der Zahl 24 subtrahiert werden. Die Mindestsumme pro Element beträgt demnach 3 Punkte, die höchstmögliche Punktzahl liegt entsprechend bei 21 Punkten.

Für Ihr Element VISION addieren Sie bitte Ihre Werte für die Fragen 1, 12 und 17: _____

Für Ihr Element INTEGRATION addieren Sie bitte Ihre Werte für die Fragen 4, 7 und 15 und ziehen Sie diesen Wert von 24 ab: _____

Für Ihr Element GENERALKONSENS addieren Sie bitte Ihre Werte für die Fragen 5, 8 und 13 und ziehen Sie diesen Wert von 24 ab: _____

Für Ihr Element ORGANISATION addieren Sie bitte Ihre Werte für die Fragen 2, 9 und 18: _____

Für Ihr Element RIGOROSITÄT addieren Sie bitte Ihre Werte für die Fragen 6, 11 und 14 und ziehen Sie diesen Wert von 24 ab: _____

Und für Ihre Lebenszufriedenheit addieren Sie bitte Ihre Werte für die Fragen 3, 10 und 16: _____

Interpretation des VIGOR-Tests

Für alle Elemente des VIGOR wie auch die Lebenszufriedenheit werden jeweils drei Wertebereiche angegeben: ein unterdurchschnittlicher[361], ein durchschnittlicher und ein zufriedenstellender Bereich, jeweils auf Basis der über Tausend Menschen in der Stichprobe. *Zu Frieden stellend* ist hier auch wörtlich zu verstehen: Diese Menschen sind die überdurchschnittlich zufriedenen Personen in der Studie.

Sollten Sie also auf einem oder mehreren Elementen des VIGOR unterdurchschnittliche Werte erzielen, so ist es aus meiner Sicht hochgradig sinnvoll, den entsprechenden Fragen in Ihrem Leben mehr Aufmerksamkeit zu widmen: Absolvieren Sie bitte die im jeweiligen Buchkapitel geschilderten Übungen. Lesen Sie vielleicht auch nach und nach die Buchempfehlungen zu den entsprechenden Themen, dort werden Sie naturgemäß weitere Anregungen finden, um sich selbst zu helfen. Ebenfalls hilfreich, insbesondere, wenn Sie weitere Menschen kennen, die mit diesem Buch arbeiten: Fragen Sie zufriedene Menschen, was diese anders machen als Sie selbst – und versuchen Sie, deren Verhalten und Einstellungen für sich zu adaptieren. Ebenfalls möglich (Achtung: Werbung): Gönnen Sie sich ein Coaching!

Übrigens: Auch wenn Ihre VIGOR-Werte vorwiegend im durchschnittlichen Bereich liegen, sind die zuvor genannten Maßnahmen durchaus sinnvoll. Immerhin liegt die durchschnittliche Lebenszufriedenheit der Menschen mit mittleren VIGOR-Werten noch deutlich unter jenen Werten von Menschen mit hohen VIGOR-Werten (vgl. Abb. 1 in der Einleitung). Und wenn Sie jetzt schon überall überdurchschnittliche Werte erzielen: Herzlichen Glückwunsch! Mit großer Wahrscheinlichkeit sind Sie ein beneidenswerter Mensch.

Die Werte-Bereiche des VIGOR-Tests

VISION
zufriedenstellend = 18–21
durchschnittlich = 14–17
unterdurchschnittlich = <14

ORGANISATION
zufriedenstellend = 17–21
durchschnittlich = 14–16
unterdurchschnittlich = <14

INTEGRATION
zufriedenstellend = 16–21
durchschnittlich = 10–15
unterdurchschnittlich = <10

RIGOROSITÄT
zufriedenstellend = 18–21
durchschnittlich = 11–17
unterdurchschnittlich = <11

GENERALKONSENS
zufriedenstellend = 18–21
durchschnittlich = 13–17
unterdurchschnittlich = <13

ZUFRIEDENHEIT
zufriedenstellend = 18–21
durchschnittlich = 15–17
unterdurchschnittlich = <15

Ich würde mich sehr freuen, wenn Sie mir von Ihren persönlichen Erfahrungen mit dem VIGOR-Test und den Übungen berichten.

Schreiben Sie mir bitte an coach@excellis.de!

Anmerkungen

1. Viele Spielarten der Psychotherapie sind ein Segen für die Menschheit. In puncto Haltung finde ich es aber sympathischer, wenn sich zwei Menschen über Ziele unterhalten anstatt ein Experte und ein Laie über Störungen.
2. Diese Bezeichnung werde ich fortan in diesem Buch verwenden.
3. Ich benutze explizit den Begriff Modell, weil ich nicht – wie so viele „Gurus" da draußen – dem Wahn verfallen bin, ich hätte ein geheimnisvolles, unumstößliches Gesetz oder eine ewige Wahrheit gefunden. Siehe dazu auch meinen Artikel „Werden Sie Instant-Guru" (vgl. Rose, 2012a); zu finden im Download-Bereich auf ↗ http://www.excellis.de.
4. Während der Begriff in der deutschen Sprache ein Fremdwort ist, gehört es im amerikanischen Englisch als „vigor" zum allgemeinen Sprachgebrauch – bei sinngleicher Bedeutung.
5. Ich verwende aus Gründen der Lesbarkeit im gesamten Buch die männliche Form.
6. Besonders charmant finde ich, dass das darin enthaltene Thema „Vitalität", das subjektive Gefühl von „Energetisiert-Sein", „Sich-lebendig-Fühlen", in der akademisch-psychologischen Literatur als wichtige Begleiterscheinung von Lebenszufriedenheit und subjektivem Wohlbefinden erachtet wird (vgl. z. B. Ryan & Frederick, 1997).
7. Sollten Sie dieses Buch in der Esoterik-Ecke des Buchhändlers Ihrer Wahl entdeckt haben, so nehmen Sie es bitte und schlagen damit dem Verantwortlichen auf den Hinterkopf.
8. Da sind sich dann auch viele ansonsten widersprechende psychologische Theorien recht einig.
9. Die „Satisfaction With Life Scale" (SWLS) wurde von einem Team um den amerikanischen Psychologen Ed Diener, einem der Väter der Positiven Psychologie, entwickelt. Sie erfasst die globale kognitive Bewertung der eigenen Lebenszufriedenheit. Sie erfreut sich großer Beliebtheit in der Forschung, da sie – im Gegensatz zu vielen anderen psychologischen Skalen – nur etwa eine Minute zum Ausfüllen benötigt (vgl. Diener et al., 1985).
10. Vgl. Pavot & Diener (1993). Die „Positive Psychologie" ist ein noch recht junger Zweig der akademischen Psychologie. Ihr wesentliches Merkmal ist, dass sie sich – in Abgrenzung zu älteren Schulen wie z. B. der Psychoanalyse – nicht auf das fokussiert, was *nicht* funktioniert und Menschen leiden lässt (psychische Störungen, Fehlfunktionen etc.), sondern auf das, was funktioniert, was Menschen psychisch gesund macht bzw. ihre Gesundheit erhält. Ihr Ziel ist nicht die Beseitigung psychischer Störungen, sondern das Herstellen von psychischer Gesundheit – wobei dies mehr ist als die Abwesenheit von Symptomen. Es geht um die Beschreibung und Ermöglichung jener Bedingungen, unter denen wir unser innewohnendes Potenzial voll ausleben (vgl. Seligman & Csikszentmihalyi, 2000).
11. Vgl. Lyubomirsky et al. (2005a). Mehr dazu in Kapitel 6, „Die Günther-Jauch-Theorie der Persönlichkeitsentwicklung".
12. Vgl. Schütte (2012).

13 Vgl. Buchhorn et al. (2012).

14 Der Psychologe Prof. Dr. Heiner Keupp schreibt dazu in der Zeitschrift „Wirtschaftspsychologie aktuell" (2012): „Wir erleben, erleiden und erdulden eine Beschleunigung und Verdichtung in den Alltagswelten, die zu dem Grundgefühl beitragen, getrieben zu sein, nichts auslassen zu dürfen, immer auf dem Sprung sein zu müssen und keine Zeit zu vergeuden" (S. 20). Eine erfrischend undogmatische, weil allseitige Lektüre zum Thema Burnout bietet das Buch „Feierabend hab ich, wenn ich tot bin: Warum wir im Burnout versinken" (2011) meines Kollegen Markus Väth.

15 Zur besseren Lesbarkeit wurden für alle Diagramme incl. jener im Anhang A die VIGOR- und Zufriedenheitswerte der Studienteilnehmer in eine Hunderter-Skala transformiert; im VIGOR-Selbsttest in Anhang B kann aber maximal eine Punktzahl von 21 erreicht werden.

16 Darüber hinaus sind die fünf Elemente des VIGOR nicht komplett trennscharf. Der gesunde Menschenverstand wie auch die statistischen Ergebnisse legen nahe, dass es viele Gemeinsamkeiten und Wechselwirkungen zwischen den Themenbereichen gibt. Trotzdem macht es zum besseren Verständnis wie auch dem Einstieg in das konkrete Arbeiten mit dem Buch am meisten Sinn, sie in der vorliegenden VIGOR-Struktur zu präsentieren.

17 Ein wichtiger Hinweis: Die Erkenntnisse und Übungen in diesem Buch können und sollen keine Psychotherapie oder psychiatrische Behandlung durch entsprechend geschultes Fachpersonal ersetzen. Sollten Sie das Gefühl haben, gegenwärtig Symptome zu zeigen, die einer entsprechenden Behandlung bedürfen, so bitte ich Sie dringend, jetzt sofort dieses Buch zur Seite zu legen und Ihren Hausarzt zu konsultieren! Informationen zu den typischen Symptomen von häufig vorkommenden psychischen Störungen wie Depressionen und Angststörungen finden Sie im Internet, z. B. auf ↗ http://www.netdoktor.de. Auch die jeweiligen Seiten auf Wikipedia bieten verlässliche und nützliche Informationen.

18 Natürlich gibt es zu jedem VIGOR-Aspekt noch unzählige weitere hilfreiche Übungen. Ich habe mich auf jene konzentriert, mit denen ich in meiner Coaching-Praxis die besten Erfahrungen gemacht habe. Zusätzlich habe ich darauf geachtet, dass diese Übungen möglichst gut in der Arbeit „an und mit sich selbst" angewendet werden können.

19 Bei diesen Fallbeispielen handelt es sich ausdrücklich *nicht* um Begebenheiten, die sich genau so in meiner Praxis abgespielt haben. Zum einen gilt es, die Privatsphäre jener Menschen zu schützen, zum anderen sind mir ihre tatsächlichen Geschichten gewissermaßen „heilig". Vielmehr habe ich mich von den echten Personen *inspirieren* lassen und mir die Freiheit genommen, Aspekte verschiedener Menschen in prototypische Fallgeschichten zu gießen. Die Absicht hinter diesen Ausführungen ist es, einen spezifischen Problemtypus oder eine bestimmte psychische Dynamik zu verdeutlichen – nicht die originalgetreue Wiedergabe von realen Begebenheiten.

20 Der Studienbericht wiederum diente zur Strukturierung und als Vorlage der Kapitel dieses Buches. Daher ergeben sich notwendigerweise inhaltliche Dopplungen. Leser, die den Hauptteil des Buches vollständig durchgearbeitet haben, müssen daher nicht zwingend auch noch den gesamten Studienbericht lesen. Es mag genügen, sich mit den ergänzenden Aspekten zu beschäftigen, die im Haupttext nicht angesprochen werden.

21 Vgl. Rose (2010). Zu finden im Download-Bereich auf ↗ http://www.excellis.de.

22 Vgl. Lyubomirsky et al. (2005b). Populärwissenschaftlich aufbereitet finden sich diese Erkenntnisse auch in dem sehr lesenswerten Buch „Glücklich sein: Warum Sie es in der Hand haben, zufrieden zu leben", ebenfalls von Sonja Lyubomirsky (2008).

23 Wahlweise auch das fliegende Spaghetti-Monster.

24 Vgl. Barrick & Mount (1991).

25 Vgl. Costa & McCrae (1980).

26 Vgl. Kotov et al. (2010).

27 Tatsächlich lässt sich nachweisen, dass ein gerüttelt Maß an Selbstüberschätzung, das Tragen eine leicht rosa Brille quasi zur Befindlichkeit eines normal-gesunden Menschen dazugehört. Ergo: Eine komplett realistische Sicht auf die Welt macht depressiv (vgl. Taylor & Brown, 1988).

28 Vgl. Jang et al. (1996).

29 Vgl. Diener et al. (1999).

30 Vgl. Lykken & Tellegen (1996).

31 Auch die dauerhafte Steigerung des Wohlstandslevels in einer Volkswirtschaft geht kaum mit gesteigertem Wohlbefinden der Bevölkerung einher (vgl. Myers, 2000).

32 Vgl. Brickman et al. (1978).

33 Vgl. Headey (2008a; 2008b).

34 Eine klare Ausnahme zur Baseline-Theorie bildet übrigens das Thema Arbeitslosigkeit. Diese führt (langfristig) zu erheblichen Einbußen des subjektiven Wohlbefindens, insbesondere bei Männern (vgl. Clark et al., 2008).

35 Vgl. Diener et al. (2006).

36 Was in seiner ersten Saison zu ziemlich lustigen Fotos führte, wenn er zusammen mit seinem 2,31m großen Teamkameraden Manute Bol abgelichtet wurde.

37 Nur keine Angst, das ist keine Blasphemie. Viele Ihrer Mitmenschen tun das eh den ganzen Tag.

38 Vgl. Pugh (2001).

39 Interessant: Auch die Faktoren des VIGOR-Modells inklusive aller Kontrollvariablen (Einkommen, Zufriedenheit mit der Partnerschaft etc.) erklären nur etwas mehr als 40 % der Lebenszufriedenheit der Teilnehmer (siehe Anhang A). Ich habe also irgendwo etwa 10 % Erklärungskraft verschenkt; ich vermute, dass der subjektive Gesundheitszustand, den ich nicht erfragt habe, noch ein paar Prozentpünktchen geliefert hätte. Es scheint also tatsächlich so zu sein, dass es kaum möglich ist, genauere Modelle ohne Kenntnis des „genetischen Fingerabdrucks" zu erstellen.

40 Es mag übrigens sein, dass wir das Thema „genetische Determiniertheit" in Zukunft völlig anders betrachten werden. Die noch recht junge Wissenschaft der Epigenetik erforscht vereinfacht ausgedrückt, wie konkrete Lebenserfahrungen Einfluss auf unseren genetischen Code haben können. Es hat sich z. B. gezeigt, dass prägende Erfahrungen (gerade in der Kindheit) Einfluss darauf haben können, ob bestimmte Gensequenzen überhaupt ausgelesen werden (grundsätzlich ist nur ein Teil unseres genetischen Materials aktiv). In

diesem Sinne ist es in Zukunft vielleicht möglich, Genvarianten, deren Aktivierung z. B. eine erhöhte Neigung zu Depression verursacht, gezielt abzuschalten (vgl. z. B. Krishnan & Nestler, 2008; Feder et al., 2009). Das „sich selbst aus dem Sumpf ziehen" erhält somit möglicherweise eine ganz neue, tief greifende Bedeutung.

41 Für die glasklare Formulierung dieses Gedankens danke ich Wolfgang Linker (2010).

42 Im März 2010 wurde mir in Hamburg der deutsche „Coaching Award" in der Kategorie „Unter 35" verliehen. Der Laudator sagte während der Verleihung sinngemäß: „Nico Rose ist jung, bietet erfrischende Ansätze – und im Gegensatz zu vielen anderen verschweigt er seine Einflüsse und Vorbilder nicht."

43 Vgl. Husmann (2012).

44 Vgl. Watzlawick (1984).

45 Vgl. Berger & Luckmann (1966).

46 Vgl. Merleau-Ponty (2002).

47 Die Überschrift ist angelehnt an das wohl berühmteste Buch Frankls (2011).

48 Vgl. Frankl (2012).

49 In dem Wort Bedeutung wird umso mehr deutlich, dass Sinn gemacht ist: Eine an sich bedeutungslose Sache oder Situation wird „be-deutet" und erhält erst dadurch ihren individuellen Sinn.

50 Der Zusammenhang zwischen positiven Emotionen und Sinnerleben ist derart eng, dass man genauso gut die Meinung vertreten kann, dass Glücklichsein *verantwortlich* ist für Sinn; nicht umgekehrt. Für den Erlebenden mag dieser Unterschied aber sicherlich egal sein (vgl. King et al., 2006).

51 Vgl. Zika & Chamberlain (1992).

52 Vgl. Kenyon (2000).

53 Vgl. Davis et al. (1998).

54 Vgl. Jim et al. (2006).

55 Vgl. Steger et al. (2006).

56 Vgl. Debats (1996).

57 Vgl. Carstens & Spangenberg (1997).

58 Vgl. Rosso et al. (2010).

59 Die Tradition des Berufen-Werdens hat sich in der akademischen Welt erhalten, wo begehrte Professoren einen „Ruf" an eine andere Institution erhalten.

60 Vgl. Steger et al. (2010).

61 Vgl. Wrzesniewski et al. (1997). Zwar gibt es auch typische Berufe, in denen sich überproportional häufig „Berufene" finden (z. B. im Gesundheitswesen) – die beschriebene Dreier-Typologie findet sich jedoch auch stabil innerhalb von ein und derselben Berufsgruppe, z. B. bei Sekretärinnen.

62 Vgl. Elangovan et al. (2010).

63 Vgl. Hall & Chandler (2005).

64 Vgl. Hirschi (2011).
65 Vgl. Berg et al. (2010).
66 Vgl. Wrzesniewski & Dutton (2010).
67 Leider gibt es nach meiner Erfahrung weiterhin sehr viele Menschen, die keine dieser beiden Strategien anwenden. Sie dümpeln stattdessen durchs Leben, gemäß dem Bonmot: *Manche Menschen haben Ziele, andere haben Lieblingssendungen.*
68 Vgl. Verne (2009).
69 Vgl. Tolkien (2000).
70 Vgl. Rilke (2007).
71 Er sagte: *Die Menschheit wird erst glücklich sein, wenn alle Menschen Künstlerseelen haben werden, das heißt, wenn allen ihre Arbeit Freude macht.*
72 Vgl. Sheldon & Elliot (1999).
73 Vgl. Sheldon & Kasser (1995).
74 Vgl. Koestner et al. (2002).
75 Vgl. Sheldon & Kasser (1998).
76 Vgl. Sloterdijk (2010).
77 Vgl. Epiktet (2008).
78 Vgl. Maslow (1950).
79 Wie man einen Korrelationskoeffizienten interpretiert, können Sie in der zugehörigen Notiz zum Studienbericht in Anhang A nachlesen.
80 Allerdings befinden sich nur 19 Menschen in dieser Altersgruppe, daher könnte es sich um ein statistisches Artefakt handeln, weil das eine recht kleine Anzahl von Datenpunkten für eine Korrelationsanalyse ist.
81 Vgl. Fromm (2011).
82 Vgl. Govindji & Linley (2007).
83 An dieser Stelle sei nochmals darauf hingewiesen, dass Reichtum kaum mit der Lebenszufriedenheit von Menschen korreliert (vgl. Diener & Biswas-Diener, 2002). Zwar geht mit gesteigertem Wohlstand ein gewisses Plus an Wohlbefinden einher, was sich auch in den Ergebnissen der VIGOR-Studie spiegelt. Zufriedenheit ist jedoch eher eine Folge von Dingen, die Geld ermöglicht (z. B. eine bessere Gesundheitsvorsorge), nicht eine Folge des Geldes an sich.
84 Vgl. Kasser & Ryan (1993).
85 Allen voran die Self-Determination Theory (SDT); vgl. Ryan & Deci (2000).
86 Vgl. Job & Brandstätter (2009).
87 Diese beiden Antworten geben viele Menschen als Erstes. Das ist auch o.k. Hier geht es aber um das weitere alltägliche Leben.
88 Vgl. Cozzolino et al. (2009).

89 Hätte der Test angeschlagen, so hätte ich den Klienten an einen Psychologischen Psychotherapeuten oder Psychiater meines Vertrauens weiterverwiesen. Ich habe zwar ein Psychologie-Studium abgeschlossen und außerdem die Zulassung als Heilpraktiker für Psychotherapie; jedoch lege ich Wert darauf, dass meine Klienten zum Zeitpunkt der Arbeit mit mir keine klinisch relevanten Symptome zeigen und weitgehend „funktional" sind, also z. B. ganz normal zur Arbeit gehen. Andernfalls begleite ich die Klienten ggfs. zusätzlich oder auch im Anschluss an eine medizinisch-psychologische Betreuung.

90 Vgl. Dickens (2009).

91 Vgl. Lykins et al. (2007).

92 Vgl. Vess et al. (2009).

93 Selbstverständlich endet nicht jeder Coaching-Prozess mit dem Erreichen des vorher vereinbarten Ziels. Manchmal landet der Klient dort – und es ist gut. Manchmal landet der Klient ganz woanders – und das ist auch gut. Diese Fallstudie ist inspiriert von zwei tatsächlichen Begebenheiten aus meinen Anfangstagen als Coach. Damals habe ich ein solches Ende als Scheitern meinerseits empfunden. Mittlerweile maße ich mir weitaus weniger oft an zu wissen, was eine „wirklich gute Lösung" ist.

94 Vgl. Locke et al. (1981).

95 Vgl. Gollwitzer (1999).

96 Vgl. Bandura & Schunk (1981).

97 Vgl. Stajkovic & Luthans (1998).

98 Vgl. Moretti & Higgins (1999).

99 Vgl. Locke et al. (1994).

100 Zum Unterschied zwischen Wünschen und Zielen vgl. auch Oettingen et al. (2001).

101 Vgl. Henderson (2000).

102 Vgl. Csikszentmihaly (2011). Flow bezeichnet hier das Gefühl der völligen Vertiefung und des Aufgehens in einer Tätigkeit.

103 Vgl. Eckert & Stacey (1998).

104 Vgl. Dijksterhuis & Meurs (2006).

105 Das Gleichnis wird, wenn auch nicht wirklich schriftlich nachweisbar, dem spätmittelalterlichen Philosophen und Logiker Johannes Buridan zugeschrieben.

106 Andererseits habe ich durchaus viele Hunde erlebt, deren Verhalten man getrost als neurotisch bezeichnen könnte.

107 Vgl. Jaynes (2002).

108 Vgl. Platon (2004).

109 Vgl. Buddha (2008).

110 Vgl. Haidt (2011). Dazu später mehr im gleichen Kapitel.

111 Vgl. Linden (2010).

112 Matthias Horx findet in seinem neuen Buch „Das Megatrend-Prinzip" (2011, S. 123) klare Worte zur Beschreibung des Phänomens der Stimmen in unserem Kopf. Er schreibt:

„Was wir ‚Persönlichkeit' nennen, ist in Wirklichkeit ein Streitgespräch. Im günstigsten Fall ein Konzert. Meistens eine Kakophonie. Wann hört das auf? Nicht, wenn wir endlich ‚uns selbst gefunden haben'. Sondern wenn wir tot sind. Wir sind nicht nur viele. Wir sind ich, weil wir viele sind!"

113 So lautet der Titel des sehr erfolgreichen Sachbuches von Richard David Precht (2007).
114 Vgl. Goethe (2011).
115 Vgl. z. B. „Anna Karenina" (2011).
116 Vgl. Stevenson (2004).
117 Darth Vader = Dark Father = Dunkler Vater.
118 Vgl. Homers Odyssee (2010): Auch die verschiedenen Monster, denen Odysseus auf seiner Reise begegnet, stellen im Kern verschiedene innere Aspekte des Menschseins dar (z. B. die Sirenen als Ausdruck von Versuchung).
119 Vgl. Tolkien (2000).
120 Vgl. Berne (2010).
121 Vgl. Freud (2010).
122 Eine Ausnahme hierzu bildete immer schon der vermessende Aspekt der psychologischen Forschung, also die Entwicklung von Intelligenz- und Persönlichkeitstests. Entsprechende Programme wurden in den U.S.A. insbesondere vom Militär vorangetrieben. Hierbei ging es vor allem um die Klassifizierung von Menschen, z. B. um ihre Eignung für bestimmte militärische Aufgaben festzustellen. Wie diese Unterschiede, z. B. auf Ebene der individuellen Informationsverarbeitung, zustande kommen, war dafür eher nebensächlich.
123 Vgl. Skinner (1971).
124 Vgl. Anderson (2009).
125 Vgl. Eccles & Wigfield (2002).
126 Vgl. O'Connor et al. (2002).
127 Vgl. McClelland et al. (1989).
128 Vgl. Milkman et al. (2008).
129 Vgl. Higgins (1987).
130 Vgl. Higgins et al. (1994).
131 Vgl. Freud (2010).
132 Vgl. Bazerman et al. (1998).
133 Vgl. Locke et al. (1994).
134 Vgl. Sheldon & Kasser (1995).
135 Vgl. Riediger & Freund (2004).
136 Vgl. Riediger & Freund (2008).
137 Vgl. Bargh & Chartrand (1999).

138 Vgl. Greenwald et al. (2002).

139 Vgl. Chen & Bargh (1999).

140 Vgl. Kehr (2004a).

141 Vgl. Hofmann et al. (2005).

142 Vgl. Greenwald et al. (2003).

143 Implizite Einstellungen und Motive wurden früher vor allem über die Interpretation von Bildergeschichten erfasst (z. B. der TAT = Thematic Apperception Test; vgl. Murray, 1943; seit Anfang der 1990er-Jahre funktioniert dies auch mithilfe eines speziellen Reaktionszeittests am Computer [IAT = Implicit Association Test]; vgl. Greenwald et al., 1998).

144 Vgl. Kehr (2004a).

145 Vgl. Kehr (2004b).

146 Insbesondere wenn solche Zielkonflikte häufig vorkommen (vgl. Hagger et al., 2010); mehr dazu im Kapitel 5 (RIGOROSITÄT).

147 Was im Übrigen vielleicht gar nicht die schlechteste Lösung wäre: Ein Chef mit hohem implizitem Anschlussmotiv in einer Firma, in der häufig Menschen freigesetzt werden müssen, wird mit großer Wahrscheinlichkeit auf Dauer kreuzunglücklich.

148 Vgl. Freud (2010).

149 Vgl. Berne (2010).

150 Vgl. Bandler & Grinder (2010).

151 Vgl. Perls (2007).

152 Vgl. Satir (2004).

153 Vgl. Erickson & Rossi (2007).

154 Vgl. Schulz von Thun (2010).

155 Vgl. Moldoveanu & Stevenson (2001).

156 Vgl. Schulz von Thun (2010).

157 Vgl. Erickson & Rossi (1976).

158 Vgl. Bandler & Grinder (2010). Diese Übung wird jedoch nicht ausschließlich im NLP, sondern – in leicht unterschiedlichen Varianten – in vielen Veränderungsmethoden unterrichtet.

159 Sie können die folgende Übung jedoch immer dann anwenden, wenn – wie beschrieben – der Fall „einer gegen alle" vorliegt, unabhängig davon, ob es sich um eine Kritikerstimme oder eine andere als störend empfundene Instanz handelt.

160 Vgl. Ryan & Deci (2008).

161 Vgl. Bandler & Grinder (2010).

162 Vgl. die Abbildungen 11 und 12 in Anhang A.

163 Vgl. z. B. Turner (1981). Zusammenfassende Betrachtungen zu diesem Thema finden sich außerdem in den Büchern von Lyubomirsky (2008) und Fredrickson (2011).

164 Vgl. Cummins (2000).

165 Vgl. Diener & Biswas-Diener (2002).

166 Vgl. Bormans (2011).

167 Vgl. Kasser & Ryan (1996).

168 Vgl. McGregor & Little (1998).

169 Sollte sich dieses Buch nach seinem Erscheinen wie geschnitten Brot verkaufen, so werde ich natürlich in einer zukünftigen Auflage zumindest anekdotische Beweise liefern können ...

170 Vgl. Ferriss (2002).

171 Vgl. Lyubomirsky (2008).

172 Albert Schweitzer sagte richtigerweise: *Wer glaubt, ein Christ zu sein, weil er die Kirche besucht, irrt sich. Man wird ja auch kein Auto, wenn man in eine Garage geht.*

173 Der Begriff GENERALKONSENS ist ursprünglich ein juristischer Fachterminus. In der Juristerei ist ein „unbeschränkter GENERALKONSENS" die Einverständniserklärung zur vollumfänglichen Geschäftsfähigkeit eines Schutzbefohlenen durch die zugehörigen Erziehungsberechtigten. Zu Deutsch: Die übergreifende Zustimmung der Eltern dazu, dass ihr Kind Kaufverträge abschließen kann bzw. allgemein „auf eigene Rechnung" entscheiden und handeln darf. Ich habe den Begriff dort entlehnt und verwende ihn hier in einer erweiterten Bedeutung. Wenn ich von GENERALKONSENS spreche, so meine ich damit die uneingeschränkte *Zustimmung zu sich selbst, zu den eigenen Wünschen, Zielen und Handlungen.* Ebenfalls darin eingeschlossen sehe ich eine Art *systemische Zustimmung*, also das Gefühl, dass die eigenen *Wünsche, Ziele und Handlungen subjektiv das Wohlwollen oder zumindest die Duldung wichtiger Bezugspersonen findet.* In der Sprache der Transaktionsanalyse ausgedrückt: Ich bin vollkommen o.k. – und ich glaube, dass auch andere Menschen mich und das, was ich tue, vollkommen o.k. finden – insbesondere jene Personen, deren Zustimmung mir wichtig ist (vgl. Harris, 1975).

174 Dies ergibt sich auch aus der Tatsache, dass dieser Faktor laut der VIGOR-Studie den bedeutendsten Zusammenhang mit der Lebenszufriedenheit aufweist.

175 Natürlich gibt es eine große Menge an Mumpitz da draußen, doch auch sehr viel Nützliches. Ich habe ja selbst fleißig abgeschrieben ...

176 Im Prinzip ist dies die implizite Vorannahme des „amerikanischen Traums". Jeder will erfolgreich und glücklich sein. Und wenn du nur bereit bist, a) hart zu arbeiten, und b) niemals aufgibst, c) optimistisch bleibst und an dich glaubst, dann kannst du es schaffen. Der Knackpunkt liegt für mich bei Punkt c) dieses Statements. In seichteren Selbsthilfe-Büchern und -Blogs findet man häufig Statements à la: „Du musst einfach positiv denken / an dich glauben, wenn du erfolgreich sein willst!" Ein solcher Ratschlag ist zwar nicht grundsätzlich falsch, aber doch weitgehend nutzlos. Stellen Sie sich vor, Sie hätten einen Diätratgeber gekauft. Und dort fänden Sie den folgenden Satz vor: „Das ist alles total easy: Wenn Sie weniger wiegen wollen, dann ist es am besten, wenn Sie einfach Gewicht verlieren ..."

Fühlten Sie sich veräppelt? Würden Sie Ihr Geld zurückverlangen? Tatsächlich hat die Logik hinter dieser Aussage eine hohe strukturelle Ähnlichkeit mit der Logik hinter dem zuvor genannten Mantra der „Ponyhof-Schule". Denn: Es fehlt ja gerade die entscheidende Information darüber, *wie genau das geht,* was getan werden soll. Und es fehlen außerdem Informationen darüber, welches *Wissen und welche Fähigkeiten zunächst entwickelt werden müssen,* um das gewünschte Verhalten überhaupt zeigen zu können. Das Problem eines Menschen, der nicht oder zu wenig positiv denkt, ist ja zumeist nicht ein *Wollensdefizit,* sondern ein *Könnensdefizit.* Auch wenn das sehr wünschenswert wäre: Es gibt leider keinen „Optimismus-Schalter" in unserem Gehirn, der auf Wunsch an- oder ausgestellt werden kann. Optimismus ist eine Art zu denken, eine Gewohnheit, die über längere Zeit beharrlich in unsere neuronalen Schaltkreise eingebrannt werden muss (mitunter gegen den „Widerstand" ungünstigen Erbguts und negativer Kindheitserfahrungen). Einem Menschen mit wenig Selbstwertgefühl zu sagen, er müsse *einfach* an sich glauben und positiv denken, hat daher in meiner Welt auch deutlich mehr von Verhöhnung als von einem hilfreichem Ratschlag (vgl. Rose, 2012b; zu finden im Download-Bereich auf ↗ http://www.excellis.de).

177 Der Begriff wurde von dem Soziologen Robert Merton (1948) geprägt.

178 Liebe Biologen, verzeiht mir meine Unwissenheit. Ich weiß nicht, ob Hirsche überhaupt einen Herzinfarkt bekommen können. Aber warum sollten sie nicht?

179 Auch wenn seit 1999 der Weltrekord in dieser nichtolympischen Disziplin von dem Marokkaner Hicham El Guerrouj gehalten wird (in 3:43,13 Min.).

180 Oder den Dopingsubstanzen?

181 Der amerikanischen Übervater der Automobilindustrie, Henry Ford, dem eine Unmenge an Aphorismen zugeschrieben wird, soll das Prinzip angeblich pointiert wie folgt zusammengefasst haben: *Ob du nun glaubst, dass du es kannst, oder glaubst, dass du es nicht kannst, in beiden Fällen hast du recht.*
Weiterhin: Ich habe zugebenermaßen noch nie einen Elefanten gezähmt, aber laut einer beliebten Anekdote kann man einen erwachsenen Elefanten mit einem relativ dünnen Strick festbinden, den er mit seiner Urkraft eigentlich problemlos zerfetzen könnte – solange er schon als Babyelefant immer mit dem gleichen Seil angebunden wurde; eben als er noch nicht ausreichend Kraft hatte. In sein Modell hat sich bis zum Erwachsenenalter einfach eingebrannt, dass es zwecklos ist, sich von dem Seil befreien zu wollen. Also versucht er es auch nicht mehr. So weit die Geschichte. Sollten Sie, geneigter Leser, bereits einen Elefanten gezähmt haben, so freue ich mich über eine Nachricht. Ich möchte wirklich zu gern wissen, ob das stimmt.

182 Vgl. Rosenthal & Jacobson (1968).

183 Vgl. Snyder et al. (1997).

184 Der Name geht auf einen mythischen Bildhauer im antiken Griechenland zurück, dessen Sehnsucht nach Liebe dazu führt, dass eine von ihm selbst erschaffene Elfenbeinstatue einer schönen Frau (später Galatea genannt) schließlich zum Leben erwacht.

185 Für eine Übersicht dazu vgl. McNatt (2000).

186 Daraus ergibt sich nun auch ein recht einfacher Rat an alle Führungskräfte dieser Welt: Üben Sie sich darin, mehr von Ihren Mitarbeitern zu erwarten, als Sie das jetzt (schon) zeigen – insbesondere von solchen Menschen, die Ihren Anforderungen derzeit nicht

entsprechen. Die Wahrscheinlichkeit ist sehr hoch, dass Ihre Erwartungen in Erfüllung gehen werden (vgl. dazu auch Lindsley et al., 1995).

187 Forscher konnten z. B. zeigen, dass Menschen, die glauben, von anderen nicht gemocht zu werden, aus einer Fülle von Interaktionen mit anderen Menschen eben genau jene herausfiltern (durch selektive Aufmerksamkeit), die diesen Eindruck bestätigen, anstatt ihn zu widerlegen (vgl. Denrell, 2005). Um ein positives Beispiel entgegenzusetzen: Weitere Psychologen konnten zeigen, dass eine glückliche Ehe (zumindest) auch auf einer positiven SFP beruht. Dafür baten sie Eheleute sowie Freunde des jeweiligen Paares, die Ehepaare nach verschiedenen Gesichtspunkten zu beurteilen (Charakter, Optik etc.). Das Ergebnis: Besonders glückliche Paare neigen dazu, den eigenen Partner im Vergleich zu neutraleren Beurteilern (wie den Freunden) heillos zu überschätzen. Wahre Liebe macht also nicht blind, lässt uns aber das Beste im Partner erkennen (vgl. Murray et al., 1996).

188 Vgl. Nickerson (1998).

189 Dazu George Bernhard Shaw: *Der einzige Mensch, der sich vernünftig benimmt, ist mein Schneider. Er nimmt jedes Mal neu Maß, wenn er mich trifft, während alle anderen immer die alten Maßstäbe anlegen in der Meinung, sie passten auch heute noch.*

190 Vgl. Festinger (1954).

191 Ein wunderbares Beispiel konnte ich in den letzten Wochen auf Facebook beobachten: Ich bin kein großer Fußball-Fan – und wenn, dann habe ich ein Faible für die Gladbacher Fohlen. Man darf mir in dieser Sache also ein gewisses Maß an Neutralität zuschreiben. Also: Nachdem die Dortmunder Borussia im Frühjahr 2012 zum zweiten Mal in Folge deutscher Fußball-Meister wurde, kam es unter einigen meiner Facebook-Kontakte zu hitzigen Debatten, welche Mannschaft denn nun die bessere sei: Die Schwarz-Gelben – oder doch die Bayern aus München. Für eine gewisse Zeit verlegte sich die Bayern-Fraktion darauf, man möge doch bitte das Pokalfinale abwarten, dort würden die Dinge dann schon klargestellt. Als die Bayern hier erneut besiegt wurden, änderten deren Fans plötzlich ihre Strategie: Sie verlegten ihre Aufmerksamkeit auf das internationale Fußballgeschäft und führten an, dass die Borussia seit Ewigkeiten keinen internationalen Titel mehr geholt habe – was aber dazugehöre, wolle man eine wirklich große Mannschaft sein. Es wurden also ad hoc die Kriterien dafür geändert, was es benötigt, um als wirklich erfolgreich zu gelten; ein klassischer Fall von Umdeutung zur Verminderung kognitiver Dissonanz. Dies funktionierte deswegen so gut, weil zu jenem Zeitpunkt noch das Champions-League-Finale zwischen den Bayern und dem FC Chelsea ausstand. Als dieses auch noch – wenn auch unglücklich – verloren ging, wurde es dann aber doch sehr still in der Bayern-Ecke.

192 Die Idee, dass wir alle in unserem jeweiligen „Modell der Welt", also unserem individuellen Bedeutungshorizont leben, den wir aufgrund unserer neuronalen Informationsverarbeitung und des Gebrauchs von Sprache über die „Welt des Faktischen" legen (das, was wirklich *ist*), wurde maßgeblich durch den polnischen Linguisten Alfred Korzybski in seinem Hauptwerk „Science and Sanity" (1995) geprägt. Von ihm stammt die – vor allem unter NLP-Anwendern beliebte – Aussage: *Die Landkarte ist nicht das Gebiet (... aber wenn die Landkarte brauchbar ist, ist sie der Struktur des Gebietes ähnlich).* Das Prinzip, Fakten von deren Bedeutung durch den Deutenden zu trennen, hat jedoch auch die kognitive Therapie und viele weitere psychologische Schulen maßgeblich beeinflusst. Zusätzlich ist zu erwähnen, dass ähnliches Gedankengut bereits vor mehr als 2000 Jahren

geäußert wurde. Dem Philosophen Epiktet wird folgendes Zitat zugeschrieben: *Es sind nicht die Dinge, die uns beunruhigen, sondern die Meinungen, die wir von den Dingen haben.* Ähnliche Bonmots finden sich z. B. bei Marc Aurel und Buddha.

193 Und damit meine ich jetzt nicht Mama und Papa, die das schon aus Selbstschutz glauben *müssen ...*

194 Ich glaube z. B. bis heute von mir, ich sei schlecht in Mathe. In der Mittel- und Oberstufe bin ich immer nur knapp auf eine „4" gekommen. Trotzdem habe ich im Anschluss das sehr mathematiklastige Psychologie-Studium sehr gut bewältigt und später sogar Menschen in Statistik unterrichtet. Aber dieser Glaubenssatz wurde nie wirklich aktualisiert. Ist mir wohl nicht wichtig genug ...

195 Genau dies glaubt ein Teil der Menschen mit mehr oder weniger Überzeugung laut der VIGOR-Studie.

196 Judith Beck, die Tochter des Gründervaters der kognitiven Therapie, Aaron Beck, nennt solche Kernglaubenssätze in einer treffenden Metapher „Eisberge". Ohne weitere Exploration erkennt man nur den oberen kleinen Teil des gesamten Gebildes. Die eigentliche Musik spielt aber weit unterhalb der Oberfläche (vgl. Beck, 1995).

197 Vgl. Judge et al. (1997).

198 Vgl. Judge & Bono (2001).

199 Vgl. Judge (2009).

200 Vgl. Judge & Hurst (2007).

201 Ich bin mir sicher, dass sich ein starker Zusammenhang zwischen dem von mir geprägten GENERALKONSENS und jener Persönlichkeitsdimension zeigen würde. Beweisen kann ich das freilich nicht, da ich die zentrale Selbstbewertung der Studienteilnehmer nicht erfasst habe. Tatsächlich habe ich erst im Zuge der die Schreibarbeit begleitenden Recherche von diesem noch recht jungen Forschungszweig erfahren.

202 Siehe hierzu auch den Part über die Glücks-Baseline und den genetischen Einfluss auf unsere Lebenszufriedenheit zu Anfang des Buchs.

203 Vgl. Huizink et al. (2004).

204 Vgl. Perry et al. (1995).

205 Die meisten heute eingesetzten Antidepressiva beruhen deshalb hauptsächlich auf der Wirkung, die verfügbare Menge an Serotonin im Gehirn zu erhöhen.

206 Vgl. Read et al. (2005).

207 Ich habe mich lange Zeit gefragt, wieso vernachlässigte oder missbrauchte Kinder so häufig Gefühle von Wertlosigkeit oder gar Schuld entwickeln, während aus einem erwachsenen Standpunkt doch eher Wut oder Trauer überwiegen müssten. Einer meiner Ausbilder hat dafür folgendes Bild geprägt (dies ist keine wissenschaftliche Theorie, eher eine Metapher): Er geht davon aus, dass wir alle uns „die Welt" in den ersten Lebensjahren auf Basis einer *gefühlten Kinderlogik* erklären. Diese Logik hat drei einfache Axiome: 1) Mama und Papa wissen alles. 2) Mama und Papa können alles. 3) Mama und Papa meinen es gut mit mir.
Nun ist von einem erwachsenen Standpunkt aus unmittelbar ersichtlich, dass die ersten beiden Axiome unsinnig sind. Und auch der dritte Punkt, das Wohlwollen, ist leider nicht

ausnahmslos gegeben – selbst wenn das natürlich mehr als wünschenswert wäre. In den Augen des Kleinkinds haben die Axiome jedoch hundertprozentige Gültigkeit, denn alles andere ist gewissermaßen „undenkbar"; das Nichtzutreffen der Axiome bedeutet aus der Sicht eines schutzlosen Kindes unmittelbare Todesgefahr. Und diese Undenkbarkeit wiederum hat fatale Konsequenzen: Wenn die drei Axiome ausnahmslos gelten, die Eltern aber trotzdem etwas tun, was dagegen verstößt (das Kind wird häufig ignoriert, unangemessen bestraft, geschlagen etc.), folgt daraus eben nicht die flexible Anpassung der Grundannahmen; dazu ist das Kind mental erst viele Jahre später imstande. Stattdessen passiert Folgendes: Das Kleinkind beharrt einfach weiterhin auf der Gültigkeit der drei überlebensnotwendigen Axiome. Und somit muss es auf die Suche nach alternativen Erklärungen für das Verhalten der Eltern gehen. Da kleinen Kindern noch sehr grundsätzlich die Fähigkeit zum Perspektivenwechsel abgeht, kommt als „gefühlte Erklärung" nur eins in Betracht – der Bezug auf sich selbst: „Es muss an mir liegen. Mit *mir* stimmt etwas nicht. Denn Mama und Papa meinen es ja gut mir. Es muss also *irgendwie* meine eigene Schuld sein ..."

Wie gesagt, bei der Kinderlogik handelt es sich eher um eine Metapher als um eine wissenschaftliche Theorie. Aber denken Sie mal ein wenig darüber nach. Ich jedenfalls kann mich der Plausibilität kaum entziehen.

208 Vgl. Masten & Coatsworth (1998). Erneut fand ich treffliche Wort bei Matthias Horx (2011, S. 124): *Jeder Mensch bekommt von seinen Eltern einen Goldenen Topf mit auf seinen Weg. Einen Lebenskredit an Zuneigung, Vertrauen, Zuwendung. Ist dieser Topf allzu klein oder durch Paradoxien vergiftet, durch Schicksalsschläge beschädigt, wächst man mit einem Paket der Angst auf. Niemand (oder kaum jemand) wird von innerer Unsicherheit verschont, von Brüchen der Seele, die Folge früher bedrohlicher Erfahrungen sind. [...] Ohne Arbeit am Selbst wird diese Verletztheitserfahrung zu einem schwierigen, manchmal gefährlichen Erbe für die Um- und Nachwelt.*

209 Vgl. Young et al. (2003).

210 Vgl. Roediger (2009), S. 29.

211 Vgl. Roediger (2009), S. 30.

212 In der Schematherapie hat man mittlerweile 18 verschiedene Schemata klassifiziert (vgl. Roediger, 2009, S. 38). Diese entstehen aufgrund der Nicht- bzw. Übererfüllung bestimmter menschlicher Grundbedürfnisse, z. B. auf der Achse „Streben nach Bindung vs. Autonomie". Ein Mangel an Bindung an die primären Bezugspersonen kann z. B. dem Gefühl der Wertlosigkeit Vorschub leisten („Niemand will mich. Ich bin unwichtig und überflüssig."), ein Übermaß an Nähe stattdessen Gefühle von Inkompetenz und Verletzlichkeit („Alleine schaffe ich das eh nicht.") nach sich ziehen.

213 Vgl. Roediger (2009), S. 39.

214 Mein bereits zuvor erwähnter Coaching-Ausbilder sagte einmal, Eltern seien im Grunde wie eine „Naturkatastrophe" für das Kind – in dem Sinne, dass es unausweichlich in die betreffende Situation hineingeworfen wird. Ich gehe selbstverständlich davon aus, dass 99,9 % aller Eltern „ihr Bestes" geben. Fakt ist und bleibt jedoch: Ein Säugling ist auf Gedeih und Verderb dem ausgeliefert, was er in dieser Welt vorfindet; im ungünstigen Fall z. B. eine Mutter mit starken und lang anhaltenden postnatalen Depressionen – mit entsprechend negativen Folgen für die frühkindliche Entwicklung (vgl. Murray, 1992).

215 Vgl. Berne (2010), S. 121.

216 Ich gehe in den folgenden Ausführungen vom „Standardmodell" Mutter – Vater – Kind aus, wohlweislich, dass es auch andere funktionale Konstellationen gibt.

217 Natürlich gibt es in vielen Teilen der Welt Institutionen, die einspringen, wenn – aus welchem Grund auch immer – Eltern ihrem Baby nicht zur Verfügung stehen können. Das kann ein Baby allerdings unmöglich wissen. Der dauerhafte Verlust der Eltern wird instinktiv immer mit Todesgefahr in Verbindung gebracht.

218 Vgl. Baumeister & Leary (1995).

219 Vgl. Prior & Glaser (2006).

220 Ein wirklich, wirklich gutes Buch zu diesem Thema ist „Vergiftete Kindheit: Elterliche Macht und ihre Folgen" von Susan Forward (1993).

221 Wieso sollte der Vater in dem Beispiel so etwas tun? Virginia Satir, die Grande Dame der systemischen Familientherapie, sagte einmal: *What lingers from the parent's individual past, unresolved or incomplete, often becomes part of her or his irrational parenting.* Frei übersetzt: Was unsere Eltern bei uns verbockt haben, geben wir mit großer Wahrscheinlichkeit an unsere Kinder weiter. Das ist einerseits eine Volksweisheit, lässt sich aber durchaus auch wissenschaftlich nachweisen (vgl. z. B. Zaidi et al., 1989, zum Thema körperliche Bestrafung).

222 Inklusive aller Viren ...

223 Während ich das schreibe, fallen mir mit großem Unbehagen Fernsehbilder aus dem Nahen Osten ein, wo kleine Jungs „stolz wie Oskar" mit Attrappen von Sprengstoffgürteln durch die Straßen ziehen ...

224 Das kann ganz unterschiedlich sein: Ich kenne Familien, in denen ist Lachen verboten. In anderen muss Trauer unbedingt „weggedrückt" werden. Und in wieder anderen ist Wut tabu. In der Weitergabe von Generation zu Generation kann sich so eine regelrechte „Tradition der (Nicht-)Gefühle" herausbilden.

225 Vgl. Bach (2008).

226 Vgl. Hesse (2007).

227 Vgl. Millman (2009).

228 Ich wollte ursprünglich einen längeren Passus schreiben, um die in diesem Buch geschilderten Erkenntnisse von Phänomenen wie den derzeit so beliebten „Bestellungen beim Universum", „The Secret" und ähnlichen infantilen Wunscherfüllungsphantasien abzugrenzen. Letztlich habe ich beschlossen, dass jedes Wort pure Verschwendung wäre. Lieber zitiere ich Christoph Koch, den Autor des einsichts- und humorvollen Werkes „Sternhagelglücklich. Wie ich versuchte, der zufriedenste Mensch der Welt zu werden" (2012). Er schildert dort, wie er über ein Jahr lang unterschiedlichste Techniken ausprobiert, die Glück und Zufriedenheit versprechen (einige davon finden sich auch in diesem Buch wieder). In seiner Einleitung erläutert er zudem, warum er auf bestimmte Dinge – wie eben die „Bestellungen", das „Gesetz der Anziehung" etc. – aber auch dezidiert verzichtet: „Meine Leidensbereitschaft und meine Toleranz für Quatsch haben Grenzen" (S. 16). Damit sei auch hier alles gesagt.

229 Wenn Sie diesen Film noch nicht kennen, bestehe ich mit aller Vehemenz darauf, dass Sie jetzt sofort dieses Buch zur Seite legen, sich die DVD besorgen und sofort anschauen. Weiterlesen können Sie dann im Anschluss!

230 Müßig zu erwähnen, dass jedoch auch hierbei ein kompetenter Begleiter mehr als sinnvoll ist.

231 Der bereits öfter genannte Coaching-Ausbilder hat einen sehr prägnanten Begriff für dieses typische Auf und Ab in puncto Verdienst bei Selbstständigen / Vertrieblern geprägt: Er nennt es „Sinus-Einkommen".

232 Dies macht sich z. B. auch die Marktforschung zunutze, indem sie versucht, über eine stufenartige Fragetechnik („Laddering") von oberflächlichen Merkmalen eines Produkts zu den unterliegenden Nutzenzuschreibungen dieser Attribute zu gelangen (vgl. Reynolds & Gutman, 1988).

233 Nach meiner Erfahrung kann man in puncto Bedeutungsspur jederzeit bei einer vordergründig recht harmlosen Sache wie dem Saubermachen beginnen. Wenn man nur lange genug und etwas hartnäckig nachfragt, gelangt man fast immer zu wichtigen Kernglaubenssätzen wie in diesem Beispiel. Darüber hinaus zeigt es ein weiteres, nicht untypisches Muster: Jenes Verhalten, welches in der Vorstellung der Klientin die Ehe erhalten soll (das Putzen), führt in seiner übertriebenen Form leider genau zum Gegenteil.

234 Wenn ich hier vom „inneren Kind" spreche, dann tue ich das in einer metaphorischen Art und Weise. Es gibt keine solche Instanz in unserem Gehirn, sondern nur spezifische Aktivierungsmuster, kognitive Schemata, die zu einem bestimmten Zeitpunkt in einem bestimmten Kontext in unsere neuronale Struktur „eingebrannt" wurden (vgl. LeDoux, 2003). Ich habe jedoch die Erfahrung gemacht, dass Klienten die Metapher vom inneren Kind gerne aufgreifen und gut damit arbeiten können – so wie es ursprünglich von Eric Berne, dem Begründer der Transaktionsanalyse, intendiert war.

235 Im Englischen wird diese Übung häufig unter diesem Namen geführt, weil die fünf aufeinander aufbauenden Schritte in dieser Sprache mit den entsprechenden Buchstaben beginnen. Aufgrund der Einprägsamkeit habe ich hier daher auch die englischen Bezeichnungen der Prozessschritte mit aufgeführt.

236 Die Übung wird u. a. von Martin Seligman in seinem Buch „Learned Optimism" (2006) beschrieben. Seligman hatte in den 1970er-Jahren die Theorie der „erlernten Hilflosigkeit" begründet, welche u. a. ein alternatives Erklärungsmodell für die Entstehung von Depressionen darstellt. Im Kern besagt die Theorie, dass Menschen Pessimismus erlernen, z. B. wenn sie dauerhaft die Erfahrung machen, dass sie keine oder kaum Kontrolle über die Ereignisse in ihrer Umwelt haben. Später wechselte Seligman den Blickwinkel und postulierte, dass Optimismus ebenso erlernbar sei – was seit dieser Zeit vielfach experimentell bestätigt wurde. Diese Erkenntnis bildet einen der Grundpfeiler der Positiven Psychologie.

237 Aus meiner persönlichen Erfahrung mit dieser Technik kann ich berichten, dass dieser Prozess nach einer Übungsphase im Grunde ohne unser Zutun ablaufen kann. Statt wie zu Beginn alle Schritte bewusst durchführen zu müssen, gab es irgendwann eine Art inneren Aufpasser, der ohne mein bewusstes Zutun negative Gedanken quasi schon im Entstehen erkannte und sie automatisch entkräftete; bis irgendwann die negativen Gedankenmuster kaum noch in mein Bewusstsein gelangten.

238 Insbesondere Anhänger der katholischen Kirche werden wissen, wovon ich hier rede ...

239 Vgl. King (2001).

240 Wie schon gesagt (Verzeihung, jetzt spreche ich doch noch mal darüber ...): Dies ist kein „Ponyhof-Buch". Ich bin mir ziemlich sicher, dass das Universum wesentlich Besseres zu tun hat, als sich um ausreichend Parkplätze und andere Nöte unserer Gattung zu scheren. Trotzdem hat abseits aller Wunscherfüllungsphantasien eine optimistische Grundhaltung nachweislich einen positiven Effekt auf unser Leben (vgl. Judge et al., 1998).

241 Genau das ist nach einer noch recht jungen Theorie die Funktion von positiven Emotionen: Danach dienen sie evolutionsbiologisch betrachtet nicht dem unmittelbaren Überleben und sind daher meist auch nicht auf eine konkretes Objekt gerichtet wie z. B. Angst oder Wut. Stattdessen dienen sie dazu, den Geist zu weiten, neue Möglichkeiten zuzulassen, Ressourcen für die Zukunft auszubilden (vgl. Fredrickson & Branigan, 2005). Mehr zu dieser Theorie finden Sie in Kapitel 6 „Die Günther-Jauch-Theorie der Persönlichkeitsentwicklung".

242 Vgl. Abramson et al. (1978).

243 Siehe ↗ http://www.rolfing.org.

244 Vgl. Emmons & McCullough (2003).

245 Vgl. Lyubomirsky et al. (2005b).

246 Bei Interesse und offenem Geist sollten Sie außerdem einen Blick in folgendes Buch von Bertold Ulsamer (2009) werfen: „Der Apfel-Faktor: Wie die Familie, aus der wir kommen, beruflichen Erfolg beeinflusst". Es schildert berufsbezogene Fallbeispiele aus der *phänomenologischen Aufstellungsarbeit* (vgl. Cohen, 2006). Mir ist wohlbewusst, dass die Techniken und Prinzipien der Aufstellungsarbeit (derzeit) kaum mit einem wissenschaftlichen Weltmodell vereinbar sind; und außerdem – zum Teil zu Recht – in der Kritik vieler Kollegen stehen (vgl. Weber et al., 2005). Ich habe jedoch in den letzten Jahren (wie Hunderttausende andere Menschen auch) sehr viele positive Erfahrungen mit dieser Form der Veränderungsarbeit gemacht und möchte daher nicht komplett darüber hinweggehen.

247 Die Geschichte findet sich – ausführlicher erzählt – in Covey et al. (2007). Allerdings ohne die Pointe mit dem Bier (Covey war Mormone). Diese Version hier findet sich dafür in vielen, leicht unterschiedlichen Varianten im Internet.

248 Dass diese Erkenntnis allein jedoch nicht ausreicht, um auch danach zu leben, geht besonders aus dem Kapitel Generalkonsens und nochmal aus meinen persönlichen Erfahrungen in den Schlussbetrachtungen hervor.

249 Einschränkend muss ich hinzufügen, dass Perfektionismus mehrere Dimensionen hat: Es gibt auch so etwas wie „guten Perfektionismus", der eng mit Variablen wie positivem Leistungsstreben verknüpft ist. Außerdem kann er eher nach innen (gegen sich selbst) bzw. eher nach außen (gegen andere) gerichtet sein (vgl. Terry-Short et al., 1995).

250 Vgl. Hewitt & Flett (1991).

251 Vgl. Zhang et al. (2007).

252 Siehe Literaturempfehlung am Ende dieses Kapitels.

253 Deutsche Version: „Wie ich die Dinge geregelt kriege".

254 Das heißt im Prinzip: null Komma nichts. In Forschungsfeldern, die gerade „in" sind, gegenwärtig z. B. im Bereich bildgebender Verfahren in der Neuropsychologie, werden *jedes Jahr* Hunderte oder gar Tausende von Studien veröffentlicht.

255 Vgl. Claessens et al. (2007).

256 Vgl. Macan (1994).

257 Vgl. Sunzi (2009).

258 Vgl. Machiavelli (2009).

259 Vgl. Drucker (2006).

260 Vgl. Capelle (1971).

261 Vgl. Aristoteles (2009).

262 Für eine Übersicht und Synthese zu diesem Streit im Rahmen der Positiven Psychologie vgl. Huta & Ryan (2010).

263 Vgl. z. B. Thoits & Hewitt (2001).

264 Vgl. Dunn et al. (2008).

265 Vgl. Dickens (2009).

266 In der Geschichte steckt übrigens mehr als nur ein Quäntchen Wahrheit: Es lässt sich experimentell nachweisen, dass Menschen, die kürzlich mit ihrer eigenen Sterblichkeit konfrontiert wurden, im Anschluss tatsächlich weniger geizig eingestellt sind; vgl. Cozzolino et al. (2009). Nicht umsonst gibt es auch verschiedene Spielarten der Meditation, die sich auf das Thema Sterblichkeit konzentrieren.

267 Benannt nach dem früheren U. S.-Präsidenten Dwight „Ike" Eisenhower.

268 Wichtig: Die Idee ist, dass Sie mit der Zeit die Prinzipien der Matrix verinnerlichen, also implizit anwenden, wenn Sie ein neues To-Do bekommen. Ich möchte nicht, dass Sie durch das physische Sortieren mehr Zeit verlieren, als Sie dadurch gewinnen können.

269 Dieser Bereich wird erfahrungsgemäß am häufigsten vernachlässigt, vor allem in der übergreifenden Lebensplanung. Entsprechend der dränge(l)nden Natur von zeitkritischen Aufgaben neigen viele Menschen dazu, diesen automatisch auch eine hohe Priorität beizumessen. Und auf einmal ist der Tag, der Monat oder das Jahr (und irgendwann das Leben) vorbei ...

270 Meine Erfahrung zeigt, dass viele Menschen das vollständige Fallenlassen einer Aufgabe zunächst nicht auf dem Schirm haben. Sich endgültig von etwas zu trennen, selbst wenn es kaum von Bedeutung ist, fällt vielen Menschen ausnehmend schwer.

271 Benannt nach dem italienischen Ingenieur und Ökonomen Vilfredo Pareto.

272 Siehe Literaturempfehlung am Ende dieses Kapitels.

273 Viele Menschen glauben z. B., dass es beim 80/20-Prinzip darum geht, dass die beiden Werte zusammen 100 ergeben. Das ist falsch. Man findet z. B. auch 70/20- oder 90/30-Verteilungen. Der unterliegende Sinn bleibt dabei aber im Wesentlichen gleich.

274 Für mich persönlich gilt: Ich präsentiere typischerweise besser, wenn ich eher schlecht vorbereitet bin. Ich erlaube mir dann z. B. viel mehr Raum für Spontanität und Humor – mit entsprechend positiven Rückmeldungen.

275 Vgl. Schwartz (1994).

276 Für manche Menschen wird es leichter sein, anstatt kleiner Karteikarten auf einem Tisch größere Zettel zu verwenden, die dann auf dem Boden ausgelegt werden (sogenannte Bodenanker). Dadurch ist es möglich, ganz physisch einen bestimmten Standpunkt einzunehmen. Das hilft vielen Personen, sich gefühlsmäßig in imaginierte Situationen hineinzuversetzen.

277 Vgl. Reimann & Bechara (2010).

278 Hier gibt es verschiedene Möglichkeiten: Sie können die Karten / Blätter in aufsteigender Reihenfolge auslegen, sodass der wichtigste Aspekt oben liegt. Manche Menschen mögen es jedoch lieber, wenn das wichtigste Element nah an ihrem Körper liegt und die weniger wichtigen weiter weg; dann liegt der wichtigste Aspekt unten. Genauso gut ist eine Reihung von links nach rechts oder umgekehrt möglich. Probieren Sie aus, was sich für Sie stimmig anfühlt. Wichtig ist vor allem, dass sich am Ende eine eindeutige Reihung ergibt.

279 Vgl. Bandura & Schunk (1981).

280 Siehe Studien zu „Parkinson's Law", z. B. Aronson & Gerard (1966).

281 Vgl. Ware (2011).

282 Vgl. Kaplan (1995).

283 Vgl. Penckofer et al. (2010).

284 Achtung, liebe Herren der Schöpfung! Ich rede hier tatsächlich von Kuscheln, nicht von Sex. Wobei das eine ja durchaus zum anderen führen kann. Und Sex hat seine ganz eigene gesundheitsförderliche Wirkung.

285 Vgl. Holt-Lunstad et al. (2008).

286 Vgl. Silvers & Scott (2002).

287 Faktisch lässt sich dieses Zitat nicht nachweisen.

288 Vgl. Penedo & Dahn (2005).

289 Wobei ich persönlich Nordic Walking furchtbar albern finde. Aber meine Meinung zählt hier nicht.

290 Vgl. Cahn & Polich (2006).

291 Wenn Sie jemandem mit dem linken Finger einen Vogel zeigen, tippen Sie zumindest grob auf die betreffende Region Ihres Oberstübchens ...

292 Vgl. Grossmann et al. (2004).

293 Vgl. Pennebaker (1997).

294 Die Sache mit dem Fischöl und dem Tageslichtwecker praktiziere ich übrigens seit dem Lesen des wunderbaren Buches „Die Neue Medizin der Emotionen" des 2011 verstorbenen Mediziners David Servan-Schreiber (2006).

295 Ich suche derzeit nach einem Weg, wie wir damit auch noch Geld verdienen können; derart, dass keine Webcam involviert ist. Ich freue mich über Anregungen Ihrerseits ...

296 Zu Deutsch: Mäusespeck.

297 Vgl. Metcalfe & Mischel (1999) für eine Übersicht zu 30 Jahren Forschung über dieses Thema.

298 Natürlich gibt es immer auch Gegenbeispiele zu diesem Prinzip. Der CEO der Telekom, René Obermann, hat nie sein BWL-Studium beendet. Trotzdem finden sich unter den DAX-Vorständen überdurchschnittlich viele Promovierte; aktuell etwa 50 %.

299 Vgl. Judge & Ilies (2002).

300 Vgl. Colquitt & Simmering (1998).

301 Vgl. Barrick et al. (1993).

302 Vgl. Duckworth et al. (2007).

303 Vgl. Baumeister et al. (1998).

304 Vgl. Hagger et al. (2010). Während ich das schreibe, fällt mir auf: Für CIA-Beamte war dies wohl kaum eine neue Erkenntnis. Sie vertrauen seit jeher darauf, dass zu verhörende Person irgendwann einfach einknicken.

305 Vgl. Muraven & Baumeister (2000).

306 Wenn Sie sich näher mit Phänomen schwindender Willenskraft beschäftigen möchten, sollten Sie auf jeden Fall Roy Baumeisters Buch zu diesem Thema lesen; siehe Buchempfehlung am Ende dieses Kapitels.

307 Vgl. Wansink & Kim (2005). Natürlich hatten die Forscher darauf geachtet, die unterschiedlichen Popcornmengen randomisiert auszugeben; sprich: Sie achteten darauf, dass sich die Teilnehmer in puncto Geschlecht, Körpergewicht u. Ä. in etwa gleich auf die beiden Gruppen verteilten.

308 Vgl. Wansink et al. (2005).

309 Vgl. Bargh & Ferguson (2000).

310 Vgl. Ouellette & Wood (1998).

311 Vgl. Aarts & Dijksterhuis (2000).

312 Wenn Sie die Dame nicht mögen, setzen Sie hier bitte Ihre aktuelle Traumfrau ein. Und als Frau natürlich George Clooney, Brad Pitt oder auf Wunsch Wigald Boning. Wer auch immer Ihre „Gefühle" in Wallung bringt. Und wenn Sie mir hier nicht folgen können, legen Sie das Buch weg, bis Sie in die Pubertät kommen – oder suchen Sie zeitnah einen Endokrinologen auf.

313 Sorry, Schatz! Das gilt auch wirklich nur für Scarlett ...

314 Wenn Sie das intrinsisch motiviert: Legen Sie dieses Buch weg. Sie haben ernstere Probleme! Und als Frau setzen Sie bitte etwas Äquivalentes ein: Vielleicht alle sechs Teile von „Star Wars" am Stück, gefolgt von der gesamten Rocky-Historie – und zum Abschluss ein achtstündiges Best-of der Bundesliga-Saison 1994. Sie werden schon was finden ...

315 Ich weiß, Männer. Aber es ist ja nur ein Gedankenexperiment.

316 Vgl. Haggard (2008).

317 Vgl. dazu auch noch mal die bereits im Kapitel zu INTEGRATION genannte Forschung von Kehr (2004a, 2004b).

318 An dieser Stelle ein – je nachdem, wie Ihre Persönlichkeit gestrickt ist – hilfreicher Exkurs zum Thema „Richtung von Motivation". Das Wort Motivation ist lateinischen Ursprungs (lat. motus = Bewegung, Antrieb) und verdeutlicht somit, dass sie jene Kraft ist, welche uns auf ein wünschenswertes Ziel zustreben lässt. Allerdings ist dies nur die Oberseite einer an sich zweiseitigen Medaille. Denn bei genauerem Hinsehen lässt sich Motivation in zwei Stoßrichtungen unterteilen: In Hin-zu-Motivation und Weg-von-Motivation. Nehmen wir das o.g. Beispiel der Steuererklärung: Ich kann mich beispielsweise entweder dazu aufraffen, weil mir bewusst ist, dass ich mit großer Wahrscheinlichkeit eine hohe Rückerstattung zu erwarten habe (hin zu); oder aber ich mache mir bewusst, dass ich schon viel zu lange gewartet habe und mir eine Strafzahlung droht, wenn ich nicht bald die Hufe schwinge (weg von).
Forscher um den amerikanischen Psychologen Tory Higgins haben herausgefunden, dass Menschen sich recht stabil darin unterscheiden, ob sie sich eher durch Hin-zu- oder Weg-von-Gedanken motivieren lassen. Higgins nennt diese Eigenschaft unseren „regulatorischen Fokus": Hin-zu-Menschen haben einen „Promotions-Fokus", Weg-von-Menschen haben einen „Preventions-Fokus" (vgl. Higgins, 1997). Erstere streben primär auf angenehme, positive, lustvolle Zustände zu, Letztere versuchen primär, unangenehme, negative, schmerzvolle Zustände zu vermeiden. Grund dafür ist vorrangig, ob unsere Eltern uns primär über Lob (positive Verstärkung) oder Bestrafung (negative Verstärkung) erzogen haben. Dieser auf den ersten Blick kleine Unterschied in der Informationsverarbeitung kann u.U. einen großen Unterschied in der gesamten Lebensführung machen. Es würde den Rahmen dieses Exkurses sprengen, dies im Detail auszuführen. Wenn Sie mehr über das Thema erfahren wollen, empfehle ich das Buch „Unser Autopilot: Wie wir Wünsche verwirklichen und Ziele erreichen können" (Förster, 2012). Wichtig fürs Durchhalten ist in erster Linie folgender Aspekt: Ich lege Ihnen weiterhin dringend nahe, sich übergreifend positiv formulierte, also Hin-zu-Ziele zu setzen. Denn sonst wissen Sie ja gar nicht, wo es hingehen soll. Für viele unter uns kann es jedoch hilfreich sein, ab und zu im Worst-Case-Szenario zu schwelgen: Malen Sie sich aus, welche negativen Konsequenzen eintreten werden, wenn Sie ein Ziel, das Sie sich gesetzt haben, verfehlen. Denken Sie an die Schmach, die Beschämung, die Demütigung, insbesondere wenn viele anderen Menschen wissen, was Sie eigentlich vorhatten. Es ist gut möglich, dass Ihnen diese Anti-Utopie den entscheidenden Kick auf dem Weg zum Erfolg geben wird.
Lieber Leser, falls Sie dieser Exkurs gelangweilt hat, übernehme ich dafür die volle Verantwortung. Einerseits muss ich das als Autor wohl sowieso tun, andererseits gibt es neben dem – durchaus erwähnenswerten Inhalt – einen weiteren Grund für seine Existenz: Ich habe im Jahre 2002 unter Aufwendung von jeder Menge Blut, Schweiß und Tränen meine Diplomarbeit über den regulatorischen Fokus verfasst (vgl. Rose, 2002). Und es wäre doch eine Schande, wenn dieses Wunderwerk psychologischer Publizistik nicht wenigstens einmal zitiert würde.

319 Vgl. Wood et al. (2005).

320 Vgl. Homer (2010).

321 Vgl. de Ridder et al. (2012).

322 Vgl. Boice (1989).

323 Vgl. Nagler (2009).

324 Schon Plutarch sagte: *Der Geist ist nicht wie ein Gefäß, das gefüllt werden soll, sondern wie Holz, das lediglich entzündet werden will.*

325 Die Kontrollvariable Spiritualität könnte erklären, wie Frauen es schaffen, im Durchschnitt zu den Zufriedenheitswerten der Männer aufzuschließen: Insgesamt spielt dieser Faktor eine recht geringe Rolle, die Korrelation zwischen der Spiritualität und der Lebenszufriedenheit liegt für die Gesamtstichprobe bei 0.11. Allerdings fördert ein Geschlechtervergleich einen deutlichen Unterschied zutage: Während der Faktor Spiritualität für die Männer fast bedeutungslos ist (Korrelation: 0.06), liegt dieser bei den Damen im Schnitt immerhin bei 0.17. Der Glaube an eine höhere Macht zahlt also in der weiblichen Welt spürbar aufs Zufriedenheitskonto ein, während die Herren das Thema weitgehend kaltlässt.

326 In der japanischen Qualitätsmanagement-Philosophie nennt man dieses Prinzip „Poka Yoke". Ziel ist es, Prozesse derart zu gestalten, dass Fehler durch menschliches Versagen von vorneherein weitgehend ausgeschlossen sind.

327 Ich habe selbst etwa fünf Jahre praktisch ohne Fernsehen gelebt. Nach einem Umzug vergaß ich schlicht, den Kabelanschluss freischalten zu lassen. Es vergingen einige Wochen, dann noch ein paar, und schließlich lebte ich schon drei Monate ohne Fernsehempfang. Da entschied ich bewusst: Es geht offensichtlich auch ohne. Und aus drei Monaten wurden fünf Jahre. Sie glauben gar nicht, wie viel Zeit ich auf einmal hatte übrig hatte.

328 Vgl. Olson & Zanna (1993).

329 Dies beruht auf dem sogenannten Mere-Exposure-Effekt. In unzähligen Studien hat sich gezeigt, dass wir ursprünglich neutrale Reize, die uns wiederholt präsentiert werden, anschließend im Durchschnitt positiver bewerten als komplett neue Reize (vgl. Bornstein, 1989). Das funktioniert sogar vorbewusst, d.h., wenn wir die Reize gar nicht bewusst wahrnehmen.

330 Thaler & Sunstein (2010).

331 Bargh et al. (2001).

332 Vgl. Wise (2004).

333 Vgl. Fujita et al. (2006).

334 Vgl. Gollwitzer & Sheeran (2006).

335 Vgl. Brunstein (1993).

336 Vgl. Amir & Ariely (2008).

337 Vgl. Baumeister et al. (1998).

338 Vgl. Gailliot et al. (2007).

339 Vgl. Christakis & Fowler (2011).

340 Vgl. Norcross et al. (2002).

341 Vgl. Baumeister et al. (2006).

342 Vgl. Muraven et al. (1999).

343 Siehe dazu das Kapitel 3 zum GENERALKONSENS.

344 Noch mal der verbalerhobene Zeigefinger: Dies ist nur ein Buch. Es kann Ihnen Denkanstöße geben und durch die Übungen einen ordentlichen Schubs in die richtige Richtung verpassen. Aber es kann nur ein Anfang sein. Ich selbst habe, nachdem ich mich auf „den Weg" gemacht hatte, etwa fünf Jahre gebraucht, bis ich das Gefühl hatte, einigermaßen „klar im Kopf" (und im Herzen) zu sein. Natürlich habe ich in dieser Zeit viele kleine und auch größere Fortschritte gemacht. Aber wie gesagt: Bis es so richtig „klick gemacht" hat – das war schon ein Haufen Arbeit. Nun kann es natürlich sein, dass ich vorher auch außergewöhnlich verkorkst war. Halte ich aber für eher unwahrscheinlich.

345 Für einen Überblick vgl. Tedeshi & Calhoun (2004).

346 Vgl. Gladwell (2002).

347 Vgl. Frederickson & Losada (2005). Einen wunderbaren Überblick zu dieser Forschung erhalten Sie in Barbara Fredericksons Buch „Die Macht der guten Gefühle" (2011).

348 Vgl. Seligman (2012). Allerdings gehört zu diesem Zustand laut seiner Theorie mehr als nur das Erleben positiver Emotionen. Seligman fasst die Bedingungen unter dem Akronym PERMA zusammen. Dahinter verbergen sich die englischen Begriffe „positive emotion" (das häufige Erleben positiver Emotionen); „engagement" (aktive Teilhabe am Leben, das Verfolgen von Zielen); „positive relationships" (das Eingehen dauerhafter, intimer Beziehungen, bezieht sich auf Partnerschaft und Freundschaft); „meaning" (das Gefühl von Sinnerleben und ggfs. Transzendenz) und „accomplishment" (Leistung, das Ausleben des eigenen Potenzials vor allem im Beruf).

349 Vgl. Frederickson (2001).

350 Vgl. Sheldon & Houser-Marko (2001).

351 Vgl. Fredrickson & Joiner (2002).

352 Das Thema Durchhaltevermögen scheint allerdings tatsächlich eine meiner Stärken zu sein. In der Schreibphase dieses Buches hat mich erst ein Mini-Bandscheibenvorfall und direkt im Anschluss eine Gürtelrose im Gesicht erwischt. Auch wenn das sicherlich ein Zeichen von temporärer Überlastung war – ich weigere mich, mich von solchen Umständen kleinkriegen zu lassen. Wenn Sie (auf weniger komplizierte Art und Weise) mehr über Ihre persönlichen Stärken erfahren wollen, so empfehle ich Ihnen einen Besuch auf ↗ http://www.authentichappiness.org, der Internetseite von Martin Seligman. Dort können Sie – ausreichende Englischkenntnisse vorausgesetzt – eine ganze Reihe von Tests absolvieren, unter anderem den „Signature Strengths Test", einen 240 Fragen umfassenden Test, welcher Ihnen als Ergebnis Ihre fünf wichtigsten Charakterstärken aus einer Reihe von 24 möglichen Eigenschaften liefert.
Außerdem habe ich dort auch den aus 24 Fragen bestehenden „Authentic Happiness Test" absolviert. Mir wurde zurückgespiegelt, dass ich (derzeit) glücklicher bin als über 90 % aller Menschen, die diesen Test bisher absolviert haben. Das macht mich einigermaßen zuversichtlich, dass ich zumindest ein bisschen Ahnung von der Materie habe, von der ich hier die ganze Zeit schreibe.

353 Natürlich werden wir nicht nur von unseren Eltern geprägt. Freunde, Lehrer und die Gesellschaft an sich (vor allem vermittelt durch Massenmedien) sind weitere prägende Faktoren. Allerdings entfalten diese in der Regel erst nach den ersten Kindesjahren ihre Wirkung. Aus diesem Grund sind jene Faktoren typischerweise weitaus weniger prägend für unsere psychische Konstitution.

354 Hier geht es meist nicht um die realen Eltern, sondern um die „inneren Eltern", die Summe der relevanten Regeln und Vorschriften, die ein Mensch im Laufe seiner Sozialisation *verinnerlicht* hat. In der Transaktionsanalyse würde dies mit dem Terminus (kritisches) Eltern-Ich bezeichnet.

355 In der Vorversion des Tests wurde jede Dimension des VIGOR mit sechs verschiedenen Fragen gemessen. Mittels statistischer Methoden aus den Bereichen Faktorenanalyse und Reliabilitätsanalyse wurden jeweils die drei Fragen pro Faktor ermittelt, die den zu messenden Faktor am besten repräsentieren. Eine Hauptkomponenten-Analyse mit Varimax-Rotation der Hauptstichprobe zeigt, dass die Elemente des VIGOR als distinkte Konstrukte betrachtet werden können. Jedoch besteht zwischen den Skalen für INTEGRATION, GENERALKONSENS und RIGOROSITÄT eine Korrelation von >0.50. sodass hier möglicherweise ein Faktor höherer Ordnung vorliegt. Eine Realiabilitätsprüfung nach Cronbach's α ergibt – gemessen an der kleinen Zahl von Fragen pro Skala – durchweg zufriedenstellende Werte für die Skalen: VISION: 0.83; INTEGRATION: 0.75; GENERALKONSENS: 0.86; ORGANISATION: 0.67; RIGOROSITÄT: 0.85; Lebenszufriedenheit: 0.83.

356 Für alle folgenden Statistiken gilt: Sollten die genannten Personenzahlen sich nicht auf die Gesamtzahl von 1158 Teilnehmern addieren, so liegt dies an nicht gemachten Angaben oder der Tatsache, dass es eine Kategorie „Sonstiges" gab, die hier nicht weiter berücksichtigt wird.

357 Die bereits bekannten Buchstaben bezeichnen das jeweilige Element des VIGOR. Das €-Zeichen steht für das Einkommen; „P" steht für die Frage, wie stark der Teilnehmer das Gefühl hat, in einer glücklichen Partnerschaft zu leben; „N" steht für die Frage; wie stark der Teilnehmer das Gefühl hat, über ein stabiles Netzwerk aus Freunden und Bekannten zu verfügen; und „S" schließlich steht für die Frage, als wie spirituell sich der Teilnehmer wahrnimmt.

358 Eine *lineare Korrelation* kann Werte zwischen –1 und 1 annehmen. Ein Wert nahe 1 bedeutet, dass zwischen zwei Wertereihen ein starker positiver Zusammenhang besteht. Sprich: Wenn ein Wert steigt, steigt im Mittel auch der andere. Ein Wert nahe –1 bedeutet, dass zwischen den Wertereihen ein starker negativer Zusammenhang besteht: Wenn ein Wert steigt, sinkt der andere tendenziell. Ein Wert um 0 bedeutet, dass kein Zusammenhang zwischen den Daten besteht; sie verhalten sich zufällig zueinander.
Eine *lineare Regression* verdeutlicht zusätzlich zur Korrelation die funktionale Kausalität zwischen den Variablen. Die Elemente des VIGOR (= die unabhängigen Variablen) werden zur statistischen Erklärung der Zufriedenheit (die abhängige Variable) herangezogen. Die multiple Regression berücksichtigt, dass auch zwischen den unabhängigen Variablen Zusammenhänge bestehen können, und rechnet diese aus deren Zusammenhang mit der abhängigen Variablen heraus. Je nachdem, wie diese sogenannten Interkorrelationen geartet sind, verlieren einige der unabhängigen Variablen an relativer Bedeutung für die abhängige Variable, andere gewinnen hinzu.
Das sogenannte (standardisierte) Beta-Gewicht einer unabhängigen Variablen schwankt zwischen –1 und 1. Es ist ähnlich zu lesen wie der Korrelationskoeffizient. Das R-Quadrat variiert zwischen 0 und 1 und besagt, wie gut die unabhängigen Variablen die abhängigen Variablen erklären und welcher Anteil auf nicht berücksichtigte Faktoren zurückzuführen ist. Es verdeutlicht demnach, wie gut das in der Regression verwendete Modell die real gefundenen Werte vorhersagen kann.

359 Ich habe häufig erlebt, dass statistisch nicht vorgebildete Menschen große Schwierigkeiten haben, eine multiple Regression zu verstehen (im Vergleich zur einfachen Korrelation; hier begreifen Menschen meist intuitiv, was gemeint ist). Daher möchte ich Ihnen hier zum Verständnis eine Metapher anbieten, die zwar aus statistischen und physikalischen Gesichtspunkten nicht korrekt ist, aber Laien trotzdem gut veranschaulicht, was gemeint ist:

Stellen Sie sich bitte vor, dass die fünf Elemente des VIGOR motorisierte Schiffe sind, die an Tauen eine Last (Zufriedenheit) hinter sich her und auf ein Ziel zu schleppen. Diese Schlepper sind unterschiedlich stark motorisiert und ziehen daher auch mit unterschiedlicher Kraft an der Last. So weit haben wir hier ein Bild für die lineare Korrelation. Nun kommt Folgendes hinzu: Zwischen diesen Schiffen gibt es weitere, unsichtbare Taue, die sie alle gegenseitig miteinander verbinden. Sprich: Sie ziehen nicht nur individuell an der Last, sondern auch gegenseitig an sich. Macht man diese unsichtbaren Taue nun sichtbar, so zeigt sich, dass die Kraft, mit der einige der Schiffe an der externen Last ziehen, nur deshalb so stark ist, weil ein oder mehrere andere, stärkere Schiffe wiederum an ihnen selbst ziehen. Löst man jedoch jene Taue, die die Schiffe miteinander verbinden, so verlieren einige von ihnen deutlich an Zugkraft. Sie haben durch die unsichtbare Verbindung die Kraft anderer Schiffe *vermittelt*, aber nur wenig Leistung selbst zur Verfügung gestellt. Die Regression macht gewissermaßen die unsichtbaren Taue zwischen den Schiffen sichtbar und löst diese Verbindungen statistisch auf. Deshalb sind die Werte gegenüber der Korrelation verändert: Es wird nur noch der bereinigte individuelle Beitrag eines jeden Faktors angezeigt.

360 An dem Knick im Kurvenverlauf, der sich beim Element INTEGRATION über die verschiedenen Profilvergleiche ablesen lässt, ist erkennbar, dass innere Konflikte offenbar etwas typisch Menschliches sind – und dass daher der Skalenwert im Mittel entsprechend niedriger liegt als bei den anderen Elementen. Ein gewisses Maß an Ambiguität scheint einfach Teil der conditio humana zu sein. Trotzdem gilt: Je weniger innere Konflikte, desto höher ist im Durchschnitt die Zufriedenheit.

361 Ein wichtiger Hinweis: Sollten Ihre Werte für die Skala zur Lebenszufriedenheit im unterdurchschnittlichen Bereich liegen, so lege ich Ihnen dringend ans Herz, einmal mit Ihrem Hausarzt über dieses Thema zu sprechen. Dieser kann Sie nach eingehender Anamnese ggfs. an einen Psychiater und/oder Psychologischen Psychotherapeuten weiterleiten. Hintergrund dieser Empfehlung: Derart niedrige Werte für die Zufriedenheit können (müssen aber nicht!) ein Hinweis auf das Vorliegen einer behandlungswürdigen Depression sein. Dies sollten Sie auf jeden Fall abklären lassen, damit Sie im Fall des Falles alle Unterstützung erhalten, die Sie benötigen.

Literatur

AARTS, H. & DIJKSTERHUIS, A. (2000): Habits as knowledge structures: Automaticity in goal-directed behavior. *Journal of Personality and Social Psychology*, 78(1), 53–63.

ABRAMSON, L. Y., SELIGMAN, M. E. P. & TEASDALE, J. (1978): Learned helplessness in humans: Critique and reformulation. *Journal of Abnormal Psychology*, 87(1), 49–74.

ALLEN, D. (2003): *Getting Things Done. The Art of Stress-Free Productivity* (Nachdruck). New York: Penguin.

AMIR, O. & ARIELY, D. (2008): Resting on laurels: The effects of discrete progress markers as subgoals on task performance and preferences. *Journal of Experimental Psychology*: Learning, Memory, and Cognition, 34(5), 1158–1171.

ANDERSON, J. R. (2009): *Cognitive Psychology and Its Implications* (7. Aufl.). New York: Palgrave Macmillan.

ARONSON, E. & GERARD, E. (1966): Beyond Parkinson's law: The effect of excess time on subsequent performance. *Journal of Personality and Social Psychology*, 3(3), 336–339.

ARISTOTELES (2009): *Nikomachische Ethik*. Köln: Anaconda.

BACH, R. (2008): *Die Möwe Jonathan* (Sonderausgabe). Berlin: Ullstein.

BANDLER, R. & GRINDER, J. (2010): *Reframing: Neurolinguistisches Programmieren und die Transformation von Bedeutung* (9. Aufl.). Paderborn: Junfermann.

BANDURA, A. & SCHUNK, D. H. (1981): Cultivating competence, self-efficacy, and intrinsic interest through proximal self-motivation. *Journal of Personality and Social Psychology*, 41(3), 586–598.

BANDURA, A. & SIMON, K. M. (1977): The role of proximal intentions in self-regulation of refractory behavior. *Cognitive Therapy and Research*, 1, 177–193.

BARGH, J. A. & CHARTRAND, T. L. (1999): The unbearable automaticity of being. *American Psychologist*, 54(7), 462–479.

BARGH, J. A. & FERGUSON, M. J. (2000): Beyond behaviorism: On the automaticity of higher mental processes. *Psychological Bulletin*, 126(6), 925–945.

BARGH, J. A., GOLLWITZER, P. M., LEE-CHAI, A., BARNDOLLAR, K. & TRÖTSCHEL, R. (2001): The automated will: Nonconscious activation and pursuit of behavioral goals. *Journal of Personality and Social Psychology*, 81(6), 1014–1027.

BARRICK, M. R. & MOUNT, M. K. (1991): The Big Five Personality Dimensions and Job Performance: A Meta-Analysis. *Personnel Psychology*, 44, 1–26.

BARRICK, M. R., MOUNT, M. K. & STRAUSS, J. P. (1993): Conscientiousness and performance of sales representatives: Test of the mediating effects of goal setting. *Journal of Applied Psychology*, 78(5), 715–722.

BAUMEISTER, R. F., BRATSLAVSKY, E., MURAVEN, M. & TICE, D. M. (1998): Ego depletion: Is the active self a limited resource? *Journal of Personality and Social Psychology*, 74(5), 1252–1265.

BAUMEISTER, R. F., GAILLIOT, M., DEWALL, C. N. & OATEN, M. (2006): Self-Regulation and Personality: How Interventions Increase Regulatory Success, and How Depletion Moderates the Effects of Traits on Behavior. *Journal of Personality*, 74(6), 1773–1802.

BAUMEISTER, R. F. & LEARY, M. R. (1995): The need to belong: Desire for interpersonal attachments as a fundamental human motivation. *Psychological Bulletin*, 117(3), 497–529.

BAUMEISTER, R. F. & TIERNEY, J. (2012): *Die Macht der Disziplin: Wie wir unseren Willen trainieren können* (2. Aufl.). Frankfurt a. M.: Campus.

BAZERMAN, M. H., TENBRUNSEL, A. E. & WADE-BENZONI, K. (1998): Negotiating with yourself and losing: Making decisions with competing internal preferences. *Academy of Management Review*, 23, 225–241.

BECK, J. S. (1995): *Cognitive Therapy: Basics and Beyond*. New York: Guilford Press.

BECK, M. N. (2002): *Das Polaris Prinzip: Entdecke wozu Du bestimmt bist – und tue es* (3. Aufl.). München: Integral.

BERG, J. M., GRANT, A. M. & JOHNSON, V. (2010): When Callings Are Calling: Crafting Work and Leisure in Pursuit of Unanswered Occupational Callings. *Organizations Science*, 21(5), 973–994.

BERGER, P. L. & LUCKMANN, T. (1966): *The social construction of reality: A treatise in the sociology of knowledge*. Garden City: Anchor.

BERNE, E. (2010): *Was sagen Sie, nachdem Sie Guten Tag gesagt haben?* (22. Aufl.). Frankfurt a. M.: Fischer.

BOCK, P. (2006): *Die Kunst, seine Berufung zu finden* (3. Aufl.). München: Fischer.

BOICE, R. (1989): Procrastination, busyness and bingeing. *Behaviour Research and Therapy*, Volume 27(6), 605–611.

BORMANS, L. (2011): *Glück: The World Book of Happiness* (3. Aufl.). Köln: Dumont.

BORNSTEIN, R. F. (1989): Exposure and affect: Overview and meta-analysis of research, 1968–1987. *Psychological Bulletin*, 106(2), 265–289.

BRICKMAN, P., COATES, D. & JANOFF-BULMAN, R. (1978): Lottery winners and accident victims: Is happiness relative? *Journal of Personality and Social Psychology*, 36, 917–927.

BRUNSTEIN, J. C. (1993): Personal goals and subjective well-being: A longitudinal study. *Journal of Personality and Social Psychology*, 65(5), 1061–1070.

BUCHHORN, E., KRÖHER, M. & WERLE, K. (2012): Stilles Drama. *manager magazin* 6, 104–112.

BUDDHA (2008): *Dhammapada: Die Weisheitslehren des Buddha*. Berlin: Theseus.

CAHN, B. R. & POLICH, J. (2006): Meditation states and traits: EEG, ERP, and neuroimaging studies. *Psychological Bulletin*, 132(2), 180–211.

CAPELLE, W. (1971): *Die griechische Philosophie: Die griechische Philosophie 1. Von Thales bis zum Tode Platons* (3. Aufl.). Berlin: de Gruyter.

CARSTENS J. A. & SPANGENBERG J. J. (1997): Major depression: A breakdown in sense of coherence? *Psychological Reports*, 80, 1211–1220.

CHEN, M. & BARGH, J. A. (1999): Consequences of automatic evaluation: Immediate behavioral predispositions to approach or avoid the stimulus. *Personality and Social Psychology Bulletin*, 25, 215–224.

CHRISTAKIS, N. A. & FOWLER, J. H. (2011): *Die Macht sozialer Netzwerke: Wer uns wirklich beeinflusst und warum Glück ansteckend ist*. München: Fischer.

CLAESSENS, B. J. C., VAN EERDE, W., RUTTE, C. G. & ROE, R. A. (2007): A review of the time management literature. *Personnel Review*, 36, 255–276.

CLARK, A. E., DIENER, E., GEORGELLIS, Y. & LUCAS, R. E. (2008): Lags And Leads in Life Satisfaction: a Test of the Baseline Hypothesis. *The Economic Journal*, 118(529), F222–F243.

COHEN, D. B. (2006): „Family Constellations": An Innovative Systemic Phenomenological Group Process From Germany. *The Family Journal*, 14(3), 226–233.

COLQUITT, J. A. & SIMMERING, M. J. (1998): Conscientiousness, goal orientation, and motivation to learn during the learning process: A longitudinal study. *Journal of Applied Psychology*, 83(4), 654–665.

Costa, P. T. & McCrae, R. R. (1980): Influence of extraversion and neuroticism on subjective well-being: Happy and unhappy people. *Journal of Personality and Social Psychology*, 38(4), 668–678.

Covey, S. R. (2011): *Die 7 Wege zur Effektivität: Prinzipien für persönlichen und beruflichen Erfolg* (23. Aufl.). Offenbach: Gabal.

Covey, S. R., Merrill, R. A. & Merrill, R. R. (2007): *Der Weg zum Wesentlichen: Der Klassiker des Zeitmanagements* (6. Aufl.). Frankfurt a. M.: Campus.

Cozzolino, P. J., Sheldon, K. M., Schachtman, T. R. & Meyers, L. S. (2009): Limited time perspective, values, and greed: Imagining a limited future reduces avarice in extrinsic people. *Journal of Research in Personality*, 43(3), 399–408.

Csikszentmihaly, M. (2011): *Flow: Das Geheimnis des Glücks* (15. Aufl.). Stuttgart: Klett-Cotta.

Cummins, R. A. (2000): Personal income and subjective well being: a review. *Journal of Happiness Studies* 1(2), 133–158.

Davis, C. G., Hoeksema, S. & Larson, J. (1998): Making sense of loss and benefiting from the experience: Two construals of meaning. *Journal of Personality and Social Psychology*, 75(2), 561–574.

Debats, D. L. (1996): Meaning in life: Clinical relevance and predictive power. *British Journal of Clinical Psychology*, 35 (4), 503–516.

Denrell, J. (2005): Why Most People Disapprove of Me: Experience Sampling in Impression Formation. *Psychological Review*, 112(4), 951–978.

de Ridder, D. T. D., Lensvelt-Mulders, G., Finkenauer, C., Stok, F. M. & Baumeister, R. F. (2012): Taking Stock of Self-Control: A Meta-Analysis of How Trait Self-Control Relates to a Wide Range of Behaviors. *Personality and Social Psychology Review*, 16(1), 76–99.

Dickens, C. (2009): *Eine Weihnachtsgeschichte*. München: cbj.

Diener E. & Biswas-Diener R. (2002): Will money increase subjective well-being? A literature review and guide to needed research. *Social Indicators Research*, 57, 119–169.

Diener, E., Emmons, R. A., Larsen, R. J. & Griffin, S. (1985): The satisfaction with life scale. *Journal of Personality Assessment*, 49, 71–75.

Diener, E., Lucas, R. E. & Scollon, C. N. (2006): Beyond the hedonic treadmill: Revising the adaptation theory of well-being. *American Psychologist*, 61, 305–314.

Diener, E., Suh, E. M., Lucas, R. E. & Smith, H. L. (1999): Subjective well-being: Three decades of progress. *Psychological Bulletin*, 125(2), 276–302.

Dietz, I. & Dietz, T. (2011): *Selbst in Führung. Achtsam die Innenwelt meistern* (3. Aufl.). Paderborn: Junfermann.

Dijksterhuis, A. & Meurs, T. (2006): Where creativity resides: The generative power of unconscious thought. *Consciousness and Cognition*, 15(1), 135–146.

Drucker, P. F. (2006): *The Effective Executive: The Definitive Guide to Getting the Right Things Done* (Nachdruck). New York: Harper Business.

Duckworth, A. L., Peterson, C., Matthews, M. D. & Kelly, D. R. (2007): Grit: Perseverance and passion for long-term goals. *Journal of Personality and Social Psychology*, 92(6), 1087–1101.

Dunn, E. W., Aknin L. B. & Norton M. I. (2008): Spending money on others promotes happiness. *Science*, 319, 1687–1688.

Eccles, J. S. & Wigfield, A. (2002): Motivational beliefs, values, and goals. *Annual Review of Psychology*, 53, 109–132.

ECKERT, C. & STACEY, M. (1998): Fortune Favours Only The Prepared Mind: Why sources of inspiration are essential for continuing creativity. *Creativity and Innovation Management*, 7(1), 1998, 9–16.

ELANGOVAN, A. R., PINDERA, C. C. & MCLEAN, M. (2010): Callings and organizational behavior. *Journal of Vocational Behavior*, 76 (3), 428–440.

EMMONS, R. A. & MCCULLOUGH, M. E. (2003): Counting blessings versus burdens: An experimental investigation of gratitude and subjective well-being in daily life. *Journal of Personality and Social Psychology*, 84(2), 377–389.

EPIKTET (2008): *Handbüchlein der Moral*. Stuttgart: Reclam.

ERICKSON M. H. & ROSSI, E. L. (1976): Two Level Communication and the Microdynamics of Trance and Suggestion. *American Journal of Clinical Hypnosis*, 18(3), 153–171.

ERICKSON, M. H. & ROSSI, E. L. (2007): *Hypnotherapie. Aufbau, Beispiele, Forschungen* (9. Aufl.). Stuttgart: Klett-Cotta.

FEDER, A., NESTLER, E. J. & CHARNEY, D. S. (2009): Psychobiology and molecular genetics of resilience. *Nature Review Neurosciences*, 10, 446–457.

FERRISS, A. L. (2002): Religion and the Quality of Life. *Journal of Happiness Studies*, 3(3), 199–215.

FERRISS, T. (2011): *Die 4-Stunden-Woche: Mehr Zeit, mehr Geld, mehr Leben*. Berlin: Ullstein.

FESTINGER, L. (1957): *A theory of cognitive dissonance*. Stanford: Stanford University Press.

FÖRSTER, J. (2012): *Unser Autopilot: Wie wir Wünsche verwirklichen und Ziele erreichen können*. München: DVA.

FORWARD, S. (1993): *Vergiftete Kindheit: Elterliche Macht und ihre Folgen* (13. Aufl.). München: Goldmann.

FRANKL, V. E. (2009): *… trotzdem Ja zum Leben sagen: Ein Psychologe erlebt das Konzentrationslager* (3. Aufl.). München: Kösel.

FRANKL., V. E. (2012): *Der Wille zum Sinn* (6. Aufl.). Bern: Huber.

FREDRICKSON, B. L. (2001): The role of positive emotions in positive psychology: The broaden-and-build theory of positive emotions. *American Psychologist*, 56(3), 218–226.

FREDRICKSON, B. L. (2011): *Die Macht der guten Gefühle: Wie eine positive Haltung Ihr Leben dauerhaft verändert*. Frankfurt a. M.: Campus.

FREDRICKSON, B. L. & BRANIGAN, C. (2005): Positive emotions broaden the scope of attention and thought-action repertoires. *Cognition & Emotion*, 19(3), 313–332.

FREDRICKSON, B. L. & JOINER, T. (2002): Positive Emotions Trigger Upward Spirals Toward Emotional Well-Being. *Psychological Science*, 13(2) 172–175.

FREDRICKSON, B. L. & LOSADA, M. F. (2005): Positive Affect and the Complex Dynamics of Human Flourishing. *American Psychologist*, 60(7), 678–686.

FREUD, S. (2010): *Das Ich und das Es: Metapsychologische Schriften* (2. Aufl.). Frankfurt a. M.: Fischer.

FROMM, E. (2011): *Haben oder Sein: Die seelischen Grundlagen einer neuen Gesellschaft* (38. Aufl.). München: dtv.

FUJITA, K., TROPE, Y., LIBERMAN, N. & LEVIN-SAGI, M. (2006): Construal levels and self-control. *Journal of Personality and Social Psychology*, 90(3), 351–367.

GAILLIOT, M. T., BAUMEISTER, R. F., DEWALL, C. N., MANER, J. K., PLANT, E. A., TICE, D. M., BREWER, L. E. & SCHMEICHEL, B. J. (2007): Self-control relies on glucose as a limited energy source: Willpower is more than a metaphor. *Journal of Personality and Social Psychology*, 92(2), 325–336.

GLADWELL, M. (2002): *Tipping Point: Wie kleine Dinge Großes bewirken können*. München: Goldmann.

GOETHE, J. (2011): *Faust I und II*. Hamburg: Nikol.
GOLLWITZER, P. M. (1999): Implementation intentions: Strong effects of simple plans. *American Psychologist*, 54(7), 493–503.
GOLLWITZER, P. M. & SHEERAN, P. (2006): Implementation Intentions and Goal Achievement: A Meta-analysis of Effects and Processes. *Advances in Experimental Social Psychology*, 38, 69–119.
GOVINDJI, R. & LINLEY, P. A. (2007): Strengths use, self-concordance and well-being: Implications for strengths coaching and coaching psychologists. *International Coaching Psychology Review*, 2(2), 143–153.
GREENWALD, A., BANAJI, M., RUDMAN, L. A., FARNHAM, S. D., NOSEK, B. A. & MELLOTT, D. S. (2002): A unified theory of implicit attitudes, stereotypes, self-esteem, and self-concept. *Psychological Review*, 109, 3–25.
GREENWALD, A. G., MCGHEE, D. E. & SCHWARTZ, J. L. K. (1998): Measuring individual differences in implicit cognition: The implicit association test. *Journal of Personality and Social Psychology*, 74(6), 1464–1480.
GREENWALD, A. G., NOSEK, B. A. & BANAJI, M. R. (2003): Understanding and using the Implicit Association Test: III. Meta-analysis of predictive validity. *Journal of Personality and Social Psychology*, 97(1), 17–41.
GROCHOWIAK, K. & HAAG, S. (2010): *Die Arbeit mit Glaubenssätzen: Als Schlüssel zur seelischen Weiterentwicklung* (7. Aufl.) Darmstadt: Schirner.
GROSSMAN, P., NIEMANN, L., SCHMIDT, S. & WALACH, H. (2004): Mindfulness-based stress reduction and health benefits: A meta-analysis. *Journal of Psychosomatic Research*, 57(1), 35–43.
HAGGARD, P. (2008): Human volition: towards a neuroscience of will. *Nature Reviews Neuroscience* 9, 934–946.
HAGGER, M. S., WOOD, C., STIFF, C. & CHATZISARANTIS, N. L. D. (2010): Ego depletion and the strength model of self-control: A meta-analysis. *Psychological Bulletin*, 136(4), 495–525.
HAIDT, J. (2011): *Die Glückshypothese: Was uns wirklich glücklich macht* (3. Aufl.). Kirchzarten: VAK.
HALL, D. T. & CHANDLER, D. E. (2005): Psychological success: When the career is calling. *Journal of Organizational Behavior*, 26, 155–176.
HARRIS, T. A. (1975): *Ich bin o. k. – Du bist o. k.: Wie wir uns selbst besser verstehen und unsere Einstellung zu anderen verändern können. Eine Einführung in die Transaktionsanalyse* (45. Aufl.). Reinbek: Rowohlt.
HEADEY, B. (2008a): Life goals matter to happiness: A revision of set-point theory. *Social Indicators Research*, 86, 313–331.
HEADEY, B. (2008b): The set-point theory of well-being: Negative results and consequent revisions. *Social Indicators Research*, 86, 389–403.
HEATH, C. & HEATH, D. (2011): *Switch: Veränderungen wagen und dadurch gewinnen*. Frankfurt a. M.: Scherz.
HENDERSON, S. J. (2000): Follow your bliss: A process for career happiness. *Journal of Counseling and Development*, 78, 305–315.
HESSE, H. (2007): *Siddhartha: Eine indische Dichtung* (4. Aufl.). Berlin: Suhrkamp.
HEWITT, P. L. & FLETT, G. L. (1991): Perfectionism in the self and social contexts: Conceptualization, assessment, and association with psychopathology. *Journal of Personality and Social Psychology*, 60(3), 456–470.

Higgins, E. T. (1987): Self-discrepancy: A theory relating self and affect. *Psychological Review*, 94(3), 319–340.

Higgins, E. T. (1997): Beyond pleasure and pain. *American Psychologist*, 52(12), 1280–1300.

Higgins, E. T., Roney, C. J. R., Crowe, E. & Hymes, C. (1994): Ideal versus ought predilections for approach and avoidance: Distinct self-regulatory systems. *Journal of Personality and Social Psychology*, 66, 276–286.

Hirschi, A. (2011): Callings in career: A typological approach to essential and optional components. *Journal of Vocational Behavior*, 79 (1), 60–73.

Hofer, J., Busch, H., Bond, M. H., Kärtner, J., Kiessling, F. & Law, R. (2010): Is Self-Determined Functioning a Universal Prerequisite for Motive–Goal Congruence? Examining the Domain of Achievement in Three Cultures. *Journal of Personality*, 78(2), 747–780.

Hofmann, W., Gawronski, B., Gschwendner, T., Le, H. & Schmitt, M. (2005): A meta-analysis on the correlation between the Implicit Association Test and explicit self-report measures. *Personality and Social Psychology Bulletin*, 31, 1369–1385.

Holt-Lunstad, J., Birmingham, W. A. & Light, K. C. (2008): Influence of a „Warm Touch" Support Enhancement Intervention Among Married Couples on Ambulatory Blood Pressure, Oxytocin, Alpha Amylase, and Cortisol. *Psychosomatic Medicine*, 70, 976–985.

Homer (2010): *Odyssee*. Köln: Anaconda.

Horx, M. (2011): *Das Megatrend-Prinzip. Wie die Welt von morgen entsteht*. München: DVA.

Huizink, A. C., Mulder, E. J. H. & Buitelaar, J. K. (2004): Prenatal Stress and Risk for Psychopathology: Specific Effects or Induction of General Susceptibility? *Psychological Bulletin*, 130(1), 115–142.

Husmann, N. (2012): Unglücklich? Keine Zeit! *FOCUS*, 10, 128–130.

Jang, K. L., Livesley, W. J. & Vernon, P. A. (1996): Heritability of the Big Five personality dimensions and their facets: A twin study. *Journal of Personality*, 64, 577–591.

Jaynes, J. (2000): *The Origin of Consciousness in the Breakdown of the Bicameral Mind*. Boston: Houghton Mifflin.

Jim, H. S., Richardson, S. A., Golden-Kreutz, D. M. & Andersen, B. L. (2006): Strategies used in coping with a cancer diagnosis predict meaning in life for survivors. *Health Psychology*, 25(6), 753–761.

Job, V. & Brandstätter, V. (2009): Get a Taste of Your Goals: Promoting Motive-Goal Congruence Through Affect-Focus Goal Fantasy. *Journal of Personality*, 77(5), 1527–1560.

Judge, T. A. (2009): Core Self-Evaluations and Work Success. *Current Directions in Psychological Science*, 18(1), 58–62.

Judge, T. A. & Bono, J. E. (2001): Relationship of core self-evaluations traits – self-esteem, generalized self-efficacy, locus of control, and emotional stability – with job satisfaction and job performance. A meta-analysis. *Journal of Applied Psychology*, 86(1), 80–92.

Judge, T. A., Erez, A. & Bono, J. E. (1998): The power of being positive: The relation between positive self-concept and job performance. *Human Performance*, 11(2-3), 167–187.

Judge, T. A. & Hurst, C. (2007): Capitalizing on one's advantages: Role of core self-evaluations. *Journal of Applied Psychology*, 92(5), 1212–1227.

Judge, T. A. & Ilies, R. (2002): Relationship of personality to performance motivation: A meta-analytic review. *Journal of Applied Psychology*, 87(4), 797–807.

Judge, T. A., Locke, E. A. & Durham, C. C. (1997): The dispositional causes of job satisfaction: A core evaluations approach. *Research in Organizational Behavior*, 19, 151–188.

Kaplan, S. (1995): The restorative benefits of nature: Toward an integrative framework. *Journal of Environmental Psychology*, 15(3), 169–182.

Kasser, T. & Ryan, R. M. (1993): A dark side of the American dream: Correlates of financial success as a central life aspiration. *Journal of Personality and Social Psychology*, 65(2), 410–422.

Kasser, T. & Ryan, R. M. (1996): Further Examining the American Dream: Differential Correlates of Intrinsic and Extrinsic Goals. *Personality and Social Psychology Bulletin*, 22(3), 280–287.

Kehr, H. M. (2004a): Implicit/explicit motive discrepancies and volitional depletion among managers. *Personality and Social Psychology Bulletin*, 30, 315–327.

Kehr, H. M. (2004b): Integrating Implicit Motives, Explicit Motives, and Perceived Abilities: The Compensatory Model of Work Motivation and Volition. *Academy of Management Review*, 29(3), 479–499.

Kenyon, G. M. (2000): Philosophical foundations of existential meaning. In: G. T. Reker & K. Chamberlain (Eds.): *Exploring existential meaning: Optimizing human development across the life span (7–22)*. Thousand Oaks: Sage.

Keupp, H. (2012): Burnout als Haltesignal: Gesellschaftliche Ursachen der zunehmenden Erschöpfung. *Wirtschaftspsychologie aktuell*, 2, 19–22.

King, L. A. (2001): The health benefits of writing about life goals. *Personality and Social Psychology Bulletin*, 27, 798–807.

King, L. A., Hicks, J. A., Krull, J. L. & Del Gaiso, A. (2006): Positive affect and the experience of meaning in life. *Journal of Personality and Social Psychology*, 90(1), 179–196.

Koch, C. (2012): *Sternhagelglücklich. Wie ich versuchte, der zufriedenste Mensch der Welt zu werden*. München: Blanvalet.

Koch, R. (2008): *Das 80/20-Prinzip: Mehr Erfolg mit weniger Aufwand* (3. Aufl.). Frankfurt a. M.: Campus.

Koestner, R., Lekes, N., Powers, T. A. & Chicoine, E. (2002): Attaining personal goals: Self-concordance plus implementation intentions equals success. *Journal of Personality and Social Psychology*, 83(1), 231–244.

Korzybski, A. (1995): *Science and Sanity: An Introduction to Non-Aristotelian Systems and General Semantics* (5. Aufl.). Englewood: Institute of General Semantics.

Kotov, R., Gamez, W., Schmidt, F. & Watson, D. (2010): Linking „big" personality traits to anxiety, depressive, and substance use disorders: A meta-analysis. *Psychological Bulletin*, 136(5), 768–821.

Krishnan, V. & Nestler, E. J. (2008): The molecular neurobiology of depression. *Nature*, 455, 894–902.

Küstenmacher, W. T. & Seiwert, L. J. (2008): *Simplify your Life: Einfacher und glücklicher leben*. München: Droemer.

LeDoux, J. E. (2003): *Das Netz der Persönlichkeit. Wie unser Selbst entsteht*. Düsseldorf: Walter.

Leonhardt, G. (2006): *Der längere Atem: Die fünf Prinzipien für langfristigen Erfolg im Leben*. München: Heyne.

Linden, D. J. (2010): *Das Gehirn – ein Unfall der Natur: Und warum es dennoch funktioniert* (2. Aufl.). Berlin: Rowohlt.

Lindsley, D. H., Brass, D. J. & Thomas, J. B. (1995): Efficacy-Performance Spirals: A Multilevel Perspective. *Academy of Management Review*, 20(3), 645–678.

Linker, W. J. (2010): *Kommunikative Kompetenz: Weniger ist mehr!* (2. Aufl.). Offenbach: Gabal.

Locke, E. A., Shaw, K. N., Saari, L. M. & Latham, G. P. (1981): Goal setting and task performance: 1969–1980. *Psychological Bulletin*, 90, 125–152.

Locke, E. A., Smith, K. G., Erez, M., Chah, D. O. & Schaffer, A. (1994): The effects of intra-individual goal conflict on performance. *Journal of Management*, 20, 67–91.

Lykins, E. L. B., Segerstrom, S. C., Averill, A. J., Evans, D. R. & Kemeny, M. E. (2007): Goal shifts following reminders of mortality: Reconciling posttraumatic growth and terror management theory. *Personality and Social Psychology Bulletin*, 33, 1088–1099.

Lykken, D. & Tellegen, A. (1996): Happiness is a stochastic phenomenon. *Psychological Science*, 7, 186–189.

Lyubomirsky, S. (2008). *Glücklich sein: Warum Sie es in der Hand haben, zufrieden zu leben.* Frankfurt a. M.: Campus.

Lyubomirsky, S., Dickerhoof, R., Boehm, J. K. & Sheldon, K. M. (2011): Becoming happier takes both a will and a proper way: An experimental longitudinal intervention to boost well-being. *Emotion*, 11(2), 391–402.

Lyubomirsky, S., King, L. & Diener, E. (2005a): The benefits of frequent positive affect: Does happiness lead to success? *Psychological Bulletin*, 131, 803–855.

Lyubomirsky, S., Sheldon, K. M. & Schkade, D. (2005b): Pursuing happiness: The architecture of sustainable change. *Review of General Psychology*, 9(2), 111–131.

Macan, T. H. (1994): Time management: Test of a process model. *Journal of Applied Psychology*, 79(3), 381–391.

Machiavelli, N. (2009): *Der Fürst.* Hamburg: Nikol.

Maslow, A. H. (1950): Self-actualizing people: A study of psychological health. *Personality, Symposium No. 1*, 11–34.

Masten, A. S. & Coatsworth, J. D. (1998): The development of competence in favorable and unfavorable environments: Lessons from research on successful children. *American Psychologist*, 53(2), 205–220.

McClelland, D. C., Koestner, R. & Weinberger, J. (1989): How do self-attributed and implicit motives differ? *Psychological Review*, 96, 690–702.

McGregor, I. & Little, B. R. (1998): Personal projects, happiness, and meaning: On doing well and being yourself. *Journal of Personality and Social Psychology*, 74(2), 494–512.

McNatt, D. B. (2000): Ancient Pygmalion joins contemporary management: A meta-analysis of the result. *Journal of Applied Psychology*, 85(2), 314–322.

Merleau-Ponty, M. (2002): *Sinn und Nicht-Sinn.* München: Fink.

Merton, R. K. (1948): The Self-Fulfilling Prophecy. *The Antioch Review*, 8(2), 193–210.

Merzel, D. G. (2008): *Big Mind: Großer Geist – Großes Herz.* Bielefeld: Kamphausen.

Metcalfe, J. & Mischel, W. (1999): A hot/cool-system analysis of delay of gratification: Dynamics of willpower. *Psychological Review*, 106(1), 3–19.

Millman, D. (2009): *Der Pfad des friedvollen Kriegers* (5. Aufl.). München: Ansata.

Milkman, K. L., Rogers, T. & Bazerman, M. H. (2008): Harnessing our inner angels and demons: What we have learned about want/should conflicts and how that knowledge can help us reduce short-sighted decision making. *Perspectives on Psychological Science*, 3, 324–338.

Moldoveanu, M. & Stevenson, H. (2001): The self as a problem: the intra-personal coordination of conflicting desires. *Journal of Socio-Economics*, 30(4), 295–330.

Moretti, M. M. & Higgins, E. T. (1999): Own versus other standpoints in self-regulation: Developmental antecedents and functional consequences. *Review of General Psychology*, 3, 188–223.

Muraven, M. & Baumeister, R. F. (2000): Self-regulation and depletion of limited resources: Does self-control resemble a muscle? *Psychological Bulletin*, 126(2), 247–259.

MURAVEN, M., BAUMEISTER, R. F. & TICE, D. M. (1999): Longitudinal improvement of self-regulation through practice: Building self-control strength through repeated exercise. *Journal of Social Psychology*, 139, 446–457.

MURRAY, H. A. (1943): *The Thematic Apperception Test: Manual*. Cambridge: Harvard University Press.

MURRAY, L. (1992): The Impact of Postnatal Depression on Infant Development. *Journal of Child Psychology and Psychiatry*, 33(3), 543–561.

MURRAY, S. L., HOLMES, J. G. & GRIFFIN, D. W. (1996): The self-fulfilling nature of positive illusions in romantic relationships: Love is not blind, but prescient. *Journal of Personality and Social Psychology*, 71(6), 1155–1180.

MYERS, D. G. (2000): The funds, friends, and faith of happy people. *American Psychologist*, 55, 56–67.

NAGLER, J. (2009): *Abraham Lincoln: Amerikas großer Präsident. Eine Biographie*. München: C. H. Beck.

NICKERSON, R. S. (1998): Confirmation bias: A ubiquitous phenomenon in many guises. *Review of General Psychology*, 2(2), 175–220.

NORCROSS, J. C., MRYKALO, M. S. & BLAGYS, M. D. (2002): Auld lang Syne: Success predictors, change processes, and self-reported outcomes of New Year's resolvers and nonresolvers. *Journal of Clinical Psychology*, 58(4), 397–405.

O'CONNOR, K. M., DE DREU, C. K. W., SCHROTH, H., BARRY, B., LITUCHY, T. R. & BAZERMAN, M. H. (2002): What we want to do versus what we think we should do: an empirical investigation of intrapersonal conflict. *Journal of Behavioral Decision Making*, 15(5), 403–418.

OETTINGEN, G., PAK, H. & SCHNETTER, K. (2001): Self-regulation of goal-setting: Turning free fantasies about the future into binding goals. *Journal of Personality and Social Psychology*, 80(5), 736–753.

O'KELLEY, E. (2006): *Auf der Jagd nach dem Tageslicht. Wie mit meinem bevorstehenden Tod ein neues Leben begann*. München: FinanzBuch.

OLSON, J. M. & ZANNA, M. P. (1993): Attitudes and Attitude Change. *Annual Review of Psychology*, 44, 117–154.

OUELLETTE, J. A. & WOOD, W. (1998): Habit and intention in everyday life: The multiple processes by which past behavior predicts future behavior. *Psychological Bulletin*, 124(1), 54–74.

PAVOT, W. & DIENER, E. (1993): Review of the Satisfaction With Life Scale. *Psychological Assessment*, 5(2), 164–172.

PENCKOFER, S., KOUBA, J., BYRN, M. & ESTWING FERRANS, M. (2010): Vitamin D and Depression: Where is all the Sunshine? *Issues in Mental Health Nursing*, 31(6), 385–393.

PENEDO, F. J. & DAHN, J. R. (2005): Exercise and well-being: a review of mental and physical health benefits associated with physical activity. *Current Opinion in Psychiatry*, 18, 189–193.

PENNEBAKER, J. W. (1997): Writing About Emotional Experiences as a Therapeutic Process. *Psychological Science*, 8(3), 162–166.

PERLS, F. S., GOODMAN, P. & HEFFERLINE, R. F. (2007): *Gestalttherapie. Zur Praxis der Wiederbelebung des Selbst* (9. Aufl.). Stuttgart: Klett-Cotta.

PERRY, B. D., POLLARD, R. A., BLAKELY, T. L., BAKER, W. L. & VIGILANTE, D. (1995): Childhood Trauma, the Neurobiology of Adaptation and "Use-dependent" Development of the Brain: How "States" Become "Traits". *Infant Mental Health Journal*, 16, 271–291.

PLATON (2004): *Sämtliche Werke Bd. 2: Lysis, Symposion, Phaidon, Kleitophon, Politeia, Phaidros* (33. Aufl.). Reinbek: Rowohlt.

Precht, R. D. (2007): *Wer bin ich – und wenn ja wie viele? Eine philosophische Reise* (42. Aufl.). München: Goldmann.

Prior, V. & Glaser, D. (2006): *Understanding Attachment and Attachment Disorders: Theory, Evidence and Practice.* London: Jessica Kingsley Publishers.

Pugh, S. D. (2001): Service with a smile: Emotional contagion in the service encounter. *Academy of Management Journal,* 44, 1018–1027.

Read, J., van Os, J., Morrison, A. P. & Ross, C. A. (2005): Childhood trauma, psychosis and schizophrenia: a literature review with theoretical and clinical implications. *Acta Psychiatrica Scandinavica,* 112(5), 330–350.

Reimann, M. & Bechara, A. (2010): The Somatic Marker Framework as a Neurological Theory of Decision-Making: Review, Conceptual Comparisons, and Future Neuroeconomics Research. *Journal of Economic Psychology,* 31(5), 767–776.

Reynolds, T. J. & Gutman, J. (1988): Laddering theory, method, analysis and interpretation. *Journal of Advertising Research,* 28(1), 11–31.

Riediger, M. & Freund, A. M. (2004): Interference and facilitation among personal goals: Differential associations with subjective well-being and persistent goal pursuit. *Personality and Social Psychology Bulletin,* 30, 1511–1523.

Riediger, M. & Freund, A. M. (2008): Me against myself: Motivational conflicts and emotional development in adulthood. *Psychology and Aging,* 23(3), 479–494.

Rilke, R. M. (2007): *Briefe an einen jungen Dichter* (51. Aufl.). Frankfurt a. M.: Insel.

Roediger, E. (2009): *Was ist Schematherapie? Eine Einführung in Grundlagen, Modell und Anwendung.* Paderborn: Junfermann.

Rose, N. (2002): *Promotion Focus in der Versicherungswerbung. Ein Widerspruch in sich ... oder?* Unveröffentlichte Diplomarbeit, Westfälische Wilhelms-Universität Münster.

Rose, N. (2010): Lizenz zur Zufriedenheit. *Kommunikation & Seminar,* 5, 12–15.

Rose, N. (2012a): Werden Sie Instant-Guru! *Training Aktuell,* 4, 44–45.

Rose, N. (2012b, im Druck): Von weißen Schimmeln und weisen Weisen. *Training Aktuell,* 10.

Rosenthal, R. & Jacobson, L. (1968): Pygmalion in the classroom. *The Urban Review,* 3(1), 16–20.

Rosso, B. D., Dekas, K. H. & Wrzesniewski, K. (2010): On the meaning of work: A theoretical integration and review. *Research in Organizational Behavior,* 30, 91–127.

Ryan, R. M. & Deci, E. L. (2000): Self-determination theory and the facilitation of intrinsic motivation, social development, and well-being. *American Psychologist,* 55(1), 68–78.

Ryan, R. M. & Deci, E. L. (2008): A self-determination theory approach to psychotherapy: The motivational basis for effective change. *Canadian Psychology,* 49(3), 186–193.

Ryan, R. M. & Frederick, C. (1997): On Energy, Personality, and Health: Subjective Vitality as a Dynamic Reflection of Well-Being. *Journal of Personality,* 65(3), 529–565.

Satir, V. (2004): *Kommunikation. Selbstwert. Kongruenz: Konzepte und Perspektiven familientherapeutischer Praxis* (Nachdruck). Paderborn: Junfermann.

Schütte, D. (2012): Wir sind die Guten. *GQ,* 05, 131–138.

Schulz von Thun, F. (2010): *Miteinander reden, Band 3: Das „Innere Team" und situationsgerechte Kommunikation* (20. Aufl.). Reinbek: Rowohlt.

Schulz von Thun, F. & Stegemann, C. (2004): *Das innere Team in Aktion. Praktische Arbeit mit dem Modell* (5. Aufl.). Reinbek: Rowohlt.

Schwartz, S. H. (1994): Are There Universal Aspects in the Structure and Contents of Human Values? *Journal of Social Issues,* 50(4), 19–45.

Seligman, M. E. P. (2006): *Learned Optimism: How to Change Your Mind and Your Life.* New York: Vintage Books.
Seligman, M. E. P. (2012): *Flourish – Wie Menschen aufblühen: Die Positive Psychologie des gelingenden Lebens.* München: Kösel.
Seligman, M. E. P. & Csikszentmihalyi, M. (2000): Positive psychology: An introduction. *American Psychologist,* 55(1), 5–14.
Servan-Schreiber, D. (2006): *Die Neue Medizin der Emotionen – Stress, Angst, Depression: Gesund werden ohne Medikamente* (7. Aufl.). München: Goldmann.
Sheldon, K. M. & Elliot, A. J. (1999): Goal striving, need satisfaction, and longitudinal well-being: The self-concordance model. *Journal of Personality and Social Psychology,* 76(3), 482–497.
Sheldon, K. M. & Houser-Marko, L. (2001): Self-concordance, goal attainment, and the pursuit of happiness: Can there be an upward spiral? *Journal of Personality and Social Psychology,* 80(1), 152–165.
Sheldon, K. M. & Kasser, T. (1995): Coherence and congruence: Two aspects of personality integration. *Journal of Personality and Social Psychology,* 68, 531–543.
Sheldon, K. M. & Kasser, T. (1998): Pursuing personal goals: Skills enable progress but not all progress is beneficial. *Personality and Social Psychology Bulletin,* 24, 1319–1331.
Sheldon, K. M. & Lyubomirsky, S. (2006): Achieving Sustainable Gains in Happiness: Change Your Actions, not Your Circumstances. *Journal of Happiness Studies,* 7(1), 55–86.
Sher, B. (2011): *Ich könnte alles tun, wenn ich nur wüsste, was ich will.* München: dtv.
Silvers K. M. & Scott, K. M. (2002): Fish consumption and self-reported physical and mental health status. *Public Health Nutrition,* 5(3) 427–431.
Skinner, B. F. (1971): *Beyond freedom and dignity.* New York: Knopf.
Sloterdijk, P. (2010): *Du mußt dein Leben ändern: Über Anthropotechnik* (3. Aufl.). Berlin: Suhrkamp.
Snyder, M., Tanke, E. D. & Berscheid, E. (1977): Social perception and interpersonal behavior: On the self-fulfilling nature of social stereotypes. *Journal of Personality and Social Psychology,* 35(9), 656–666.
Stajkovic, A. D. & Luthans, F. (1998): Self-efficacy and work-related performance: A meta-analysis. *Psychological Bulletin,* 124(2), 240–261.
Steger, M. F., Frazier, P., Oishi, S. & Kaler, M. (2006): The Meaning in Life Questionnaire: Assessing the presence of and search for meaning in life. *Journal of Counseling Psychology,* 53, 80–93.
Steger, M. F., Pickering, N. K., Shin, J. Y. & Dik, B. J. (2010): Calling in Work: Secular or Sacred? *Journal of Career Assessment,* 18(1) 82–96.
Stevenson, R. L. (2004): *Der seltsame Fall von Dr. Jekyll und Mr. Hyde.* Frankfurt a. M.: Insel.
Sunzi (2009): *Die Kunst des Krieges.* Frankfurt a. M.: Insel.
Taylor, S. E. & Brown, J. D. (1988): Illusion and well-being: A social psychological perspective on mental health. *Psychological Bulletin,* 103(2), 193–210.
Tedeschi, R. G. & Calhoun, L. G. (2004): Posttraumatic Growth: Conceptual Foundations and Empirical Evidence. *Psychological Inquiry,* 15(1), 1–18.
Terry-Short, L. A., Owens, R. G., Slade, P. D. & Dewey, M. E. (1995): Positive and negative perfectionism. *Personality and Individual Differences,* 18, 663–668.
Thaler, R. H. & Sunstein, C. R. (2010): *Nudge: Wie man kluge Entscheidungen anstößt.* Berlin: Ullstein.

THOITS, P. A. & HEWITT, L. N. (2001): Volunteer work and well-being. *Journal of Health and Social Behavior*, 42, 115–131.

TOLKIEN, J. R. R. (2000): *Der Herr der Ringe: Die Gefährten / Die zwei Türme / Die Wiederkehr des König* (3 Bände). Stuttgart: Klett-Cotta.

TOLSTOI, L. N. (2011): *Anna Karenina*. Köln: Anaconda.

TSCHECHNE, R. (2011): *Die Angst vor dem Glück: Warum wir uns selbst im Wege stehen* (Neuauflage). München: Herbig.

TURNER, R. J. (1981): Social Support as a Contingency in Psychological Well-Being. *Journal of Health and Social Behavior*, 22(4), 357–367.

ULSAMER, B. (2009): *Der Apfel-Faktor: Wie die Familie, aus der wir kommen, beruflichen Erfolg beeinflusst*. München: Kösel.

VÄTH, M. (2011): *Feierabend hab ich, wenn ich tot bin: Warum wir im Burnout versinken* (4. Aufl.). Offenbach: Gabal.

VERNE, J. (2009): *In 80 Tagen um die Welt* (3. Aufl.). München: dtv.

VESS, M., ROUTLEDGE, C., LANDAU, M. J. & ARNDT, J. (2009): The dynamics of death and meaning: The effects of death-relevant cognitions and personal need for structure on perceptions of meaning in life. *Journal of Personality and Social Psychology*, 97(4), 728–744.

WANSINK, B. & KIM, J. (2005): Bad Popcorn in Big Buckets: Portion Size Can Influence Intake as Much as Taste. *Journal of Nutrition Education and Behavior*, 37(5), 242–245.

WANSINK B., PAINTER J. E. & NORTH J. (2005): Bottomless bowls: why visual cues of portion size may influence intake. *Obesity Research*, 13(1), 93–100.

WARE, B. (2011): *The Top Five Regrets of the Dying: A Life Transformed by the Dearly Departing*. Bloomington: Balboa Press.

WATZLAWICK, P. (1984): *The Invented Reality, How do We Know What We Believe We Know?* New York: Norton.

WEBER, G., SCHMIDT, G. & SIMON, F. B. (2005): *Aufstellungsarbeit revisited ... nach Hellinger?* Heidelberg: Carl-Auer-Verlag.

WISE, R. A. (2004): Dopamine, learning and motivation. *Nature Reviews Neuroscience*, 5, 483–494.

WOOD, W., TAM, L. & WITT, M. G. (2005): Changing Circumstances, Disrupting Habits. *Journal of Personality and Social Psychology*, 88(6), 918–933.

WRZESNIEWSKI, A., MCCAULEY, C., ROZIN, P. & SCHWARTZ, B. (1997): Jobs, Careers, and Callings: People's Relations to Their Work. *Journal of Research in Personality*, 31, 21–33.

WRZESNIEWSKI, A. & DUTTON, J. E. (2010): Crafting a Job: Revisioning Employees as Active Crafters of Their Work. *Academy of Management Review*, 26(2), 179–201.

YOUNG, J. E. & KLOSKO, J. S. (2010): *Sein Leben neu erfinden: Wie Sie Lebensfallen meistern* (3. Aufl.). Paderborn: Junfermann.

YOUNG, J. E., KLOSKO, J. S. & WEISHAAR, M. E. (2003): *Schema therapy. A practitioner's guide*. New York: Guilford Press.

ZHANG, Y., GAN, Y. & CHAM, H. (2007): Perfectionism, academic burnout and engagement among Chinese college students: A structural equation modeling analysis. *Personality and Individual Differences*, 43(6), 1529–1540.

ZAIDI, L. Y., KNUTSON, J. F. & MEHM, J. G. (1989): Transgenerational patterns of abusive parenting: Analog and clinical tests. *Aggressive Behavior*, 15(2), 137–152.

ZIKA, S. & CHAMBERLAIN, K. (1992): On the relation between meaning in life and psychological well-being. *British Journal of Psychology*, 83(1), 133–145.

Bildnachweis:

Einklang: © craftvision – iStockphoto.com
Vision: © Bart Coenders – iStockphoto.com
Integration: © parema – iStockphoto.com
Generalkonsens: © WoodKey – iStockphoto.com
Organisation: © Pamela Moore – iStockphoto.com
Rigorosität: © Sergey Kishan – iStockphoto.com
Die Günther-Jauch-Theorie der Persönlichkeitsentfaltung: © Nikada – iStockphoto.com
Ausklang: ©Yuri Arcurs – iStockphoto.com

Danksagung

Zunächst danke ich Regine Rachow, Dr. Stephan Dietrich und Heike Carstensen vom Junfermann Verlag. Regine Rachow, Chefredakteurin der Zeitschrift „Kommunikation & Seminar", hat sich als erste Person „außerhalb des Internets" für mein Thema begeistern können, woraufhin auch der erste Fachartikel zur VIGOR-Studie entstand. Es ist nicht leicht, entsprechende Aufmerksamkeit für eine derartige Studie zu erhalten, wenn man außerhalb des dafür üblichen universitären Kontextes agiert. Herrn Dietrich, dem Verlagsleiter von Junfermann, danke ich dafür, dass er das weiterführende Potenzial der Studie erkannt hat und mich infolgedessen einlud, das vorliegende Buch zu verfassen. Frau Carstensen schließlich danke ich für das umsichtige Lektorat. Sie hat mit ihrer Arbeit die Lesbarkeit des Buches deutlich erhöht.

Ein großer Dank gilt natürlich allen Teilnehmern der VIGOR-Studie, die freiwillig und aus eigenem Interesse mit dazu beigetragen haben, dieses Buch zu ermöglichen.

Meine Kollegin Dr. Julia Milner hat sich, obwohl ständig ausgebucht, kurzfristig Zeit genommen und das Vorwort verfasst. Ein riesiges Dankeschön dafür!

Ein ebenso großes Dankeschön geht an all jene Menschen, die sich vor Erscheinen des Buches die Zeit genommen haben, sich mit meinen Thesen zu beschäftigen und mir Feedback zu geben: Oliver Bussmann, Claudia Crummenerl, Marie-Christine Ostermann, Dr. Markus Plate, Bettina Stackelberg, Markus Väth, Michael Wilhelm und Dr. Marc Zirnsak.

Weiterhin danke ich allen meinen Ausbildern im Bereich Coaching (im weiteren Sinne). Stellvertretend herausheben möchte ich Martin Hensel, der mich mit Mitte 20 behutsam, aber bestimmt auf den für mich richtigen Weg gebracht hat. Ebenso besonders danken möchte ich Klaus Grochowiak. Wer sich ein bisschen auskennt, wird schnell merken: Es steckt „viel Klaus" in diesem Werk.

Jörg Osarek und Alexander-Maria Faßbender danke ich dafür, dass sie früh über die Vorversion der VIGOR-Studie im Internet berichtet und mir dadurch geholfen haben, weitere Studienteilnehmer zu gewinnen.

Der letzte Dank gebührt Ina, meiner Frau und Partnerin bei EXCELLIS. Da ich dieses Buch vollständig neben eineinhalb Vollzeit-Berufen geschrieben habe, musste sie in der heißen Schreibphase häufig ohne mich zu Bett gehen. Ich bin ihr also viele, viele Kuschelstunden schuldig geblieben.

Achtsam die Innenwelt meistern

224 Seiten, kart. • € (D) 22,– • ISBN 978-3-87387-682-8
REIHE ■ KOMMUNIKATION • Coaching & Selbst-Coaching

INGEBORG & THOMAS DIETZ

»Selbst in Führung«

»Selbst in Führung« sein heißt, guten Zugang zu Gefühlen und Anteilen der Persönlichkeit zu haben und diese situativ bewusst zu steuern. Leser erfahren, wie gute Selbstführung sie befähigt, unabhängig von alten Mustern aus ihrem inneren Selbst heraus automatische Reaktionen, schwierige Wechselwirkungen und Konflikte souverän zu meistern.

Die Kombination von Achtsamkeit, Körperwahrnehmung und Persönlichkeitsteilen – zusammen mit einem systemischen Verständnis und systematischen Vorgehen – ist in dieser Form einzigartig. Coaches und Trainer, Führungskräfte und alle, die erlebnisnah und emotional tief beraten wollen, finden wertvolle praktische Hinweise für die Arbeit mit der Innenwelt.

Ingeborg & Thomas Dietz, seit 1989 als Trainer und Berater tätig, haben sich auf die Entfaltung emotionaler Intelligenz in Training und Coaching spezialisiert.

Weitere erfolgreiche Titel:

»Change-Talk«
ISBN 978-3-87387-617-0
»Oh nein, schon wieder ein Kunde!«
ISBN 978-3-87387-756-6
»Die 7 Säulen der Macht«
ISBN 978-3-87387-620-0

www.junfermann.de

Schlüssel zum Selbstwert

4. Auflage 2010 • 176 Seiten, kart. • € (D) 16,90 • ISBN 978-3-87387-432-9
REIHE: AKTIVE LEBENSGESTALTUNG • Selbstwertgefühl

MATTHEW McKAY ET AL.

»Selbstwert – die beste Investition Ihres Lebens«

Es sind die Gedanken, die Ihre Gefühle bestimmen. Angriffe auf Ihr Selbstwertgefühl beruhen auf schlechten Gewohnheiten – Gewohnheiten des Denkens und der Interpretation der Realität, die dazu führen, dass Sie mit sich selbst unzufrieden sind.

Mithilfe des Trainingskurses können Sie jetzt damit beginnen, diese Gewohnheiten zu verändern und Schritt für Schritt Ihr Selbstwertgefühl und Ihre Lebensqualität zu verbessern.

Matthew McKay (li), Ph. D., ist Professor am Wright Institute und spezialisiert auf die Behandlung von Angstzuständen und Depressionen.
Patrick Fanning (re) ist Autor und schreibt zum Thema geistige Gesundheit.
Carole Honeychurch & Catharine Sutker leben als freiberufliche Autorinnen in der San Francisco Bay-Region.

Weitere erfolgreiche Titel:

McKay & Fanning
»Selbstachtung«
Greenberger & Padesky
»Gedanken verändern Gefühle«
Young & Klosko
»Sein Leben neu erfinden«

www.junfermann.de

Achtung, Katastrophe!

128 Seiten • € (D) 14,90 • ISBN 978-3-87387-788-7
REIHE: AKTIVE LEBENSGESTALTUNG • ACT im Alltag

KELLY G. WILSON & TROY DUFRENE

»Und wenn alles ganz furchtbar schiefgeht?«

Lernen, mit Ängsten umzugehen

So sehr wir uns auch vor allen künftigen Katastrophen und Problemen in Acht nehmen: Niemals können wir uns voll und ganz davor schützen, dass nicht doch etwas vollkommen daneben geht. Und zwar meistens dann, wenn wir es am wenigsten erwarten. Dieser Umstand bereitet vielen Menschen Sorgen und die meisten möchten wahrscheinlich ihre Ängste lieber heute als morgen loswerden. Die Autoren beschreiben eine etwas andere Umgangsweise mit Ängsten. Statt sie wegzudrängen, gilt es vielmehr, sie anzunehmen, um dann festzustellen: Man kann besorgt sein und hat dennoch Raum zum Atmen und Leben. Ihr auf der Acceptance und Commitment Therapie (ACT) basierendes Buch versteht sich nicht so sehr als stringenter Therapieleitfaden, sondern will vielmehr ein Begleiter im Umgang mit menschlichem Leiden sein.

Kelly G. Wilson, Ph.D. ist Privatdozent für Psychologie an der University of Mississippi und Autor mehrerer Bücher.

Troy DuFrene ist auf psychologische Themen spezialisierter Sachbuchautor.

Weitere erfolgreiche Titel:

»ACT-Training«
ISBN 978-3-87387-700-9
»Durch Achtsamkeit und Akzeptieren Ihre Depression überwinden«
ISBN 978-3-87387-713-9
»Gedanken und Gefühle«
ISBN 978-3-87387-710-8

www.junfermann.de